보랏빛 향기

박혜숙 수필집

님께

드림

국립중앙도서관 출판예정도서목록(CIP)

한국 현대 수필[韓國現代隨筆]

ISBN 978-89-6577-175-3 03810 : ₩13000

814.7-KDC6

895.745-DDC23　　　　　　　　　　　　CIP2016004925

문학공원 수필선 32

보랏빛 향기

박혜숙 수필집

자서
백세 인생, 즐겁게 살자

얼마 전까지 백세 인생은 어쩌다 일어나는 기적이었다. 하지만 주변에서 백세를 훌쩍 넘겨 사는 것을 보면서 인생을 다시 설계하게 된다. 의학자들이 몸에 큰 문제가 없으면 120살까지도 살 수 있다고 주장한다. 요즘은 장기를 교체하고 혈액을 바꿔 넣고, 줄기세포로 조직을 재생하는 것 등이 수월하게 이루어지는 것을 목도하고 있다.

그렇다면 우리 인생은 갑자기 시간이 많아진다. 50~60세까지 일을 하면, 인생의 반을 놀며 지내야 한다. 노는 거니까 적당히 놀면 된다고 생각할 수도 있지만 그렇게 아무렇게나 놀기엔 너무나 긴 삶이지 않은가?

그래서 백세 인생을 즐겁게 보람을 찾으며 살 수 있도록 연구하여 설계해야 한다. 노는 것에도 격이 있다. 재미있으면서도 품격 있게 놀 수도 있고, 원색적으로 신나게 놀 수도 있다. 젊은이들이 말하는 '노는 애'라는 의미는 '까불고 불성실하게 산다.'는 부정적인 의미가 담겨져 있다. '논다는 것'은 '일하는 것'의 반대 개념으로 '백수'를 의미하기도 해서 '놀기'라는 좋은 단어가 잘못 놀 때엔 안 좋은 인상을 주기도 한다.

장수한다는 것은 축복인가, 재앙인가? 프랑스의 지성 시몬 보부아르가 노년 앞에 내놓은 조언이다.

"노인에게 건강보다 더 큰 행운은 계획을 세워 바쁘고 유용하게 살면서, 권태와 쇠퇴에 사로잡히지 않는 것이다."

하지만 노는 것에 대한 뚜렷한 철학이 정립되어 있지도 않고, 방법도 별로 없다. 계획성도 없이 그럭저럭 흘려보내는 시간들을 노는 시간으로 방치하는 동안 인생은 덧없이 흘러가고, 인생을 의미 있게 보내지 못하는데 대한 자학은 우울증이나 신경쇠약으로 발전하는 경우까지 있다.

그러면 생활의 전선에 매달려서 정신없이 뛰다 정년퇴직을 하였거나, 하던 일을 물려주고 쉬면서 여생을 보내려는 사람들은 어떻게 살아야 잘 사는 것일까?

대부분 이제부터 여행이나 다니고 운동이나 하면서 지내겠다고 마음먹는다. 어떤 남자들은 귀농을 꿈꿔 젊은 시절 들었던 '저 푸른 초원 위에 그림 같은 집을 짓고……, 한 백년 살고 싶어.'를 현실화하려고 시골에 땅을 사고 평생 그리던 집을 짓는다. 하지만 아내는 친구가 있고, 문화시설이 갖추어진 도시를 떠나길 꺼린다. 늙을수록 의료시설이 가까이 있어야 건강하게 살고, 손자손녀가 태어나면 그들도 돌봐주어야 해서 남편 혼자 가있거나, 별장 정도로만 이용한다. 야채와 물을 날라다 먹고 주말 온가족이 모여 쉴 수 있는 공간 정도까지 만들 수 있으면 꽤 노년을 즐기며 살 수 있도록 준비한 부류다.

시간에 쫓기며 살던 사람은 일단 실컷 늦잠이나 자며 느긋한 시간을 보내고 싶어 한다. 하지만 언제까지 늦잠을 잘 것인가? 힘든 일을 하여 심신이 피로할 때는 출근시간 때문에 억지로 눈을 뜨고 눈을 부비며 일어나서 늦잠 좀 실컷 자보는 것이 소원이다. 저절로 눈이 떠질 때까지 달콤하게 잔다. 그렇게 맞이한 아침, 비라도 추적이며 오면 더욱 자신의 처지가 다행스럽다. 이런 날 젖은 우산을 들고 뒤에서 미는 승객에 휩쓸려 지하철을 탔다가 내리는 역도 아닌데 사람들에 밀려 문밖으로 밀려나와 우산이 뽀송뽀송하던 때를 떠올리며, '이젠 정말 살 것 같다'고 출퇴근 대열에 끼지 못한 자신을 위로한다. 며칠 그렇게 행복하게 낮잠 자다보면 한계점에 다다르고 긴 밤 불면의 시간을 보내게 된다.

그러면 열심히 일한 당신에게 가족들이 등을 밀어 패키지 해외여행을 마련해준다. 가고 싶었던 나라에서 이국적인 풍경 속을 거닐며 정신없이 일했던 날들을 돌아보며 사색에 잠긴다. 아직은 비행기를 10시간 이상은 탈 수 있으니까 70대까지는 먼 나라를 돌아다니다 노령으로 갈수록 동남아, 괌, 일본, 중국 등으로 가까운 곳을 여행한다. 서유럽, 미국, 호주, 동유럽, 남미, 터키, 캐나다, 북유럽 등 세계지도에 다녀온 나라의 동그라미가 늘어나는 것을 세면서 잘 놀고 있음을 확인하며 살아가는 고품격으로 노는 부류가 있다.

하지만 이 정도의 노년을 보내려면 철저한 준비와 금전적 여유가 있어야 가능한 일이다. 경제적으로 풍부한 자금력이 있어 실생활에 드는 비용을 제외하고 삶을 즐길 수 있는 여건이 마련되어야 하고, 그 정도 움직일 건강이 받쳐줘야 한다. 또 동행할 배우자나 친구, 자식들이 있어야 여행길이 외롭지 않다. 우리 주위에 이렇게 고품격으로 여생을 보내는 사람이 얼마나 되겠는가.

다음은 '해외여행은 칠순이다. 결혼 몇 주년이다.' 이름 있는 날에 가끔 다녀오고 국내여행을 하며 인생을 즐기는 부류이다. 산악회나 여행사를 통하면 전국 어디든 쉽게 여행을 떠날 수 있다. 형편 되는 대로 시간되는 대로 제주도를 한번은 비행기로, 한번은 배로, 한번은 저가 항공기로 간다. 얼마 전 제주도에 눈이 150cm나 오고 바람이 심하여 며칠씩 비행기가 뜨지 못하자, 7만 명이 묶인 것을 뉴스로 보고 여러 가지로 놀랐다. 사철 따뜻한 그곳에 눈이 많이 온 것을 보고, 인간이 아무리 잘난 척 해봐야 자연 앞에 속수무책인 자연섭리가 놀랍고, 또 사람들이 놀란 것은 여행 성수기도 아닌 겨울에 제주도까지 여행하는 국내외 관광객이 그렇게 많다는 사실에 놀랐다. 문학 하는 후배도 제주미아가 되었다고 사진 보내면서, 그런 고생을 했던 여행이야말로 오랫동안 추억하는 생생한 글감을 얻었다고 좋아했다.

산악회를 통해 정기적으로 등산을 하거나, 삼면이 바다인 우리나라 바다를 끼고 일주여행을 해도 좋다. 선호에 따라 다채롭게 여행하며 삶의 활력을 얻을 수 있다. 어느 산악회에서 오대산 등산을 하고 내려와 3시간의 자유 시간을 준 적이 있었다. 남녀는 사람들이 잘 안다니는 한적한 오솔길을 따라 산 깊숙이 들어갔더니, 머리 수염을 도사같이 기른 사람을 만나 서로 놀랐다. 절대 자신을 보았다는 얘기를 하지 말라는 당부를 하며, 차를 대접받고 내려왔는데, 너무 수상하여 간첩인가 신고 했다. 군인들이 새까맣게 에워싸고 올라가 잡아보니, 국립공원에서 야영을 못하게 하는데, 오대산이 좋아 야인이 되어 놀던 사람임이 밝혀졌다.

더 부담도 없이 놀러 다니는 방법으로는 65세 이상 나오는 지하철 무임승차권을 이용해 춘천, 천안, 오이도, 용문산 등 근교를 찾아다니는 것도 좋다. 점심을 해결하고 운동도 할 수 있으면서 착한 가격에 잘 놀 수 있는 방법이고, 오래 지속할 수 있는 프로그램이다.

원광대 장수과학연구소장인 김종인 교수는 전국의 7대 대도시를 제외한 140개 지역 가운데 100세 인구가 없거나 1명인 지역을 제외한 전체 114개 지역을 조사 분석했다. 우리나라에서 65세 인구가 100세가 될 생존확률은 인구 천 명 당 평균 16명으로 여성은 21명, 남성은 9명이 생존하는 것으로 분석됐으며, 최고 장수지역은 의정부시가 115명으로 가장 높았다. 이 가운데 20명 이상 지역은 부천시 93명, 성남시 84명, 안양시 80명, 고양시 68명, 그리고 전주시가 23명으로 14위를 차지했다. 우리나라 지역사회의 경제적 수준과 기반시설이 노인들이 백세까지 생존하는데 잠재적으로 중요한 영향을 미칠 것으로 보인다.

취미를 골라 자기 발전을 해도 좋고, 요리를 배워 주방에서 쓸모 있는 자리를 확보해도 좋다. 종교에 전념하여 내세를 열어가도 좋고, 봉사단체에서 활동하며 세상이 좀 더 살기 좋은 곳으로 만든다는 보람을 얻을 수도 있다. 아니면 곳곳에 있는 도서관을 이용해 독서삼매에 빠지거나, 글을 써서 내 책을 내보는 것도 좋다. 요즘은 동사무소, 사회복지관

여성회관 등 곳곳에 공공시설이 마련되어 값싸게 문화생활을 할 수 있고, 사설기관은 다양하고 심도 있게 보낼 수 있는 프로그램을 마련하고 있다. 긴 노후가 허송세월이 아닌, 즐겁고 유익한 가운데 보람을 찾을 수 있도록 건강하게 노는 것이 백세시대를 즐겁게 사는 것이리라. 좋은 환경에서 즐겁게 건강하게 인생을 살 수 있는 방법을 찾아 보람찬 노후가 되길 빈다.

그리고 6년간 새한국문학회 아카데미에서 글을 가르쳐주시고 서평을 써주신 이철호 교수님께 마음 깊은 곳에서 우러나는 절을 올린다. 학생들을 인솔하여 글짓기대회에 참가한 본인을 안산문인협회 회원으로 가입시켜 회장까지 만들어주신 최세균 지도위원님과 저를 도와준 모든 분들께 감사의 마음을 전하며, 출판을 도와준 김순진 발행인께도 고마움을 전한다. 아울러 수필집을 엮어 출판할 수 있도록 도와준 가족들에게 감사드린다.

2016년 삼일절에

혜산 박 혜 숙

차 례

4 자서

1부
놀기의 달인

16 가을 해바라기
20 간송문화전
24 노래교실
30 동문체육대회
35 사량도 지리산
39 산사의 가을
44 산악회와 산우회
49 새해에 뜨는 새 태양
54 소백산의 추억
59 심심한 천국
65 아버지 요리교실
69 정오의 음악회
73 천렵
80 초록 태양
85 태극기를 든 가이드와 터키 참전용사
89 해후
93 해변의 추억
97 환갑여행과 일몰
105 후반기 인생 즐겁게 사는 아줌마

2부
추억의 향기

112 따오기 클럽의 미팅

118 똘이의 상처

124 백일은 1년 전 생명을 잉태한 날

131 뱀띠 이야기

137 보랏빛 향기

141 아픈 자장면

146 잃어버린 지갑

151 주례사

156 찢어진 나팔꽃

161 통과의례

167 진달래능선의 통행금지

차 례

3부
사유의 창

174 낙엽 지는 가을에
179 느림과 여유
183 마중물
188 새옹지마(塞翁之馬)
193 심사를 하며 찾아가는 자아
198 양지와 음지
203 유년의 퍼즐
208 인연
212 참전용사 국립묘지에 잠들다
218 끝까지 명예를 지켜라

4부

세상 읽기

236 과학기술시대, 왜 인문학에 관심을 가질까

231 금의환향(錦衣還鄉)

235 나는 내 나이가 좋다

239 전염병

243 백수(白壽)잔치

247 사라지는 언어들

252 성북동 왕 할아버지

257 어린신부

262 외조부 오성근 어른, 역사스페셜에 소개되다

269 청려장

275 평생 쓰게 치아를 챙겨라

278 황금벽지

288 작품해설 / 박혜숙 수필가의 작품세계
　　 - 이철호(문학평론가 · 한국문인 발행인)

1부
놀기의 달인

가을 해바라기

늦은 봄, 코리아나 화장품 회사에 견학을 갔었다. 점심식사 후 우리는 아름답게 조성된 정원을 거닐며 꽃을 감상했다. 거기에서 채취한 자연 재료로 천연화장품을 만들기 위해 연구하고 제품을 생산하고 있다는 얘기를 들었다. 기화요초에서 풍기는 향기 하나하나를 맡으며 이런 자연 그대로가 화장품이 된다는 것에 더욱 정이 갔다. 첫사랑의 맛이라며 떼어준 쌉싸름한 녹색 잎이 라일락 잎이란 것도 그 정원에서 알았다.

돌아올 때, 그곳에서 꽃씨를 모았다며 모두에게 나누어 주었다. 마침 늦은 봄비가 촉촉이 왔기에 꽃씨를 들고 화단으로 갔다. 봉숭아, 해바라기, 맨드라미 등의 씨앗이었다. 담 너머로 보니 이미 옆집 화단엔 봉숭아와 맨드라미꽃이 피어나기 시작했다.

너무 늦었지만 꽃씨를 일일이 받아 포장했을 예쁜 손과, 종족을 보존하기 위해 안간힘을 썼을 꽃들을 생각하니 '싹이 나면 다행이고 안 나면 할 수 없다'며 꽃씨를 뿌리고 흙을 잘게 부수어 덮어놓았.

지난겨울 음식물 쓰레기를 거름으로 쓰려고 땅속에 묻어놓았는데, 아직도 덜 썩은 것 같아 흙을 덮은 위에다 꽃씨를 뿌렸다. 거름을 제대로 하지 못해서 그런지, 사랑이 부족해 그런지 옆집 화단의 꽃은 짙은 초

록빛을 띠고 무성하게 올라와 있지만, 우리 집은 겨우내 실내에 있던 화분들이 까칠해진 모습으로 서 있고, 아마릴리스가 빨갛게 꽃을 피우는 것을 필두로 제라늄, 실 난이 꽃을 피우지만 꽃대가 짧고 어딘가 성장이 약해 보였다.

하지만 나팔꽃과 채송화는 씨도 뿌리지 않았는데도 화단의 아무데나, 화분 곳곳에서 머리를 내밀고 자랐다. 마음이 여린 나는 이런 것들을 뽑아내야 석류나무, 고무나무, 난 등이 잘 자란다는 것은 알겠는데, 꽃을 피우겠다고 버둥대며 자라는 것을 차마 뽑을 수가 없어 꽃 필 때까지만 봐주고 뽑아버리리라 미뤄놓고 지켜보았다.

그런데 작년까지 연노랑 채송화만 피고 다른 데서 어떤 씨앗도 들어오지 않았는데, 꽃분홍 채송화가 옆으로 팔을 벌리며 하늘을 안을 듯 피어 있고, 진노랑 채송화도 피기 시작했다. 뽑히지 않으려면 잘 보여야 한다고 내 마음을 눈치 채고 매일 아침 무수히 꽃을 피우더니 오월부터 지금까지도 무궁화 이상으로 무궁무진 꽃이 피고 있다. 도저히 그 예쁜 꽃을 뽑을 수가 없어 '나무야 조금만 더 견뎌라'하며 퇴비를 사다 듬뿍 넣어주지만 이놈들에게 치여 안 돼 보일 뿐이다.

우리 화단에서 제일 극성스러운 것은 나팔꽃이다. 아무데서나 싹을 틔워 감고 올라가기 시작했다. 가득이나 비좁은 식물들을 나팔꽃이 감아버리면 안되겠어서 집안에 있는 막대기를 모아다 벽을 타고 오르도록 놓아두었다. 초여름부터 지금까지 아침에 일어나면 나팔꽃이 몇 개 피었는지 세어 보는 것이 큰 기쁨이었다. 108송이가 핀 날이 제일 많이 핀 날이었다. 작년에는 300송이까지 피었는데, 작년만은 못한가 보다. 요즘은 갈색 껍질 속에 까맣고 각진 씨앗이 주렁주렁 달려 다른 꽃들을 생각해서 뽑아야 하는데, 씨가 덜 영글었을까봐 조금 더 기다리는 중이다. 가을인데도 두 세 송이는 피고 있고, 어저께는 단추만한 나팔꽃이 난이 죽은 화분에 그새 씨를 떨어뜨려 세 송이 째 피기 시작했다. 옆에는 새싹 움트는 것도 있고, 자그만 화단에 생존경쟁이 가득하다. 화분 바닥에는 별모양인데 보라색과 흰색의 야생화가 피어난다. 풀을 뽑아줘야 화초가 잘 자란다는데 야생화를 보려니 잡초 제거도 제대로 안 되고 있다.

늦었다고 생각할 때가 가장 빠른 거라고 그런 가운데, 코리아나 화장품 회사에서 얻어온 새싹이 움터 오르고 있었다. 올해는 비가 어찌나 자주 오는지 물을 줄 필요도 없이 잘 자라더니, 8월이 되며 맨드라미꽃이 피기 시작했다. 전부터 있던 맨드라미는 꽃분홍 빛으로 여렸는데, 이것은 자주 빛으로 위에만 꽃이 피는 것이 아니라 잎 사이사이에도 꽃대가 올라와 놀다 볕에 그을린 아이처럼 강인함을 느끼게 한다.

그러더니 봉숭아 줄기가 점점 굵어지기 시작했다. 옆가지를 많이 벌여 둥글게 자라더니 빨간 꽃이 정말 많이 피었다. 봉숭아물을 들이고 싶어 하는 친구들에게 세 번이나 따다 주어도 꽃은 두 그루에서 계속 피었다. 왕성한 봉숭아 생명력 때문에 비가 안 오면 무조건 매일 물을 주어야 했다. 어쩌다 한낮이 지나 나가보면 시들시들해져 목마르다고 옆으로 픽 쓰러져 있었다. 그들의 비명에 물을 듬뿍 먹이면 쓰러졌던 몸을 똑바로 세우고 꽃을 어김없이 피워냈고, 봉숭아 씨도 잔뜩 매달고 있다.

그런데 문제는 해바라기였다. 끝없이 위로 자라기만 했다. 보랏빛 도라지가 옆에서 꽃을 피워내는 것을 바라만 보고 자기는 꽃을 피울 생각도 안 하고 위로 자라 1m를 넘겼다. 그러면서 여름이 갔고 추석도 지났다.

때를 놓치고 꽃도 피우지 못하는 해바라기를 보고 있자니 '뒤늦게 문학을 한다고 되지도 않는 몸짓을 하는 나'를 보는 것 같아 애잔하기 이를 데 없다. 글을 쓰려면 마음은 있는데 풀어내지를 못해 허둥거리고만 있는 모습은 가을바람에 쓸쓸히 서 있는 해바라기 꼴이었다.

9월 하순, 그날도 일어나자마자 화단으로 가서 들여다보니 잎이 둥그렇게 맺혀 올라오고 있었다. 늦가을에 피는 노란 꽃잎을 기다리며 물을 듬뿍 주었다. 둥근 잎은 점점 넓어지고 이제 뾰족이 노란 꽃이 박혀 있다.

마음 밭에서 맴돌며 어떻게 풀어갈지 고민하는 내 얼굴이 거기에 있다.

그래도, 꽃씨 뿌리기를 잘 했다고 스스로를 칭찬한다. 세상에 싹도 틔워보지 못한 씨앗이 얼마나 많은가? 인생길을 걸어오면서 숱하게 만들어낸 사색 창고의 씨앗을 어쭙잖지만 끌어내 글로 펼치라고 말한다.

뒤늦게 피어 화단 한쪽을 지키고 있지만 가을 해바라기 너의 기쁨을 나는 안다. 국화의 노란 향기처럼 진하지 않아도, 너무 늦었다고 핍박을 받아도 자신의 힘으로 늦게나마 피워낸 갸륵한 꽃이기에…….

간송문화전

문화국민이 된다는 것은 참 힘든 일이다. 문화가 선진국의 조건에 가장 중요한 요소가 되어 있는 것도 사람을 사람답게 하기 때문이다. 문화강국이 되는 데는 많은 사람들의 힘이 도도하게 흘러가야 하는데 그중에도 우뚝 서서 우리의 문화를 지켜낸 간송 전형필은 '문화로 나라를 지킨다.'는 신념을 오롯이 실천한 인물이기에 알아갈수록 고개가 숙여진다.

그는 1906년 출생하여 1962년에 타계할 때까지 민족문화를 수호하고 후학들이 연구할 토대를 마련해준 문화 독립운동가다. 사설 간송미술관이 소장한 훈민정음 해례본 하나만 보아도 경상도에 그 책이 있다고 정보를 얻은 분에게 1,000원(당시 한양의 기와집 한 채 값)과 수고

비 100원을 서슴없이 내주었다. 우리말을 읽을 수도 쓸 수도 없던 일제 강점기에 잃어버릴 수도 있었던 훈민정음을 소장해 우리글이 발음기관을 본 딴 소리글자라는 것을 밝히고 과학적이고 독창적인 한글의 우수성을 증명하는 소중한 자료를 확보하여 소장하고 있다. 그가 암울한 일제강점기에 전 재산을 털어 소장한 작품을 대하는 감동은 여느 전시와 다르다.

간송박물관의 작품은 1년에 5월, 10월 2주씩만 세상에 보이는 진귀한 작품인데 이번 간송미술문화재단 설립을 기념하여 특별히 열린 전시를 볼 수 있다. 전시회는 <1부 : 간송 전형필>, <2부 : 보화각>, <3부 : 진경산수화>에 이어 <간송문화전 4부 : 매, 난, 국, 죽 - 선비의 향기> 전시를 동대문역사문화공원역 1번 출구 동대문디자인플라자(DDP) 배움터 2층 디자인박물관에서 2015년 6월 4일부터 8월 30일까지 진행한다.

간송문화전 4부 : 매, 난, 국, 죽 <선비의 향기>에서는 탄은 이정의 <삼청첩> 이외에도 추사 김정희, 현재 심사정, 단원 김홍도 등 31명 작가가 그린 100여점의 작품을 교체 전시로 만날 수 있다. 특히 이번 전시에서는 기존과 다르게 영상물 및 체험공간을 준비함으로써, 다양한 볼거리를 제공한다.

군자에 비유되며 시문과 그림으로 사랑받던 이 네 가지 식물들이 17세기 이후에는 '사군자(四君子)'라는 이름으로 함께 불리기 시작했다. 그 명확한 이유와 유래는 알 수 없지만, 아마도 사계절을 염두에 두었던 것으로 짐작된다. 봄-매화, 여름-난초. 가을-국화, 겨울-대나무로 계절과의 조합에 약간의 차이가 있다. 우리의 계절 감각에 따라 변화를 준 것으로 보인다. 군자의 상징성을 지닌 매·난·국·죽(梅蘭菊竹) 사군자는 오랫동안 문학과 예술의 핵심적인 소재로 사랑받았다. 특히 사군자 그림은 조형성과 미감에서 동양화의 특징과 본질을 가장 잘 보여주는 분야이다.

주요작품 중 강세황의 작품과 단원 김홍도의 작품에 끌렸다. 단원구는 김홍도의 호를 따서 안산시의 구 이름으로 되어있어 더욱 애정 어린 눈으로 감상했다.

<백매>는 이런 김홍도 사군자 그림의 특징과 지향을 여실히 보여주는 대표작이다. 특유의 주춤거리는 듯 출렁이는 필선과 부드러운 선염으로 등걸과 마들가리를 그리고, 그 위에 수줍게 맺혀 있는 꽃봉오리를 소담하게 베풀어 놓고 있다. 통렬하고 강경한 기세를 담아냈던 조선 중기 묵매화풍과는 전혀 다른 모습이다. 심사정이나 강세황으로 대별되는 조선후기 남종문인화풍의 고아하고 유연한 문기(文氣)와도 분명한 간극이 있다.

김홍도는 매화를 통해 강인한 기세를 보여주고자 한 것도 아니었으며, 고아한 품격을 보여주고자 한 것도 아니었다. 그는 매화에서 올곧은 선비의 절조보다는 시인의 풍류를 찾고 싶었다. 그러니 가슴속의 시정과 흥취를 감각의 흐름에 따라 붓 끝에 실어 담아내면 그뿐이었다.

끼니를 걱정하던 시절, 어렵게 받은 그림 값 1,000원에서 800원을 들여 매화음(梅花飮: 매화를 즐기며 마시는 술)을 즐겼고 가족의 끼니를 위해서는 20원을 남겼던 김홍도에게는 결연하고 기세등등한 매화보다는 이처럼 소탈하고 정감 있는 매화가 훨씬 마음에 끌렸을 것이다.

2015년 9월부터 진행될 예정인 <간송문화전 5부: 화훼영모(전시명 미정)>의 주제는 꽃과 풀, 새와 짐승을 그려낸 작품들로 구성되어 있으며, 이는 소재의 특성상 우리가 가장 쉽고 재미있게 다가갈 수 있는 주제이다. 간송문화전은 2017년 3월까지 다양한 주제로 동대문디자인플라자(DDP)에서 진행될 예정이다.

  고려 중기 이후 문인 귀족들에 의해 그려지던 사군자는 조선시대 더욱 크게 유행했다. 화원(畵員)을 선발하는 시험에서 산수나 인물화 보다 대나무 그림이 더 중시 되었을 정도였다. 세종대왕과 문종(文宗), 안평대군의 3부자가 모두 난초와 대나무 그림에 탁월했고, 당대를 대표하는 화원화가인 안견(安堅)과 사대부 화가 강희안(姜希顔) 역시 대나무 그림을 잘 그렸다고 한다. 다만 실물이 남아 있지 않아 그 기량과 품격, 특징들을 확인할 수 없다. 몇몇 기록들을 통해 북송대 문인화풍을 계승한 고려시대의 전통, 고려 말 유입된 원나라의 문인화풍, 사행(使行) 등을 통해 접하게 된 최신의 명나라 문인화풍이 공존하고 있었을 것으로 짐작할 수 있을 뿐이다.

                                                  * 자료출처 : 김달진 미술연구소 사이트

노래교실

　현대인에게 문화란 어떤 의미일까? 선진국이 행복한 국민이 되려면 문화강국이란 기본요건을 갖춰야한다. 우리는 문화생활을 하며 살아가는 사람들을 동경하고 고품격으로 살기 위해 저마다 노력한다. 현 정부도 문화 강국을 만들겠다고 하지만 국민들이 문화생활을 할 수 있는지 미지수이다. 과거보다 현대사회로 오면서 문화가 발전되고 접근성이 좋아졌다. 다만 누구나 적극적으로 참여할 수 있는가 그것이 문제다.
　평생직장을 다니다 정년을 앞둔 사람들은 두렵다고 한다. 노년이 살아온 날만큼이나 길다는데 도대체 무엇을 하며 살아야 하는지 모르기 때문이다. 난 그런 사람들에게 경험한 노하우를 펼쳐 보인다.
　고품격 문화를 착한 가격에 접할 수 있는 방법을 안내한다. 우리나라의 제도가 진화하고 있어서 동사무소, 사회복지관, 여성회관, 도서관 등을 찾아가면 학력과 취미, 연령에 맞게 다양한 프로그램이 마련되어 있다. 대부분 약간의 회비를 내면 그런 프로그램에 참여한다. 65세가 넘으면 그 회비도 반으로 줄어 경비는 별로 신경 쓰지 않아도 다양한 문화에 접할 수 있다.
　그리고 대학의 평생교육원이나 백화점 다양한 단체의 문화센터가 마련되어 마음만 먹으면 고품격의 문화를 즐길 수 있다. 취미 내지는 특기를 살리며 평생 시간이 나면 해보고 싶었던 문화마당에 입장하여 노년을 열정적으로 살아갈 수 있다.

우리는 우선 건강을 지키기 위해 햇볕을 쪼여야 비타민 D가 형성되고 우울증도 예방할 수 있다. 의사들도 꼭 먹는 비타민이 D이다. 왜냐하면 햇볕을 쪼이며 야외 활동을 많이 하는 사람 외엔 80%이상이 결핍이다. 농부들도 부족하다고 하니 생각보다 심각하다. 몸의 40% 이상은 햇볕에 노출해야 하고 걸어야 하는데, 대부분 자외선 차단제를 바른다. 살갗이 시커멓게 타면 기미도 생기고, 외모도 볼품없어지니 얼굴에 복면처럼 가리개를 덮고 자외선도 나쁘다니까 팔 다리를 덮는 긴 옷을 입고 운동한다.

전 국민에게 걷기 열풍이 불고 있는 것은 다 아는 사실이다. 각자 상황에 맞게 운동을 생활화 한다. 그렇다고 운동만 할 수 없으니 내 안에 있는 무엇을 끌어내어 평생 동안 하고 싶었던 취미 생활을 해보는 것도 바람직하다. 글을 쓰거나, 그림을 그리고, 서예도 하며 특기를 살려 창조적인 일에 푹 잠기는 것도 심신을 건강하게 하는 좋은 일이다. 치매를 예방하는 일엔 창작만큼 좋은 것이 없다고 하지 않는가?

거기에다 무언가 신경 안 쓰고 즐길 수 있는 것 하나를 더 하고 싶었는데, 노래를 많이 부르면 스트레스 해소에 최고고 정신건강에 좋다고

하여 친구와 노래교실을 등록해 다녔다. 동사무소에서 하지만 그곳에 살지 않아도 등록할 수 있어 이웃 동네 길 건너에 사는 친구를 불러 같이 다녔다.

 3개월에 3만원을 내고 들어가니 교실에 60여 명이 모여 큰 소리로 노래를 불렀다. 노래방은 모임이 있을 때만 가끔 나오는 점수에 스트레스를 받으며 불렀는데, 1주일에 한 번씩 기분 좋게 노래방을 다녀온 기분이었다. 신곡도 매주 가르쳐주어 열린 음악회, 가요무대, 7080 등을 봐도 아는 노래가 별로 없어 흥미가 없었는데, 텔레비전을 보면서 신곡도 거의 따라 부를 수 있게 변했다.

 전에는 어떻게 노래를 불러야 하는 지도 몰랐다. 노래방에선 큰 소리로 불러야 점수가 잘 나온다고 하여 들은 습관으로 목구멍에서 나오는 소리로 가성을 질러 대다가 선생님께 지적을 받았다.

 선생님은 배꼽 아래 단전에서 들이쉬었던 숨을 끌어내면서 부르라고 한다. 가곡이나 그런 식으로 부르는 줄 알았더니 대중가요도 마찬가지였다. 유행가는 적당히 부르면 되는 줄 알았던 것부터 착각이었다. 특히 박자를 정확하게 맞추어 부르는 법을 배웠다. 제일 틀리기 쉬운 박자가 반 박자 쉬고 들어갈 때 대충 노래를 끌며 들어갔다는 것을 알게 되었다.

여고 때, 교가가 반 박자 쉬고 부르는 것이었는데, 음악 선생님은 1학년 때 교가를 가르치면서 선언하셨다.

"박자감이 없는 학생은 '무암산 푸른 송림 우리의 기상이요~'에서 '무'를 한 번도 못 부르고 졸업하는 학생들도 있다."

지금 생각하면 내가 그랬던 것 같다. 박자를 못 맞춰 노래방에서도 글자에 박자 표시가 나오면 그것에 따라 부르니 반 박자 놓치는 일이 다반사다.

한 소절의 뒷부분은 목을 쉬었다 가는 곳인지 알았는데, 쉼표가 나올 때까지 노래에 맞는 기법을 사용해 발라드는 바이브레이션을 넣고, 뽕짝은 힘을 넣었다 뺐다 하며 흔들어주어 부드럽게 넘기라고 한다. 선생님은 노래에 맞춰 기타나 색소폰 등 다양한 악기를 연주해 흥미를 더했다. 우리가 어디서 작곡가가 직접 연주하는 생음악을 들을 수 있겠는가?

대중가요는 일정 기간 많은 사람이 어느 자리에서나 부르다 사라지는 유행가이다. 넓은 뜻으로는 클래식이나 예술음악에 대하여 일반 대중이 즐겨 부르는 통속적인 성격을 띤 음악을 말한다. 미국에선 대중음악을 팝송(Pop song)이라고 부르고 프랑스는 샹송, 이탈리아에선 칸초네라 부른다.

대중음악 중 대표적인 것은 트로트가 있다. 트로트(Trot)는 일본 엔카 음악이 한국에서 현지화한 음악이다. '트로트'라는 이름은 구미 춤곡의 하나인 폭스트롯(foxtrot)에서 유래한 것이며, 일본 토속음악에 접목돼 엔카가 되었고, 일제강점기시대에 한국에 전해졌다.

그리고 서양음악이 도입되던 시절부터 대중 사이에서 즐겨 불려온 세속적인 노래로, 팝송(Pop song)은 대중음악의 가장 기본이 되는 보편적인 장르로서 쉽게 귀를 잡아끄는 리듬 요소, 멜로디와 후렴, 메인스트림 스타일과 전통적인 구조를 특징으로 하는 음악 장르이다. 록(Rock) 음악은 1950년대 초 미국에서 생겨난 대중음악의 한 형식이다. 록은 대개 보컬, 전자기타, 그리고 강한 백 비트로 구성되며, 백 비트는 색소폰과 같은 여러 종류의 악기들에 의한 스타일이 일반적이다. 록음악은 젊음의 기쁨을 찬양하거나 때로는 젊은 층이 가진 욕구 불만을 표현하기도 한다.

재즈(Jazz)는 19세기 말부터 20세기 초에 미국 뉴올리언스에서 기원한 서양음악의 기술과 이론을 바탕으로 흑인들 특유의 독특한 음악성이 가미된 한 음악 장르이다. 음악적인 특징으로는 블루노트, 싱코페이션(당김음), 스윙, 부르고 답하기, 폴리리듬과 임프로비제이션(즉흥성) 등을 뽑을 수 있고, '미국의 전통 음악'으로 분류되며 미국 전역의 많은 술집에서 연주되던 것이 그 시작이었다.

리듬 앤 블루스(R&B, Rhythm & Blues)는 흑인의 생활양식에 맞도록 녹음 된 블루스 보컬이나 밴드 연주의 레코드를 총칭한다. 나른한 듯한 느낌을 주기도 하며 가성을 많이 섞어 부르기도 한다.

힙합(Hip-hop)은 음악의 한 장르로서 주로 랩을 동반한 리듬감이 특징이다. 요즈음 우리나라에 랩에 대한 인기가 선풍적으로 많은 랩 전문 가수들이 인기를 끌고 있다. 댄스음악(Dance Music)은 춤을 추기 위한 목적으로 만들어지는 음악으로 다양하다.

그래도 노래교실에서 주로 부르는 노래는 한국 대중가요사에 명곡으로 자리 잡은 곡들이 제일 많다. 흘러간 노래를 듣다보면 그 노래를 듣던 시절이 같이 떠올라 아련한 향수에 젖는다. 이난영의 '목포의 눈물'(1935년), 김정구의 '눈물 젖은 두만강'(1939년) 산업의 부흥을 알린 이미자의 '동백아가씨', 패티 김의 '초우', 김추자의 '님은 먼 곳에', 김민기의 '아침이슬', 조용필의 '돌아와요 부산항에' 등은 고향에서 명절에 행해지던 노래자랑에서 밤새 반복해 부르는 것을 듣다 자연스레 외운 노래이다. 돌아갈 수 없는 아름다운 그때를 떠올리며, 노래교실에서 추억에 젖으며 행복해진다.

요즘 나온 진성의 '안동역에서'나, 조항조의 '사랑 찾아 인생 찾아'나, 신유의 '일소일소 일로일로', 오승근의 '내 나이가 어때서' 이애란의 '백세인생' 등이 있다.

국제가수 싸이는 유쾌한 에너지가 넘치는 익살스러움으로 '강남스타일'은 25억 뷰를 달성했고 요즘 '대디'도 조회수 1억 뷰를 유 튜브에서 넘고 있다. 레코드, 카세트테이프, CD플레이어, MP3 플레이어, 스마트폰 등 음악을 재생하는 기기가 시대적으로 변하는 가운데도 하나 같이 대중의 사랑을 받았고 우리는 그런 대중가요를 부르며 마음을 즐겁게 다스리고 있다.

젊었을 땐 유행가를 우습게 생각했는데 이젠 이런 노래가 편하게 들리고 스트레스를 날리며 행복한 감성에 젖는 것을 보면 좋은 문화임이 확실하다. 앞으로 더욱 노래와 친숙해지리라 믿는다.

* 자료출처 : 우리문화사랑방 글쓴이 - 죽계 · 대중음악 종류- 작성자 nooleeM · 네이버 지식백과

동문체육대회

 단풍이 세상을 치장하는 계절이 왔다.
 가을이 오고 개천절이 되면 어김없이 동문체육대회가 열리고, 올해도 주관 기수가 마련해준 관광버스를 타고 모교를 향했다. 24회 제자가 동문회의 총무로 중추 역할을 하는 모습이 대견하다. 7, 8회에 이어 13회인 우리 5명이 앞쪽에 앉아 가는데, 서로 소개를 하자고 하며 후배부터 인사해 올라왔다.
 "동문님들 안녕하세요?" 박수가 요란하게 울린다. 제자들이 많이 타서 격려를 해주나 보다. "이렇게 해마다 고향을 동문들과 방문하니 생활에 활력도 있고 좋아, 오늘은 동생도 둘이나 데리고 왔습니다. 한참 살다보면 모든 게 시들하고 외로운데 이렇게 공식적으로 외간남자들과 여행을 하게 되어 즐겁습니다."했더니 사회를 보던 제자가 "국어책엔 외간 남자라는 말이 없었던 것 같은데요. 누구와 데이트를 하시겠어요?"라고 해서 '너희가 바로 내 외간남자다'라며 한 대 때려주었다.
 20대에 모교에서 만나 선배선생으로 씨름하던 그들과 어울려 떠들다 보면 다시 그때로 돌아간다. 커피를 끓여온 제자에, 고구마 옥수수를 삶아오고, 김밥을 나누어 먹으며 떠드는 차안은 어린 시절 시골학교 운동

회와 똑 같다.

 머리를 묶은 잘생긴 청년이 꾸벅 인사를 하며 '제가 누군지 알겠느냐?'고 한다. '낮은 익은데 이름은 잘 모르겠다.'고 했더니 나를 '꼭 한 번 만나고 싶었다'고 한다. 사연은 중학교 때까지 줄반장 한 번도 못했는데, 선생님이 주번 장을 시키고 팔뚝에 완장을 채워주는데, 그렇게 기쁠 수가 없었단다. '그때 얻은 자신감으로 지금까지 잘 살고 있다'고 했다. '주번 장은 키가 크고 잘생긴 사람을 시켜야 전교를 휘젓고 다니며 청소를 시키고 질서를 잡기 때문에 네가 뽑혔던 거'라고 했더니, 얼굴 하나 가득 웃음이 넘친다.

 교정에는 만국기가 휘날리고, 선배 후배가 어울려 신나는 경기가 열렸다. 우리 13회도 배구가 결승에 올라갔지만, 힘이 넘치는 후배들한테 항복할 수밖에 없었다.

　시의원인 주관 기수 회장이 와서 동생을 데려와서 반가웠다며 열심히 준비했는데, 부족한 게 많다고 하며 노래자랑 심사를 부탁했다. 역대 행사 중 음식이 최고 맛있고, 행사가 짜임새가 있다. 그리고 내빈 소개에 앞서 은사님을 소개하는 것이 참 좋아보였다고 칭찬해주었다. 셋째동생 혜영은 행운권으로 한우 3kg를 받았는데 내가 받은 것보다 더 기뻤다.

　오늘 메뉴는 메밀가루에 어제 밭에서 땄다는 야채를 잔뜩 넣어 부친 빈대떡이 최고 맛있었다. 흑돼지 고기를 금방 잡아 냄새 안 나게 여러 가지를 넣고 삶아 무채와 곁들인 보쌈, 아욱을 넣고 끓인 올갱이국도 일품이었다. 고향 맛이 가득한 산해진미가 얼마든지 제공되었다. 먹는 것이라면 사족을 못 쓰는 나는 천고마비의 계절에 조심하라는 옐로우카드를 받을 때까지 먹어댔다.

　그리고 해마다 열리는 노래자랑이 시작되고, 총동문회장님과 친구와

심사를 보게 되었다. 젊은 후배들이 역시 힘이 있고, 노래하는 모습도 보기 좋았다. 기수마다 노래 잘하는 단골이 있는데, 이 자리에 해마다 나를 앉히는 것은 중복수상을 막기 위한 것 같다. 가능하면 20회 이후의 젊은 기수에게 상을 주려고 노력했다. 우리 13회가 나를 믿고 노래를 불렀지만 그래서 심사위원 기수는 불이익을 당할 수밖에 없다.

이렇게 고향의 품에 안겨 동문회를 하고 선후배와 정을 나누면 자신감이 생겨나고 삭막한 모래 위를 걷던 내 생활에 무언가 윤택한 기운이 충만함을 느낀다.

도회지의 이기심 가득한 삶에서 받았던 상처치료도 하고, 잘난 사람이 많아 늘 눌려 지내던 자존심도 회복이 된다. 가을이 되면 더욱 쓸쓸하고, 허전한 때 고향 사람들과 어울리는 이 행사가 우울하던 일상을 탈출하게 한다.

그런데 마음 아픈 것은 시골 학교의 학생 수가 급격히 줄고 있는 것이다. 군수님, 면장님과 점심식사를 하며 구체적인 고향의 실정에 대해 들었다. 79년을 정점으로 농촌 인구가 점점 줄고 있다고 했다. 당시 만 명이던 인구가 지금 삼천 명을 약간 넘고 있어서 어떻게 하던 이 인원을 사수하자고 하여 안간힘을 쓰고 있으니, 출향민들도 관심을 가져 달라고 했다.

동문회를 하는 중학교도 내년까지만 입학생을 받고, 그 다음부터는 5개 중학교를 합쳐 새로운 한 개의 중학교를 만들고, 통학 버스를 운영하기로 결정이 나 있다고 한다. 다행히 고등학교는 학생 전원 기숙형학교로 인가가 나 14억을 들여 짓기 시작하여 학교이름은 명맥을 이어가게 되었다. 초등학교도 폐교가 되고, 중학교에도 후배가 생기지 않는 농촌의 현실에 비감이 서린다.

몇 안 되는 학생을 유지하려면 국고가 지나치게 낭비되고, 운영하기에도 복합적인 문제가 많다. 서운하지만 방향은 잘 잡았다고 인정하지 않을 수 없다. 모교의 운동장에서 제자들과 경기도 즐기고 옛날이야기를 나누며 보낸 소중한 시간 덕분에 생존경쟁이 난무하는 도시에서 다시 싸울 수 있는 에너지 충전을 마쳤다.

사량도 지리산

칼바위를 잡고 안간힘을 쓰며 올라간다. 바위를 길게 뒤집어쓴 섬 사량도 능선을 그녀는 정신없이 뒤쫓고 있다. 다들 나이도 젊고 날다람쥐처럼 산도 잘 탄다. 한참을 올라왔는데도 경사각이 얼마나 심한지 우리가 내린 돈지항이 바로 눈앞에 있다.

한 걸음 더 나가니 섬과 섬을 잇는 바위가 잘록한 허리를 연상하게 한다. 바람이 휙 불어오면 낭떠러지로 떨어져 바다에 처박힐 것만 같다.

인간이란 참 묘한 동물이다. 이 어렵고 위험한 산을 오르기 위해 밤새 남해를 향해 달려왔으니 말이다. 새벽 4시에 도착! 바닷가 공판장도 문을 안 연 시각에 시장을 둘러보고 회를 먹는다. 낯선 곳에서 펼쳐지는 신기한 경험이다. 이런 여행의 맛 때문에 요번에도 여러 가지 무리를 하며 따라 나섰는데, 역부족이다.

시원한 해장국으로 아침을 먹은 후 배를 탔다. '삼천포 내 고향으로' 노래 가사 속에나 남게 된 삼천포다. 이젠 사천시로 개명이 된 곳을 벗어나 50분을 가면 사량도에 닿을 것이다. 그 틈에 개구쟁이 후배는 낚시 줄을 드리웠는데 고기가 곧잘 올라온다. 다섯 마리가 잡혔는데 승선하라는 명령이 떨어진다. 바다는 5시가 지났는데도 깜깜하고 우리 일행

의 얼굴도 굳어져 있다. 누군가 하도 심각하게 앉아있는 우리 표정이 볼만했는지 이 배는 월북하는 배라고 해서 한바탕 웃음을 터트렸다. 이렇게 배를 타고 항구에 내리니 해가 솟아오른다. 눈부신 일출을 보며 사량도 정복에 나선다.

사량도에 얽힌 사연은 이렇다. 학원이 잘되는 집 부부가 사량도엘 갔다. 평소엔 여간해 가족여행을 가지 않는 그가 부인을 데리고 이 험한 산을 올랐는데, 아내가 떨어져 죽은 것이다. 친정에서는 아무래도 모든 것이 수상하다고 조사를 의뢰했지만 증거가 없었다. 심증만 있을 뿐이다.

학원이 원생도 많고, 강남의 자기 건물에서 하고 있어서 승승장구하고 있었다. 부인에게는 매달 600만원씩 생활비를 꼬박꼬박 주었지만 집에 있는 시간이 거의 없고, 바깥일에만 매달려 있어 아내는 늘 고독했다.

어느 날 남편에게 젊고 아름다운 애인이 있다는 것을 알게 되어 대판 부부싸움을 했다. 학원 강사일 뿐 절대 그런 사이가 아니라고 부인했지만, 학원가에 파다하게 소문이 퍼져 있었다. 그녀가 오피스 와이프라고. 아이들도 제대로 돌보지 않고 식사도 하지 않아 우울증이 깊어가는 아내를 바람을 쏘여준다고 데려간 산이 사량도 지리산과 옥녀봉이었다.

처음엔 지리산을 간다고 하여 젊은 시절 등산하던 피아 골짜기로 해서 노고단을 오르겠지 하고 따라나선 산은 사천에서 배를 타고 들어와 좁고 바위로 이루어진 산을 끊임없이 기어오르는 곳이었다. 바닷바람이 어찌나 센지 산봉우리를 따라 나아가는 칼바위산은 중심을 잃거나 발을 헛디디면 그대로 천길 바다 속으로 처박히는 길이었다.

지리산 정상을 찍고 나니 칼바위를 디디고 발에 힘을 주어 걷느라고 지쳤다. 옥녀봉이 남아 있는데, 그곳은 90도 경사를 사다리 줄을 타고 올라야하는 아찔한 곳이라고 했다.

반 정도는 막걸리 한 잔씩 마시고 항구로 내려오고 자신 있는 사람들만 갔다 와서는 어찌나 위험한 구간이 많은지 힘들었다고 안 가길 잘했다고 했다. 항구에서 빤히 바라다 보이는 옥녀봉인데 산소처럼 둥글게 생긴 부분이라 경사가 심했나 보다. 젊은 측은 흥분되어 산을 타는 맛이 났다고 좋아했다.

우리 동기 중 구두 사장이 옥녀봉을 다녀오더니, 왜 회 한 접시 먹고 있지 밖에 있느냐고 몰고 들어가 갓 잡아온 전복 멍게 도다리 등을 먹었다. 인생을 살면서 끊임없이 베푸는 그 사장은 우리 동문회가 있을 때마다 구두를 10~30켤레 씩 내놓아 나도 5켤레를 얻어 신었다. 그 중 하나는 제자가 여자 구두가 당첨이 되었는데, 아내를 암으로 잃은 제자였다. 저 집에 가져가야 신을 사람도 없으니 은사님이나 신으라고 주었다.

우리 13회는 임원회를 하느라고 모였다. 구두공장 사장이 자기 공장에 놀러가자고 하여 일일이 수제화로 만들어내는 과정을 보여주곤 여기가 샘플이 있는 곳인데, 하나씩 골라 신으란다. 하여 나는 밤색 얌전한 구두를 신고 왔다. 신발장에 그의 구두가 넘쳐나 평생 신겠다.

놀라운 것은 저렇게 선심을 써대면 금방 망할 것 같은데도 그의 후덕함이 인과응보로 복을 물어다주고 직원들도 가족 같이 보살펴서 그런지 몇 십 년을 승승장구하고 있다. 우리 동문회의 보배로 어디 갈 때마다 그로 인해 행복하다. 함께 어울려 하는 여행이란 이렇게 나누고 도와주며 정을 쌓기 때문에 힘든데도 또 따라나서곤 한다.

그래도 많은 사람들이 버스 타고 배타고 찾아와 5-6시간씩 등산을 하는 것은 등산 내내 보이는 남해의 아름다운 바다와 바위산의 절리가 어느 곳에도 볼 수 없이 특색 있게 솟아 감탄을 자아내기 때문이다.

이곳에 반한 산꾼들은 몇 번씩 사량도를 찾는다. 하지만 초보자들은 한번 갔다 온 후 아름다운 풍광은 가슴에 간직하고 있지만 두려워 다시는 가고 싶지 않은 산이다. 앞으론 좀 더 낮지만 바다의 해돋이도 보고 아름다운 자연을 느낄 수 있는 섬들을 여행하고 싶다.

산을 좋아하면 산에서, 바다를 좋아하면 바다에 뼈를 묻게 된다던가.

산사의 가을

복잡하고 시끄러운 서울을 떠난다. 길은 점점 좁아질수록 마음은 더욱 넓고 푸르러간다. 산천을 뒤흔들던 태풍이 과연 문학기행을 제대로 갈 수 있을 지 갈피를 잡을 수 없다. 그러면서도 우리 문학회 행사가 있는 날이면 날씨가 안 좋은 적이 없었다며 마음을 달랬다. 잠들기 전까지 먹구름 속 비는 세차게 내리고 바람의 기세는 더욱 강력했다.

그런데 아침 일찍 일어나자마자 하늘 먼저 올려다보고 역시 하며 손뼉을 쳤다. 태풍은 우리가 떠나기 직전에 멈췄고, 공해먼지를 밀어낸 하늘은 파란빛으로 마음을 들뜨게 한다. 덕을 많이 쌓은 사람들과의 동행이라 이러한 행운을 누리는 것이리라. 태풍이 한 쪽에선 시설을 무너뜨리고, 물난리 피해로 울부짖지만 '적조의 천적이 태풍'이란 신문 기사를 보며, 어떤 상황이 와도 그것을 통해 얻는 것과 잃는 것이 있음을 실감한다. 세상사는 어느 관점에서 보는가에 따라 대상에 대한 평가가 달라진다.

백담사 깊은 계곡도 태풍으로 인해 물이 불어 거세게 휘돌아 나가니 답답한 속이 시원하다. 그 소용돌이치며 부서지는 물줄기가 다듬잇돌 빛깔이다. 그런 못을 백번 지났을 때 백담사에 닿았다. 폭포로 생긴 연

못 백 개를 지나 올라온 곳에 지어진 절이라 백담사란 이름이 붙었다고 이곳 출신의 문인 선배께서 친절히 설명한다. 이곳은 자가용을 가지고 올라갈 수 없어 모두 버스를 타고 오르게 된다. 차표 한 장씩을 손에 쥐고, 쪽마루에 나란히 앉아 이사장님과 사진도 찍었다. 버스 속에서 계곡의 절경을 제대로 보려면 운전기사 줄에 앉아 올라가야 제대로 볼 수 있다고 하여 선배님 뒤에 앉았다. 굽이굽이 백담사 계곡에 얽힌 사연을 들으니, 내설악의 풍광을 사랑하는 마음과 자부심이 전해진다.

버스가 서로 비킬 수도 없는 좁고 험한 계곡을 올라왔는데 갑자기 넓은 개울이 나타난다. 무슨 소망이 저리도 많은지 무수한 돌탑이 서있다. 물이 흐르는 것인지, 돌탑이 흐르는 것인지 구분할 수 없을 정도다. 돌탑을 쌓는 마음이야 누구나 극진하다. 시원한 계곡과 풍성한 삼림도 즐기면서 사람들은 진지한 마음으로 돌탑을 쌓으며 자신의 소원을 빌었으리라.

다리를 건너 백담사로 들어갔다. 내설악이 포근히 감싸 안은 자리에 고즈넉이 들어선 백담사, 절을 많이 해서 절이라는 말을 떠올리며 엄숙히 고개 숙인다. 오른쪽으로 돌아가니 만해 기념관이 있다. 한용운 선생이 기미년 3.1운동 때 불교계 대표로 독립선언서를 낭독했고, 나라를 되찾아보려다 영어(囹圄)의 몸이 되어 3년이나 감옥에 있었던 기록을 둘러보았다. '조선 독립의 서'란 선언서를 직접 작성하고, 나라를 되찾기 위해 싸웠는데 변호사는 필요 없다. 스스로 하겠다던 당당한 모습에 감동한다. 옥중에서 나와 바랑 하나 짊어지고 백담사로 왔을 만해 스님의 흔적을 우러른다. 구름처럼 물처럼 산사를 찾는 일행에 나도 한 걸음 보탠다.

문득 유마행이 떠오른다. 사랑하던 사람이 결혼하자고 서두르자 신장이 약한 그녀가 도망을 온 곳이다. 더 이상 속세에서 살다간 아기도 제대로 낳아 기르지 못할 몸이라, 많은 사람에게 상처만 주고 다른 가문을 힘들게 한다며 찾아온 절은 그녀를 받아주었다. 그녀를 애타게 찾아다니던 남자에게 외국 멀리 떠났다고 따돌리기를 몇 번이나 했던가?

그 울음을 토해내면 다 받아주던 폭넓은 절의 마당이 다시 보인다. 절의 공양주로 있으면서 경내를 유리알 같이 닦아놓고, 맛깔스런 음식으로 불자들을 대접하는 그녀에게 스님은 유마힐에서 이름을 받아 유마행이라 부르며 딸 같이 아꼈다. 유마힐은 석가모니 부처님과 같은 때 사람이다. 집에 있으면서 보살의 행을 닦고, 거사로서 학덕이 높아 사리불·가섭 등 석가모니의 큰 제자들도 그의 학해(學解)를 따를 수 없었다는 그를 본받으며 사는 보살이다. 마음을 다스리며 부처님 앞에 수없이 엎드렸던 한 중생을 생각하며 이 문을 넘어 세상 속 티끌을 떨어내며 성불하려 애쓰던 발길을 찾는다. 절 마당에 찍힌 많은 발자국들을 따라 걷다보니 저마다의 사연으로 말을 걸어온다. 그들처럼 대웅전에 올라 향을 피운다.

내일이 음력 7월 15일, 백중이라 조상들의 원혼을 위무하기 위해 많은 중생들이 엎드려 빈다. 과일과 음식 등 백 가지를 공양한 백종에서 유래된 날이다. 불교에서는 여름 안거라 해서 더위를 피해 일정한 장소에서 스님들이 수행하는 일을 마치는 날로 이 날 수행을 마치는 스님들께 공양을 올리면 그 공덕으로 지옥에 있는 중생들을 구원한단다. 다른 말로 백중을 우란분절이라고 하며 불교에서는 부처님 오신 날, 부처님께서 깨달은 날, 출가하신 날, 열반에 든 날과 함께 다섯 명절의 하나이다. 백중기도는 일반적으로 49일간 한다. 천도재를 지내면 돌아가신 영가의 극락왕생을 발원하는 의미도 있지만, 살아 있는 분들의 공덕도 많이 쌓인다. 원혼을 달래기 전 내 자신을 통찰하며 내가 누구인지를 스스로 살펴야한다. 백중맞이를 통해 나는 누구인지, 나의 뿌리는 어디로부터 이어져 왔는지 나의 본질을 알기 위해 더 없는 정성을 드려야하는 것이 백중기도다.

주변에 힘들게 살다가 못다 이룬 꿈을 아쉬워하며 이 세상을 떠난 사람들이 필름처럼 지나간다. 많은 사람들의 삶이 만만치 않았고 생로병사의 고통을 다스리며 넘어갈 수밖에 없음을 확인한다.

산사에서 둘러보니 처서를 지난 지금 산속에서 풍기는 청량한 기운이 찾아온 우리를 맑게 하고 세상으로 퍼져나간다. 여름을 이긴 승자처럼 깊은 산속부터 찾아오는 향기를 마신다. 깊은 역사를 간직한 경내가 종교를 초월해 자랑스러운 문화재로 모든 사람을 품어 안은 모습이 아름답다.

하늘은 조금씩 높아질 테고 성질 급한 계곡부터 변하고 있다. 가을이 오는 길목, 푸른 나무들 끝부터 단풍이 들기 시작한다.

- 경암백일장 장원 작품

산악회와 산우회

 건강 지킴이 등산은 인간의 수명을 늘려 놓았다. 지방 자치제가 자리를 잡으면서 산을 지역 특색에 맞추어 개발하고 그곳을 오르는 것이 전 국민의 운동이 되었다. 4계절의 다양한 얼굴을 보여주기 때문에 산에 오를 때마다 감흥이 새롭다. 진정한 산 꾼들은 백두대간을 종주한다, 정맥도 다 돌았다고 호기롭게 얘기한다. 하지만, 실력이 부족한 나는 매월 셋째 주에 동문 산악회를 따라 후배들의 보살핌을 받으며 등산을 한다.
 그런데 요번엔 남해의 설흘산을 간다. 작년에 남해바다 사량도를 갔다 능선을 따라 걷는 길이 어찌나 험한지 마치 유격 훈련을 하다온 것 같아 안 간다고 했더니, 거기보다 훨씬 안전하다고 산악대장과 회장이 전화를 여러 번 해왔다.
 하긴 후배들이 돌봐주니까 이런 데를 가는 건데, 가자고 할 때 용기를 내보자. 이제 얼마 못 다닐 텐데……. 2일 전 결정을 하고 문자온 곳으로 가서 관광버스를 탔다. 젊은 애들이라 무박으로 밤 12시 출발하여 새벽 5시 10분 남해군 남면에 닿았다. 3월이라 사방은 깜깜한데 지금부터 헤드랜턴을 쓰고 응봉산 설흘산을 등산한다고 했다. 지난달 산행 때 헤드랜턴을 기념품으로 나누어주기에 쓸 일이 없을 거라고 남편

을 줬는데, 홈페이지를 확인 안한 불찰이 컸다.

　제자인 후배가 눈치를 채고 제가 뒤에서 비출 테니까 같이 가자고 한다. 산 초입에 들어서자 나무에 희끗희끗한 것이 허옇게 매달려 있어 성황당에 두 손을 모으며 절을 하고 오늘 야간엔 처음인데 안전 산행하게 해달라고 빌었다. 후배가 나무를 비춰주는데 산악회들이 길 찾아오라고 걸어놓은 리본들이 가지 가득 걸린 것이었다. 잘난 척하던 선생이 바보짓 한 게 고소한지 그 이야기가 뒤로 전달되며 낄낄거리는 웃음소리가 얼굴을 화끈거리게 한다.

　6시가 되니 먼동이 터오며 랜턴 없이도 걸을 만 했다. 내려다보니 벽련마을 앞엔 배의 노를 많이 생산했다 하여 노도(櫓島)라 부르는 섬이 보였다. 마치 삿갓이 바다에 떠있는 것 같다 하여 삿갓 섬이라 불리기도 한다. 숙종 때 무신이자 <구운몽>, <사씨남정기>의 작가인 서포 김만중이 유배 와서 1692년 56세의 나이로 이곳에서 생을 마감한 곳이다. 문학관이 너무 허술해 가슴 아팠다는 교수님 말씀을 떠올리며 문학도라면서 찾아가지 못하는 죄송한 마음을 머리 숙여 참배로 대신했다.

벌써 진달래, 산수유도 피었다. 응봉산을 지나 3시간 즈음 걸으니 설흘산에 닿았다. 찔레꽃잎이 파랗게 돋아난 설흘산((雪屹山 481.7m)은 여수만 건너편으로 한려수도의 아기자기한 섬들을 조망할 수 있다. 정상에 있는 설흘산 봉수대는 왜구의 침입을 금산 봉수대와 사천 전남 등지에 연락하기 위해 세워졌다. 자연 암반을 기단으로 네모꼴로 축조되었고 중앙에는 움푹한 홈을 만들어 봉수 불을 피울 수 있게 했다. 자연 암반을 기반으로 『신증 동국여지승람』에는 '소흘산(所訖山) 봉수'라는 기록으로 남아 있으나 지금은 설흘산이라 불린다.

일출은 동해 일출 못지않게 장관이다. 아직까지 널리 알려지지 않아 아는 사람들만 찾는다. 바다를 벌겋게 물들이며 해가 뜨자 가슴 속 가득 생명력이 충일된다. 아침바다가 금빛으로 물드는 감격에 우린 노래를 불렀다.

> 아침바다 갈매기는 금빛을 싣고
> 고기잡이배들은 노 저어 가요.
> 희망에 찬 아침바다
> 노 저어 가요.

5년 전 시작할 때보다 등산 실력이 많이 늘었다고 친구가 칭찬해준다. 하긴 그때 중학교 동창들이 도봉산 등산을 하자고 하여 우면산 산책하듯이 운동화 신고, 스판바지를 입고 따라나섰다. 그랬더니 사람 많이 다니는 길로 어슬렁어슬렁 산책하는 것이 아니라 다락능선을 타고 넘는 바람에 운동화가 미끄러워 애를 먹었던 것이 엊그제 같다. 그때 조우한 도봉산의 감흥에 나는 <도봉의 탑> 소설을 낳았다. 등산복을 장만하여 너무 어려운 코스는 포기하고 갈만한 데를 따라 다니다보니, 대여섯 시간 등산은 소화할 수 있다.

그런데 고등학교 동창들은 산악회라 이름 붙이기는 그렇다고 산우회란 이름으로 둘레길을 2시간 전후 걷는다. 처음엔 정상을 찍지 않고 산중턱만 살살 도는 것이 성에 안찼는데, 나이 들어 너무 무리해서 운동하면 연골이 닳고 젖산이 나와 적당하게 걷는 것이 좋다고 하며 대신 매주 수요일이면 어김없이 간다.

나이가 들면 어떤 등산을 해야 건강에도 좋고 아름다운 풍광도 즐길 수 있을까?

물리치료사인 친구가 지도해준다. 1시간에 약 6km를 숨이 약간 차고 땀이 날 정도로 걸어야 체지방을 효율적으로 연소시킬 수 있는데 1분당 100m 걷는 것을 목표로 평소 걸음보다는 빠르게 걸어야 한다.

걷기 시작한지 15~20분 정도 지나면 땀이 나면서 지방이 연소되기 시작한다. 일상생활에서 걸어도 체지방을 줄일 수 없는 것은 조금씩 걷다 끊어지곤 하기 때문에 체지방이 연소되지 않는다. 자기 체력 몸무게를 감안하여 일주일에 매일 걸을 수 있으면 30분 정도, 3일이면 1시간 이상은 걸어야 한다.

자세는 아랫배를 앞으로 쑥 내민 자세는 아무리 많이 걸어도 복근을 자극하지 못하기 때문에 볼록 나온 배가 없어지지 않고 그대로이다. 아랫배를 신경 써서 집어넣으면 등은 자연스럽게 펴지게 된다. 이처럼 바로 선 자세에서 걸으면 엉덩이 부분의 근육에 많은 자극이 가해져 힙 라인이 아름다워진다. 발은 뒤꿈치부터 땅에 댄 뒤 옆을 지나 발끝으로 차듯이 앞으로 내밀어준다. 팔꿈치는 90도 정도로 굽혀 뒤로 바싹 당긴다는 느낌으로 기분 좋게, 경쾌하게 걷는다. 무릎은 펴서 앞발이 착지하는 순간 앞다리의 무릎 쪽이 쭉 펴지는 것이 이상적이다. 보폭은 평소보다 넓게 벌리며 걸으면서 산의 정취를 맛보면 효과는 극대화된다는데 실천이 어렵다.

주변을 둘러보니 다람쥐 같이 산을 잘 타던 사람들 중에 무릎이 아파 산엘 못가겠다거나 다쳐서 못가는 사람들이 늘어나고 있다. 이제 내 체력에 맞게 현명한 등산을 하여야 할 텐데 1달에 한 번 가는 산악회와 매주 둘레길을 걷는 산우회 사이에서 갈팡질팡하고 있다.

새해에 뜨는 새 태양

병신년 새해가 밝았다.

새해에 뜨는 새 태양을 보겠다고 많은 사람들이 분주하게 움직인다. 서울과 근교는 구름 사이로 일출을 보지만, 동해바다는 쾌청할 것이 예보되고 날씨도 맑고 바람도 잔잔하게 불어, 그야말로 일출을 보기에 최상의 조건을 갖춘 경포대를 향해 우리는 달렸다.

일출 명소엔 예약이 빗발치고, 며칠 전부터 숙박을 하며 새해를 맞을 준비를 한다. 당일치기로 해돋이를 보려고 밤에 출발한 차들은 서울서부터 7~8시간씩을 달려왔다고 고생한 이야기를 훈장처럼 내놓는다. 해 뜨는 곳을 향해 거북이 떼가 몰려들 듯 까맣게 모여와 곳곳에서 극심한 정체를 빚었지만 얼굴엔 싱싱한 기대감이 가득하다.

작년 우리 집 옥상에서 해돋이를 본 이야기를 수필로 써서 발표했더니, 선상에서 호화 해돋이를 본 교수님이 그것도 해돋이를 본 거냐고 비웃었다. 올해는 문학회에서 해돋이를 보러 경포대로 가자고 하고 강릉에 있는 소월문학회 회원들이 발로 뛰어 겨우 숙소를 예약했다고 했을 때부터 매일 날씨를 확인했다. 슈퍼 엘리뇨 영향으로 아무리 따뜻한 겨울이라지만 날씨가 요동치면 새벽 바닷가에서 동태가 될까봐 두려웠

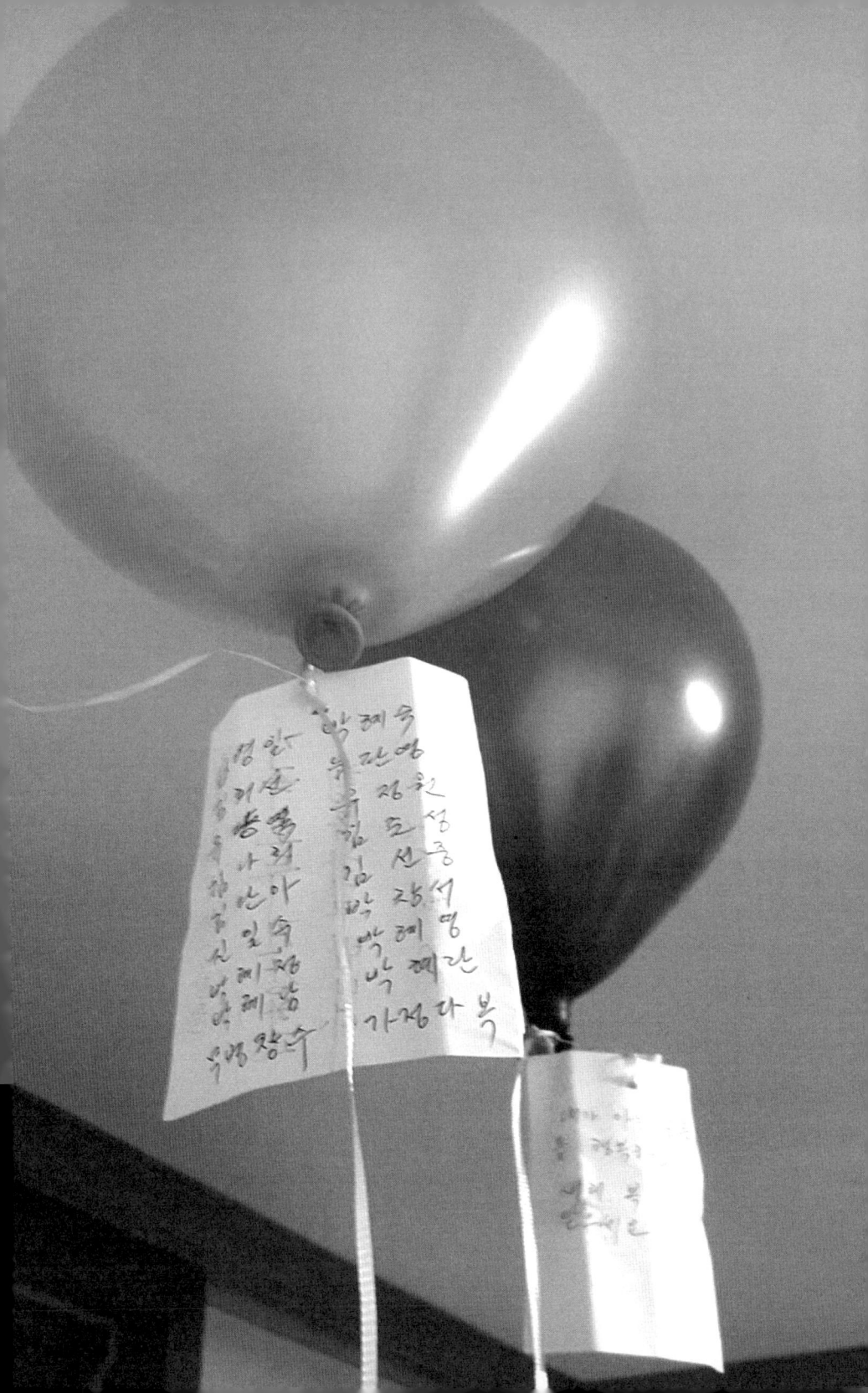

기 때문이다. 그동안 새해 아침이면 매스컴에서 해돋이 인파를 촬영하여 보여주는 뉴스를 보며 새해를 맞았다.

산꼭대기에서 바다에서 새벽부터 기다리고 있는 사람들의 희망찬 눈빛과 하얀 입김을 보며 추운데 구태여 고생스럽게 해 뜨는 것을 직접 보며 맞아야할까 의구심이 들었는데 현장에 와보니 그게 아니었다. 세상은 경험한 것만큼 보인다.

산에서 바다에서 솟아오르는 태양을 향해 입을 벌리고 가슴을 열어 힘껏 들이키는 순일한 생명력의 상쾌한 기운을 현장에서 집어넣어보고 알았다.

아! 새해의 새로 뜨는 태양을 보라!

약진하는 병신년 정열의 태양이 빨갛게 솟아오른다. 한 사람 한 사람의 간절한 소망을 안고 수평선을 박차고 올라왔다. 구름 한 점 없는 수평선을 딛고 눈부신 햇살이 얼굴을 옷을 발갛게 물들인다. 해가 번쩍번쩍 빛나자 마음이 꿈틀거린다. 새 희망이 부풀어 가슴이 요동친다. 힘이 솟구친다. 공평하게 생명력을 불어넣는다.

해안선을 따라 발 디딜 틈 없이 도열한 사람들. 저마다 소망을 빈다. 우린 풍선 백 개를 사고 수소 통을 짊어지고 왔다. 교수님이 풍선에다 소원을 적어 띄우자고 제안하자 소월문학회 임원들이 힘들게 구해왔다. 전날 저녁 소원을 적을 종이를 한 장씩 나눠주어 커다란 매직으로 적다가 또 소원이 생각이 나면 뒤에다 적고, 한 장을 더 적었다. 왜 그렇게 적을 게 많은지.

입으로 풍선을 불면 높이 올라가지 않는다고 하여 실장님은 새벽에 화장실에서 회원들 잠을 깰까봐 변기에 앉아 수소를 넣었다. 풍선을 준비를 한 것은 우리뿐이었다. 강릉 회원 풍선을 들고 서 있는 실장님께 풍선 사러 찾아오는 사람들이 많았던 걸 보아도 풍선에 소망을 띄우는 아이디어는 탁월한 발상이었다. 해가 솟자 교수님은 하나 둘 셋을 세고 백개의 빨강, 노랑, 파란 풍선은 소망을 달고 새 태양을 향해 날아간다.

바람을 타고 높이 오르며 그 소원을 들어주겠다고 꼬리를 흔든다. 한지 등에 불을 붙여 소망을 띄우는 사람들도 있다. 그저 두 손을 모으고, 갈매기 등에 바람에 새 희망을 얹어 띄워 보내는 사람들도 있다. 올해는 좀 더 나은 세상에서 꿈을 펴기 위해 열심히 뛰겠다고 다짐한다.

다사다난했던 을미년 혼용무도(昏庸無道)의 2015년은 역사 속으로 사라지지만 기억 속에서 부활하여 새해를 사는 밑거름이 되리라 믿는다. 교수신문이 전국 교수 886명을 대상으로 설문조사를 한 결과 '세상이 온통 어지럽고 도리가 제대로 지켜지지 않는다.'는 혼용무도로 작년을 평가했다. 논어의 천하무도(天下無道)에서 무도를 따온 표현이라고 한다.

나빴던 기억은 을미년에 실어 떠나보내고 꿈과 희망이 넘치는 새해를 살자. 2015년의 잘못된 부분은 반면교사 삼아 우리 모두에게 큰 울림을 주는 세상으로 거듭나길 빌자. 우리 모두 작년보다 한 걸음 더 발전하여 병신년에 병신 소리는 듣지 말고 살자.

소백산의 추억

이제 800m 남았다. 고개만 들면 정상이 빤히 보이는 급경사 구간, 칼바람은 쉴 새 없이 얼굴을 할퀴고 숨차다. 운동장 100m 트랙을 그려본다. 그게 여덟 개다. 한 발을 디뎠고, 또 한 발에 최선을 다 하자! 한 발짝씩 제대로 걷다보면 비로봉에 오를 수 있다. 오은선 대장이 히말라야 완등을 하던 마지막 발자국을 떠올렸다. 3시간 반 째 설산을 오르고 있는데 이젠 발걸음이 잘 떨어지지 않는다. 전에 쥐가 난 적이 있는 오른쪽 종아리에서 찌릿한 느낌이 와 뒤꿈치를 먼저 대고 앞꿈치로 힘을 주어 아이젠을 콱 박는다.

대한(大寒) 날, 백두대간의 끝자락 소백산 비로봉에 도달했다. 1,439m 비석을 끌어안고 사진을 찍는다. 난 이렇게 힘들게 왔는데, 그곳의 사람들은 싱싱한 모습으로 설경에 빠져있다. 흰 눈을 덮고 의연히 서 있는 1,394m의 연화봉과 소백산 천문대를 본다. 주목이 추위에도 푸른빛을 띠고 늠름하다. 여기에서 주웠던 속까지 빨갛던 지팡이를 짚고 이어지는 능선을 타며 헤매던 그 여름이 다가왔다.

1970년대 우리 4H 서클에선 충북 단양군 가곡면으로 봉사활동을 왔다. 여자들이 적어 대원들 밥 챙길 사람이 가야한다는 바람에, 대원들

환송을 나왔다가 그냥 끌려왔던 농활이었다. 준비가 안 된 상태에서 낯선 상황에 적응하려니 무척 고생스러웠지만 따뜻한 인심과 사람 냄새에 젖었던 시간이었다. 10일 간의 일정이 끝나고 마지막 밤 온 동네 사람들을 모아놓고 학예 발표를 했다. 난 '어머님 은혜'를 불렀다. 동네 4H 회장이 우리 마을을 위해 너무 고생만 했는데, 이 뒷산이 소백산이니, 등산을 하고 단양엔 알려지지 않은 동굴이 많은데 동굴 탐사도 하고 가라고 했다. 지금 생각하면 이 열이틀이 계획 없이 즉석에서 결정되고 행동으로 옮긴 것을 보면, 젊음이란 것이 얼마나 무모한 열정에 휩싸이는 것인지 자신이 겪고 난 일인데도 이해가 안 된다.

열하루 째, 마을 대원들의 안내로 소백산을 오른다. 경사가 급한 길을 계속 걷는데 마을사람들이 다니는 길이라 우리 말고는 오르는 사람이 없다. 꼭대기로 갈수록 나무의 키가 작아지더니 푸른 초원이 펼쳐졌고, 여름철 야생화가 주황, 흰색, 보라색으로 바람에 나부끼는 길에서 우린 야생마처럼 뛰어다니고 경사진 언덕에서는 데굴데굴 굴렀다. 풀양탄자 위에서는 소리 지르고 풀밭에 대자로 누웠다.

그러자 진한 향기가 피어올랐다. 하얀 치자꽃 같은 데서 피어나던 향

이 지금까지도 생생한 걸 보면 후각의 추억은 역시 강렬하다. 그러다 얼굴에 빗방울이 떨어져 하늘을 보니 조금 전까지 해가 났었는데 우린 구름 속에 있고 100m 앞도 안 보인다. 그 당시는 오늘날과 같은 기능성 등산복도 없어 우리는 비를 흠뻑 맞으며 하산을 서둘렀다. 능선에서 속까지 빨간 지팡이를 주워 짚으며 내려왔다.

4H 청년들이 자기들끼리 수군거리고 있었다. 한 30분을 걸었는데 아무래도 올라오던 길이 아니었다. 우리 측 회장이 물었다. 아무래도 길을 잃은 것 같다. 날이 좋으면 우리 동네로 내려가는 산봉우리가 보이는데, 구름에 가려 어디가 어디인지 구분이 안 된다.

20여 명은 이 난관을 어떻게 극복할지 의견이 분분했다. 산악대장과 보이스카우트 활동을 하던 제일 경험이 많고 멋진 대원이 앞장을 섰다.

"여기는 표지판도 없는데 아무데나 내리막길이라고 내려가다 다시 올라가며 능선을 뱅뱅 돌게 되고 산 위에서 조난당합니다. 모든 등산로는 계곡의 물길을 가로지르며 놓여있고 물은 아래로 흐르기 때문에 계곡을 타야 아래로 내려갑니다. 뱀이 있을지 모르니 지팡이를 하나씩 만들어 길을 헤치며 바짝 붙어 내려갑시다."

여름이라 한껏 우거진 숲길을 막대기로 헤쳐 가며 반시간 즈음 오니, 아까 물 마셨던 곳이 나오고 동네 청년들이 이제야 길을 알겠다고 웃었다. 산골 물은 그동안의 비로 불어 허벅지까지 차올라 서로 손을 붙잡고 계곡을 건너 내려오니 족제비 같은 몰골은 말이 아니었다. 시간이 한참 지나도 안 오는 우리를 찾아 마을 어른들이 올라오고 있었다.

다음날, 그렇게 놀랐으면 돌아가야 하는데, 단양의 작은 동굴 탐사를 또 갔던 것을 보면 젊은 날 나도 어지간한 말썽꾸러기였다. 큰 바위가 있어 도무지 그 뒤에 동굴이 있으리라곤 짐작도 할 수 없는 곳으로 한국전쟁 때 마을 사람들이 이 동굴에서 피난을 했던 곳이다. 대원들에게 장작에 솜을 싸고 석유를 뿌려 불을 붙여 하나씩 주었으나 한참 들어가니 불이 꺼졌다. 잘 보이지도 않아 앞 사람만 붙잡고 가는데, 앞에서 엎드리라고 했다. 갑자기 좁아지고 밑으론 물이 흐르는 동굴을 생전 처음 포복자세로 기었다. 다시 넓어지더니 물이 고여 있었다. 마을 청년들은 호수가 명주실 한 타래를 넣어도 끝이 보이지 않을 만큼 깊다고 하며 소원을 빌라고 했다. 초를 켰던 흔적으로 마을사람들의 기도터임을 짐작했다. 아름다운 날들이 영원하기를 빌었다.

눈 덮인 주목 지킴터를 보며 여기에서 지팡이를 주었으니 이 근처를 헤맸었나 보다. 조난당할 뻔한 우리를 숲이 우거진 계곡으로 안내하던 멋쟁이와 박동혁을 닮았던 회장을 비롯해 그때 사람들과 모든 연락이 끊어진 지금 아련한 추억만 가득하다.

　지금은 표지판이 잘 정비되어 있고, 국립공원 아저씨들도 친절하게 안내하고 있다. 경상북도 영주를 지나 비로사를 들머리로 하여 올라올 때는 끝없이 경사진 길을 가파르게 올라 왔는데, 비로봉에서 옹달샘을 지나 충북 단양 쪽 천동쉼터를 날머리로 내려오니 넓은 길이 눈썰매장 같다.

　산이 떠나가는 웃음소리와 함께 친구가 비닐 돗자리를 눈썰매 삼아 타고 내려왔다. 제자가 요번엔 내 차례라며 앉히고 스틱을 잡으라고 하고 끌어주는데 정말 재미있었다. 그런데 발을 드니까 다시 오른쪽 다리가 뭉쳐 등산화 신은 발끝을 안쪽으로 당기길 반복하니 스르르 풀렸다. 무리한 등산을 할 때는 아스피린을 먹고, 무릎보호대를 착용하는데 안 가져와 3시간의 하산이 역시 무리였다. 그래도 젊은 날의 추억이 가득한 소백산을 이 나이에 6시간 반의 사투 끝에 완등을 한 이 희열감! 오랫동안 남아 있으리라.

심심한 천국

이 세상에 가장 위대한 나라는 어떤 나라일까?
도산 안창호 선생의 전기를 가르치는 중 '위대한 나라'에 대한 토론을 벌인 적이 있다. 학생들은 가장 강한 나라, 부자 나라, 정치를 잘하는 나라, 환경을 잘 보존하는 나라, 모든 국민이 행복한 복지 국가 등으로 대답했다. 그들의 답을 전부 합치면 정답이 될 듯도 했다. 하지만 그런 나라는 이 세상에 없는 유토피아일 뿐이다. 다만, 가까이 가려고 노력하는 국민이 많은 나라가 가장 위대한 나라가 아니겠느냐는 식의 애매한 이야기로 수업을 마무리했다. 그 후 위대한 나라에 대한 화두는 지금까지도 계속 이어오고 있었다.

그런데 이번 스칸디나비아 반도를 중심으로 북유럽 국가를 여행하면서 스웨덴, 노르웨이, 덴마크 같은 나라는 이런 국가에 가까이 갔나 싶어, 무척 부러웠다. 틀이 잡힌 선진국민의 정돈된 생활상 등 빙산의 일각을 보았겠지만 이방인이 느낀 감정은 뭉클함 그 자체였다.

여행 중 가장 충격을 받은 것이 있었다. 문제발생 요인을 제도화 하여 원천 차단하는 선진국을 보며 사회 전반이 이렇게 합리적으로 움직인다는 점이었다.

　이 생각은 스웨덴에서 피터의 최첨단인 메르세데스 벤츠 버스를 타고 부터였다. 좌석이며 편의 시설도 럭셔리했지만, 더욱 놀란 것은 버스를 운행하는 규칙이었다. 음주운전을 원칙적으로 봉쇄하려는 제도로 차가 30분 이상 정차했을 때는 음주운전 측정을 해야 하고, 2시간 운전하면 20분, 4시간 이상 운전하면 30분 이상을 쉬어야 시동이 켜졌다.

　운전기사의 인권 보장을 위해 우리 모두는 차에서 내려 차를 잠가 놓아야하고 자작나무가 우거진 숲을 걷고, 100명에 호수 하나씩을 줄 수 있다는 스웨덴의 그 많은 호숫가를 걸으며 민들레 들판에서 사진을 찍었다. 처음엔 우리나라 법에는 없는 이런 것까지 운전기사를 위해 양보해야 하는 상황이 불편했지만, 그 시간이 달리는 시간보다 그곳을 아는 데 더욱 유익했다.

　운전기사를 안전하게 쉬게 하는 것이 6일간 태우고 달리는 동안 우

리의 안전을 보장한다는 사실에 주목하며 우리도 하루 빨리 이런 제도를 받아들인다면, 대형 교통사고를 막는 결과까지 생기리라 믿게 되었다. 거기에다 스웨덴은 6.25 전쟁 때 병원선을 갖고 의사들이 와서 부상자를 치료했고, 국립의료원을 지어주어 오늘날까지 우리가 그 혜택을 누리고 있다. 그 후 전쟁고아와 장애인을 데려가 입양이 계속 이어지면서 한국인 입양아가 천 명이 넘는다는 통계에 고맙기도 했고, 부끄럽기도 했다.

그 나라는 남녀평등도 잘 이루어진 나라로 국회의원의 반이 여성인 것만 보아도 알 수 있고, 왕위계승을 두고 법을 고쳐 현재까진 장남이 계승 서열 1위이었던 것을 첫째가 왕위를 계승하게 바꿨다. 이번 왕세자가 딸을 첫 번째로 낳아 여왕이 계승하게 될 것이라고 기뻐하고 있다.

다음은 노르웨이에서 느낀 것이다. 북쪽 끝 일 년에 280일 정도가 비가 오고, 태양이 남반부로 내려가면 흑야의 어둠에 쌓여 있어 비타민 D가 절대적으로 부족한 나라로 알고 방문했다. 전에 나에게 제일 여행을 해보고 싶은 나라가 어디냐고 물으면 노르웨이로 가 흑야에 펼쳐지는 오로라 쇼를 보고 싶다고 얘기했었는데, 겨울에 이쪽을 여행하기는 정말 힘든 자연 환경임을 실감했다. 우리가 방문한 5, 6월, 백야가 찾아와 새벽 3시면 태양이 떠 11시에 지고 점점 낮이 길어져 그 자리에서 저문 태양이, 진짜 그 자리에서 뜨는 온전한 백야가 오는 곳이다. 덕분에 여행 일정이 새벽 4시에서 7시에 시작이 되어도 이른 줄 몰랐고, 국경 수속이 늦어져 9시 반 10시 넘어 호텔에 들어와도 늦은 시간이란 실감이 안나 저녁 먹고 산책을 하곤 했다.

송내피요르드를 가서 빙하를 볼 때와 스칸디나비아 국경을 넘을 땐 많은 동굴이 나타났는데 가능하면 자연을 훼손하지 않으려 최소한의 굴을 파고, 조명도 약하게 하여 환경 친화적으로 운영되는 것이 인상적이었다.

그러면서도 1905년 스웨덴으로부터 독립된 후 기름이 쏟아져 나와 산유국이 되었으며 멕시코 난류가 노르웨이 해안을 따라 올라오며 연어 청어 등 거대한 어시장이 형성되고 산을 가득 메운 침엽수림의 목재를 팔아 국민소득이 작년 9만 불을 넘어 작은 국가 룩셈부르크 다음 2위를 하는 부자 나라이다.

대부분 비가 오고 무척 추울 것이라 하여 겨울옷을 가져 왔는데, 어제까지 비오고 12도인 날씨가 25도로 오르며, 12일을 다니는 동안 에스토니아에서 부슬비 약간 맞고 비 한번 오지 않아 이상 기온이라고 보도할 정도였고, 전 국민이 일광욕을 하며 휴가를 즐기는 모습이 인상적이었다. 우린 자외선, 오존 등이 두려워 태양을 피하는데, 그들은 긴 겨울에 대비해 비타민을 흠뻑 빨아들였다. 우리 여행객 중에 덕을 쌓은 사람들이 많아 덩달아 혜택을 누리는 듯 했다. 우리는 관광하면 자연을 개발하여 볼거리를 주는 것으로 알고 있는데, 천혜의 모습 그대로 짧은 일조량 동안 맹렬하게 꽃피고 열매 맺는 곳, 죽기 전에 가볼 곳 중 전원풍경이 아름다운 노르웨이를 꼽는 이유를 알만 했다.

다음은 섬이지만 스칸디나비아 3국 중 하나인 덴마크이다. 북방 게르만족인 이 세 나라는 체구도 당당하다. 덴마크는 복지국가를 세운 부국이면서도 서민과 귀족이 평등하게 인권을 중시하는 모습이 아름다웠다. 시아버님께 북부 유럽 6나라를 여행한다고 했을 때 덴마크를 일컫자 감격하시며 내 손을 잡고 당부하셨다.

"형님이 가장 가보고 싶었는데 뜻을 이루지 못한 나라지. 그곳은 사장도 고위층 사람도 농부도 서로 존중하고 평등한 삶을 산다고 그 제도를 배워야 한다고 말씀하셨어."

눈시울을 붉히며 들려주시던 말대로 CEO도 소박하게 살며 기업을 운영하고, 국회의원들도 대부분 자전거를 타고 다니며 근무를 한다. 전 국민 실업 수당, 의료비 무료, 학비 전액 무료, 이런 복지국가를 만들다 보니, 젊었을 때는 세금이 소득의 60%까지 내며 살다가 노후엔 국가가 지불하는 개인연금으로 본격적으로 인생을 즐기며 여유롭게 산다고 했다. 하위 층의 복지를 고려해 적게 낸 사람이 더 받고, 사회적 지위가 있는 사람들은 회사에서 연금이 더 나와 넉넉하게 살 수 있다고 했다.

우리나라는 실업자가 되는 것이 인생에 가장 큰 불행으로 아는데, 이 복지국가들은 실업 수당이 나와 생활에 지장을 주지 않기 때문에 우리처럼 심한 생존경쟁을 겪지 않고, 젊을 때 일하며 열심히 세금내고 노년엔 즐기는 모습이 여유로워 보였다.

긴 여행 중 한국 식당에서 3번 밥을 먹었는데 아들네 식당이 성업 중이어 일손을 도우러온 아버지의 일갈이 걸작이었다.

"이곳은 심심한 천국이고, 한국은 재미난 지옥이라고……."

여행 동안 실자라인, 탈린크, DFDS의 크루즈를 탔었는데, 우린 인사이드로 싼 방에 묵었지만 그들은 아웃사이드로 침실에서 발 뻗고 아름다운 경관을 보며, 여행하고 낮이면 크루즈에 짐을 놔두고 홀가분하게 쇼핑과 쇼를 즐겼다.

하지만, 높은 경쟁률을 뚫고, 어려운 관문을 넘는 짜릿함과 한류를 세계로 퍼뜨리며 열정적으로 와글거리는 서울 거리에 오자 안도의 숨이 나오는 것은 왜일까? 재미있는 지옥의 주인공으로 살아가는 짜릿함 때문일까?

아버지 요리교실

 장수시대다. 노년으로 살아가야할 세월이 길어진 요즘 어떻게 하면 잘 놀 수 있는가? 여가선용을 어찌해야 잘 살 수 있나가 관심사이다. 우선 건강해야 하고, 정을 나눌 대상이 많아야 하고, 생활에 여유가 있어야 한다.
 가족끼리 정을 나누면서 부담 없이 친구를 만나기 위해 지혜가 필요하다. 아무리 가까워도 제대로 사귀지 못하면 갈등이 생기고 짐이 된다. 좋은 벗과 오래 가기 위해서는 서로가 힘들지 않게 하면서 먹을거리를 나누고 잘 놀아야 한다. 살갗을 맞대며 정을 나누는 가족이 가까이 있어야 한다.
 그리고 취미 생활이나 자신의 특기를 살려 열중할 대상이 있어야 한다. 자신에게 맞는 종교에 심취하는 것도 또한 좋은 일이다. 가족에게 부모가 외로워 보이면 그것 자체가 짐이 되기 때문에 친구들과의 교제가 활발해야 주변 식구들이 마음을 놓고 본인도 즐겁다. 친구들을 잘 관리하는 일이 노년을 풍요롭게 보낼 수 있는 관건이 된다.
 특히 친구를 만나면 즐거워야 하는데 친구 중엔 분위기를 띄우는 보석 같은 존재가 있다. 그녀는 요리를 잘 못해 식구들을 제대로 먹이지

못한 점이 늘 미안했다. 내가 알기로 그 친구는 평생 배추김치를 담근 적이 없었고, 김밥을 직접 싸본 적도 없었다. 유치원 때부터 "김밥 싸 와."라고 하면 "김밥 사 와."로 알아듣는 아들이 대견하다. 발음이 비슷한 게 정말 다행이라고 하는 친구였다. 그녀가 지난 달 퇴직을 한 남편을 '삼식이 아저씨'로 만들 수는 없어 묘안을 내놓았다.

 나이 들어 집안의 권력은 주방으로부터 나온다. '종 간나 세끼' 소리나 하고, 반찬 가지 수가 출근할 때보다 적은 데 상처받지 말고 '아버지 요리교실'을 다니면 어떻겠느냐고 했다. 딱히 요리에 관심은 없었지만 말 많은 자신의 얘기에 시끄러운 나날을 견딜 수 없었는지 구청 문화원에서 운영하는 요리교실을 나가게 되었다. 음식을 배워오면 주말에 아들 며느리까지 모아놓고 레시피 대로 실습을 한다. 그러면 친구는 안동찜닭, 샐러드, 강된장 찌개 등 매주 요리한 것과 레시피를 사진까지 찍어 여고 카페에 올린다. 카페에서 정보를 얻은 우리도 덩달아 해먹는 요리가 되는 파급 효과까지 있었다. 아빠 요리 교실도 대세인지 공중파 방송에서 평생을 보낸 그의 남편이 꽃무늬가 있는 앞치마를 두르고 평생 모시던 상사와 만난 해프닝도 공개되었다.

지난 주 요리 메뉴는 멸치장국 국수였다.

"멸치와 다시마를 적당히 넣고 우려낸 국물에 국수를 삶아 넣을 거예요."

"멸치를 몇 개 넣고 다시마 크기는 어느 정도입니까?"

'적당히'라는 말에 도무지 감이 안 와서, 구체적으로 어떻게 만드느냐고 물어 선생을 당황하게 했다. 멸치 열 마리에 다시마는 A4 용지만한 것을 12조각으로 잘라 넣은 후 30분 후에 건지라고 했더니 모든 아버지들이 머리를 끄덕이며 환한 얼굴로 요리에 열중했다. 그리고 국수는 끓는 물에 붙지 않게 펴서 넣고 물을 떠서 들고 있다 끌어 오르면 세 번 찬물을 부으라고 설명을 했다는 말까지 자세하게 전했다.

남편이 요리를 하면서, 손맛은 없지만 가족 간에 활기가 생기고 잘 얻어먹을 수 있으니 너희 남편들도 도전해보라 권했다. 하긴 나도 카페 글을 본 후 멸치를 한 줌 적당히 넣다가 세어 넣고 찬물도 꼭 세 번을 넣어가며 삶았더니 주먹구구로 해먹던 국수보다 더 맛있었다.

요즘 여자들의 놀이문화가 제대로 자리를 잡지 못하고 있다고 하지만 더욱 심각한 것은 생활의 일선에서 물러난 가장들이다. 운동도 하고 친구들과 어울리기 위해 등산, 골프, 낚시, 여행 등 적극적으로 여가 생활을 계획하고 즐기는가 하면 남자들의 로망이라는 노후를 자연으로 돌아가 여생을 보내려는 사람이 많다.

은퇴 후 남자들은 귀농을 하려하고, 여자들은 대도시에서 문화생활을 하며 가끔 자연의 품에 안겨 쉬고 싶어 하는 것이 보편적 추세이다. 각자의 상황과 환경에 맞게 노후를 알차고 건강하게 보낼 수 있는 프로그램은 자치단체나 인터넷을 찾아보면 많이 있으니 활용하여 부담 없이 고품격 놀이문화가 정착되었으면 한다.

<요리 강습 첫 번째 : 단호박 밤스프>

아내의 추천으로 서초구민회관 아버지 요리교실에 등록했습니다.
어제가 첫날인데요.
일주일에 한번 강의가 있습니다.
25명이 넘는 아버지들이 강의실을 가득 메웠습니다.
수강생들은 5-60대 내지 70대가 분명한데
머리를 염색했는지 나이를 가늠할 수가 없었습니다.
강사는 40대의 미녀(?) 강사로 활기 있게 강의를 이끌었습니다.

정오의 음악회

　무료하게 시간을 보내다보면 문화가 마렵다. 하지만 공연을 보려하면 어디를 찾아가서 예매를 하고 무엇을 누구와 보아야할지 망설이다보면 결국 주저앉아 텔레비전이나 본다. 그런 우리를 독려하여 손쉽게 문화의 광장으로 내모는 친구가 있다. 10여 년 동안 문화공연 봉사활동을 하고 있는 그녀는 국립극장 박물관에 우리를 데려가 공연의 역사를 한눈에 보게 안내하고 좋은 공연이 있을 때엔 많은 사람이 참여할 수 있게 앞장선다. 그는 매주 수요일 둘레 길을 걷는 산우회에도 최다 참가자로 상 탈 정도의 열정을 보이는 매사에 치밀하고 적극적인 친구이다.
　그녀가 우리 한 달에 한 번씩 정기적으로 공연을 보면 어떻겠냐고 제의를 했다. 그동안 금요일 공연을 하다 화요일로 옮겨 안타까웠는데 우리가 산에 다니는 수요일에 '정오의 음악회'를 하게 되었다는 것이다.
　그녀는 공연을 본 다음 우리가 즐겨 이용하는 국립극장 구내식당에서 식사하고 남산 길을 2시간 정도 걷자. 더구나 착한 가격 10,000원에 수준 높은 공연을 볼 수 있는데, 단체 20명 이상이면 5000원에 볼 수 있다고 하여 우린 환호성을 질렀다. 6월까지는 매달 예약을 하느라고 고생했는데, 7월부터 6개월을 한꺼번에 예약해놓고 정기적으로 관람을

하면 정말 속 편하게 브런치 콘서트를 한 잔의 차 값으로 즐길 수 있다고 했다.

이런 프로그램은 예술의 전당이나 국악당 등 찾아보면 전국 곳곳에 있다. 감성과 낭만을 충전할 수 있는 공연이 문화예술을 진작시키겠다는 새 정부의 뜻과 맞물려 개발되고 있다. 서울에서 쉽게 접근하는 방법 중 하나는 120번을 걸어 볼만한 공연을 안내받는 것이다. 문제는 혼자서 이런 것을 찾아 예매를 하고 가기가 엄두가 안 나는데 반년을 한꺼번에 예약을 하고 정기적으로 문화생활을 한다니까 더욱 좋다고 하여 일사천리로 산우회 회장이 밀고 나가고 있다.

그래서 매월 셋째 주 수요일이면 어김없이, 국립극장에서 음악의 향연을 즐긴다. 미리 와있던 그는 남산 속에 자리 잡고 있는 국립극장까지 숨차게 올라온 우리를 홍초 음료수나 따듯한 차를 마시도록 줄을 세웠다. 차를 받아오자 미리 타놓은 찰떡을 하나씩 나눠주며 "내가 해온 것으로 오해하지 말라."고 너스레를 떨며 국립극장에서 준 것이니 차와 함께 먹으라고 했다.

약속시간 정시에 나타나면 늦은 분위기인 이 모임에 10시 반에 만나 다과를 먹고 11시부터 공연을 보기로 했는데, 11시 5분 전에야 3명이 헐레벌떡 들어왔다. 웬일이냐고 했더니, 가정의 달이다보니 가족 모임이 갑자기 생기고 우환도 있어, 오늘 아침 3명이나 펑크가 났는데 어떤 경우라도 공연료 5000원은 돌려주지 않겠다고 약속했다. 마침 스케줄이 모호하거나 정보가 늦어 신청을 못했다 기다리고 있는 친구들을 엽엽한 회장이 연락하여 감은 머리 말리지도 못하고 택시를 타고 나타났다. 대단한 기동력이고 문화에 대한 열정이었다.

해오름극장 3층까지 꽉 찬 관객들의 열렬한 박수 속에 공연이 시작되었다. 해설 및 지휘를 맡은 원일 감독이 태평소협주곡 '검은 평화'를 소개했다. 국악 중 가장 큰 소리를 내는 태평소는 관악기 연주로 평화의 이미지를 태평소와 국악관현악의 앙상블에 담아내었다. 강주희의 가슴을 울리는 연주 덕에 우린 시골 마을의 아침 들꽃들이 정겨운 몸짓을 만들어내는 그런 평화 속에 있었다.

두 번째는 '뮤지컬 속으로'이다. 우리에게 널리 알려진 '지킬 앤 하이드'의 '지금 이 순간', '캣츠'의 '메모리', '맘마미아'의 일부를 국악관현악으로 감상을 하는 것이었다. 국악으로 이런 곡까지 들을 수 있는 것이 놀라웠는데, 오케스트라가 연주하는 곡을 3박자의 우리 음계대로 계성원이 편곡하고 약간의 악기를 변형하여 우리 고유의 맛을 냈다. 우면산 국립국악당이 전통 국악을 연주한다면 이 국악관현악은 새로운 시도를 했다.

'천년만세', '태평무'와 경기도당굿의 장단을 꽹과리, 장고, 징, 바라로 연주해 타악기와 관현악이 조화를 이루며 생동감을 주었다.

오늘의 하이라이트는 가수 정훈희의 노래였다. 원조 한류스타로 동경국제가요제의 대상으로 빛나는 그녀는 나비를 연상시키는 레이스가 많은 노란 드레스를 입고 '꽃밭에서'를 불렀다. 투명한 노래가 국립관현악의 우리 소리와 어울려 모두를 흥겹게 했다. 그녀도 신이나 '우리 것은 좋은 것이여!'하며 함께 노래 부르도록 해 흥을 고조시켰다.

"그동안 관현악에 맞춰 우리의 노래를 부르면 왠지 잘 맞지 않는 투박함이 있다 우리 국악에 맞춰 부르니 제대로 맛이 납니다. 원일 예술감독님. 이렇게 좋은 프로그램에 절 왜 이제야 초대했어요?"

선생님을 모시기엔 이 프로그램이 착한 가격에 고품격 공연을 하다 보니, 너무 비싸서 그랬다고 했다. 정훈희 씨는 깎아줄 테니 자주 불러 달라고 하며 관객들에게도 이런데 초대권 갖고 오지 말고, 입장권을 사서 와야 우리 국악관현악이 자리를 잡는다고 하여 장내는 떠나갈 듯 박수를 치며 진정한 문화인들이 되는 약속을 했다.

오늘 행사를 진행한 산우회 회장은 불참한 친구 3명의 회비로 아이스크림을 사왔다. 공짜로 생겨 더욱 신이 나 바밤바를 골랐다. 옛 맛이 그대로 있는 달콤함을 즐기며 홀딱 먹어치우자 비비빅이 남았다며 녹고 있으니 먹어치우자고 한 개 더 건넨다. 역시 2개는 무리인지 입 안이 얼얼하다.

공자는 배움에 있어서도 지호락(知好樂)의 자세를 강조했다. 지(知)에서 그치지 말고 아는 것을 좋아하는 호(好)의 자세를 갖고, 낙(樂)의 단계까지 나아가 즐겁게 인생을 살 수 있는 지혜가 있어야 한다. 논어에도 '배우고 때로 익히면 기쁘지 아니한가?' 말했다. 익힌 많은 것들을 기쁘게 우리 생활로 가져오는 과정이 많을수록 자기성장을 이루며 삶은 윤택해질 수 있다. 착한 가격에 격조 있는 우리의 국악을 좋아하는 사람들이 모여 매달 즐기는 '정오의 음악회' 회원이 되어 기쁘다.

천렵

옛날엔 모를 내고 피사리가 끝나 농번기가 넘어서면 마을 어른들이 천렵을 갔었다. 오늘날처럼 주말휴일이 정해진 때가 없었던 시골에서는 세시풍속에 따라 놀러 다녔고, 여름, 바쁜 들일과 보리 고개로 영양이 빠져나간 몸의 보신을 위해 천렵을 했다. 어린 시절 아련한 추억 속엔 천렵하는 어른들 주위에서 잔심부름을 하며 미역을 감고 있으면 어죽 한 그릇을 얻어먹었을 때의 맛이 지금도 입가 침을 고이게 한다.

하지만 천렵을 하려면 고기를 직접 잡고, 다슬기를 주워야 하고, 더운데 솥단지를 걸고 몇 십 명의 먹을거리를 준비하다보니, 많은 사람들의 노고가 따라 좀처럼 추진하기가 어려운 행사이다. 이런 상황을 무릅쓰고, 천렵을 가자고 하여 5년 만에 따라나섰다.

그렇게 우리 죽마고우들은 이른 더위가 기승을 부리는 날 천렵을 갔다. 초등학교 동창 30여 명이 관광버스를 타고 모인 곳은 남한강 상류에 자리 잡은 고향 마을이다. 마침 관광버스를 사 사업하는 친구가 있어 기름 값만 주고 떠나자고 하여, 그의 스케줄이 빈 날 부랴부랴 떠났다. 하지만, 그날은 33도에 오르는 그야말로 피서가 필요한 날을 골라 강변으로 향했다. 일찍 나오느라고 아침식사를 걸렀을 것을 배려해, 총무가 쑥떡을 맞춰와 나눠주고 당진에서 일하다 올라온 회장은 회를 썰어 야채와 매콤 달콤하게 직접 무쳐 왔다는데 맛이 일품이었다.

오랫동안 쌓인 이야기를 나누며 강가에 이르러 남자들은 고기를 잡고, 여자들은 다슬기를 잡기 시작했다. 요즘은 다슬기 잡는 플라스틱 그릇이 나와 물속이 확대돼 잘 보였고, 옆엔 구멍을 뚫은 칸막이에다 돌을 뒤집어 나온 다슬기를 담도록 되어 있었다. 잡은 것은 양파 자루에다 넣으라고 주었다.

조용하던 고향강변에는 고기 잡는 사람과 다슬기를 줍는 사람이 좍 깔렸고, 차는 댈 데도 없을 만큼 빼곡히 들어찼다. 5년 전에 왔을 때보다 강수량은 줄어 있었고, 다리를 지나면 물고기들이 환히 보이던 1급수 물은 뿌옇게 오염되어 마음이 아릿해 왔다.

사실 다슬기는 보슬비가 오는 날 저녁 때 잡는 것이 제격이다. 아침 저녁엔 돌 위로 다슬기들이 올라와 붙어, 쓸어 담으면 1시간에도 몇 사발씩 잡던 개울에는 놀러온 사람들이 매일 잡아내다 보니 한참 돌을 뒤적여야 한 마리씩 잡아 1시간에 50마리도 못 잡고 손을 들었다.

차라리 남자들 고기 잡는 데나 가보자고 하여 갔더니, 몇 명은 고기를 몰아오고 몇 사람은 고기를 잡는데 팔뚝만한 고기도 5마리나 되는데, 그 물고기는 눈치라 하여 맛이 없어 구어 먹으라하고, 황어, 꺽정이, 피라미를 많이 잡아와 배를 따서 끓이기 시작했다. 엽엽한 여자 친구들은 매운탕에 넣을 야채를 잘라오고, 양념 수제비 반죽까지 다 마련하여 들고 왔다.

일이 서툰 나는 입만 가지고 와서 기분만 한껏 낼 뿐이다. 고향지킴이 동창은 무를 한 차 싣고 와서, 매운탕에 넣고, 나머지는 가져가라고 해 팔뚝만큼 커다란 무 5개를 준비해온 비닐에 넣어주어 깍두기를 해

먹었다. 무, 배추, 오이 값이 너무 싸서 수확 인건비도 안 나온다고 농사짓는 친구들이 울상이었다.

한 친구는 옆에 속이 꽉 찬 배추를 가리키며 한 사람당 열 포기씩 가져가라 했지만 무를 가져가려고 담았는데, 그것만도 집에까지 나르기 벅차 아깝지만 포기해야 했다. 힘겹게 농사지은 밭에 들어가 공짜로 배추를 뽑아오는 것도 민망한 노릇이기도 하여 아무도 밭에 들어가지 않고 왔다. 넓은 밭에 몇 천 포기 배추농사를 지은 어떤 집은 도무지 처리할 수가 없어 봉사단체에 기부를 했더니, 몇 십 명이 밭에 들어가 배추를 도려내 15톤 트럭에 싣고 가더라는 얘기를 눈물이 글썽해 가며 한다.

그 농사를 짓기까지 든 인건비와 소독약 값은 고스란히 빚으로 남는다니, 농부들이 수확도 하지 않은 밭을 트랙터로 갈아엎는 심경이 이해가 갔다.

고기를 잡느라고 물에 빠진 친구들은 족제비 같이 되어 나오더니, 새

옷으로 갈아입었다. 음식점을 하는 솜씨 좋은 친구가 매운탕을 정말 맛있게 끓여 끝없이 먹으며 우리들의 이야기는 깊어만 갔다. 큰 솥단지에 하나 가득 끓인 것을 다 먹었다. 불을 때 가마솥에서 퍼 먹는 매운탕과 쫄깃한 수제비! 생각은 옛날로 거슬러가며 우리의 마음은 한없이 맑고 어려졌다.

이제 물은 더욱 오염될 것이고, 사람들은 남한강 기슭마다 찾아와 앉을 자리도 마땅치 않은 고향 강변에서 언제 즈음 천렵을 또 해볼 수 있을지 집에 오니까 11시가 넘었는데도 피곤한 줄도 모르는 하루였다.

그리고 일주일이 지나자 무값이 오르기 시작했다. 깍두기가 익어 먹으면서 농사지은 동생 생각을 하니 안쓰러웠다. 마침 고향에 초상이 나서 갔더니, 그 동생이 와 있었다.

"어쩌면 일주일 지나니까 무값이 올라? 많이 속상했지?"

"누나, 전 원래 돈복이 없어요."

"이걸로 씨 값 소독약 값이라도 해."
그러고 돌아와 깍두기를 먹으니 훨씬 맛있었다.

초록 태양

　새해다. 구름 한 점 없는 하늘을 보고 지난해의 미진함을 털어내려고 산에 올랐다. 아침 7시 20분경이 해돋이 시각이라 하여 서둘렀다. 신년 1일 옥상에 올라가보니 구름에 가려 제대로 된 일출을 보지 못한 아쉬움을 달래고 소망도 빌고 싶었다.

　전문가들은 2012년 임진년(壬辰年)은 흑룡 해라고 한다. 10개의 천간 중에서는 임(任)자는 물을 나타내고 검은색을 상징하며, 12간지에서 용을 의미하는 진(辰)과 결합하며 2012년은 60년 만에 찾아온다는 흑룡의 해라 한다. 이렇듯 용의 해를 맞은 우리들에게 용은 아주 큰 의미로 다가온다. 갑(甲)과 진(辰)이 만나면 동쪽을 수호하는 '청룡'을 뜻한다. 병(丙)과 진(辰)이 만나면 남쪽을 수호하는 '적룡'을 뜻하며, 무(戊)와 진(辰)이 만나면 중앙을 수호하는 '황룡'을 뜻한다. 또, 경(庚)과 진(辰)이 만나면 서쪽을 수호하는 '백룡'을 뜻하며 임(壬)과 진(辰)이 만나면 북쪽을 수호하는 '흑룡'을 뜻한다.

　이렇게 계산해 보면 2012년은 60년 만에 찾아오는 '흑룡의 해'가 된다. 다섯 마리의 '용' 중 최고는 '황룡'이라고 하며 '흑룡'과 '적룡'은 '황

룡'에게 반역을 꾀하는 역신(逆臣)으로도 말한다. 왠지 '흑색' 하면 어둡고 무서운 이미지가 강한데, 사실 '흑룡'을 뜻하는 '임진(壬辰)년'에는 역사적으로도 큰 사건들이 많았다. 1592년 '임진왜란'이 있었고, 1952 임진(壬辰)년에는 바로 한국전쟁이 있었던 해이기도 하다. 흑룡의 올해, 북쪽의 변화가 평화통일을 이룰지도 모른다고 이산가족인 시아버님은 기대하신다. 왜냐하면 '흑색'은 어두워 두려움의 이미지도 있지만, 모든 색의 통합이라는 의미로 어느 색으로도 치우치지 않는 강직함과 고귀함의 뜻도 지니고 있기 때문이다. '흑룡'은 '황룡'에게도 대적할 만큼 강한 기운이 있기에 2012년에는 우리사회가 가지고 있던 많은 어려움들을 강력한 '흑룡'의 기운으로 해결해 나갈 수 있는 영웅이 나와 난국을 슬기롭게 대처하기를 기대한다는 기사를 읽고 이제 96세인 시아버님은 101살이 되었을 형님을 만나려면 빨리 통일이 되어야한다고 조바심친다.

도심에서 멀어지면서 싸한 숲의 기운이 피톤치드를 내뿜는지 온몸을 깔끔하게 한다. 관악산 정상에 섰다. 붉은 노을이 장관을 이룬다. 어디에서 해가 솟아오를지 짐작할 수가 없다. 사람들이 오늘도 해돋이를 못 볼 거라며 내려간다. 문득 오래 전 보았던 의상대의 여름 일출이 떠오른다. 6시 반에 떠서 동해 수평선, 하늘과 바다에 꿈틀대던 해를 10여 명이 보았는데 구름 속으로 들어간 후 7시경이 되자 해돋이를 보러 많은 사람이 쏟아져 나왔다. 오늘은 해돋이를 볼 수 없다고 실망하는 모습이란!

하늘의 것이면 무엇이든 관심이 많은 나는 토함산 일출도 보아야겠다고 프런트에 해돋이 시각을 물었다. 6시 45분인데 4시엔 일어나야 한단다. 일찍 자야 해돋이를 볼 수 있다고 걱정을 하며 잠들었다. 깊은 잠에 빠져있는데 전화벨이 울렸다. 잠결에 '여보세요? 여보세요?' 소리치니 모닝콜을 신청해놓았다고 딸애가 말한다. 무안해서 수화기를 내려놓고, 부지런히 새벽길을 걸어 토함산에 오르니 여름휴가를 온 많은 사람들이 오늘은 일출을 볼 수 없다고 내려오고 있었다. 이제 6시 반인데, 조금 있으면 해가 뜰 거라면서 가족들과 기다리니 45분 정면의 산 위로 빨간 해가 환호성을 지르게 했다.

해돋이 감격하면 향일암의 해돋이도 빼놓을 수 없다. 명소답게 가파른 길을 정신없이 오르니 남쪽 바다가 붉게 물들더니 바다가 혀를 내밀

듯이 조금 보이는가 싶더니 옆이 더 넓은 타원형의 해가 번쩍거리기 시작했다. 해가 원래 저렇게 컸었나 싶은 정열적으로 쏟아내던 생명력의 충일을 어찌 글로 설명할 수 있으랴! 지금도 그 순간을 생각하면 그저 가슴이 뛰며 삶의 에너지가 충전된다.

그해가 흑룡의 새해에도 어김없이 떠오른다. 그러더니 순식간에 타원형의 해가 번쩍번쩍 출렁거린다. 으스스한 기운이 사라지며 따스한 기운이 목울대를 넘어 간다. 두 손을 합장한다.

올해 소망을 하나하나 기원한다. 꼭 이룰 수 있는 구체적이고 간절한 소망 세 개를 내놓았다. 매일 광명진언 108번을 외우고 비는 내 주변의 모든 사람들을 차례로 불러내어 기도한다. 기도가 길어질수록 태양을 둘러싼 2겹의 원이 초록색으로 번쩍거린다. 그러더니 태양도 초록색으로 바뀐다.

몇 년 전, 오대산에서 보았던 그 초록 태양이다. 오대산장에서 새해 해맞이를 하려고 옷을 두툼하게 입고 나왔다. 동대산이 앞을 탁 막고 있어 제대로 된 일출을 보려면 설산을 올라가야했지만 1,500m의 눈 덮인 산을 오를 용기가 없어 상원사에서 흘러내리는 개울을 따라 산책을 하며 해뜨기를 기다렸다. 산 너머엔 이미 해가 떠 있어 세상은 환해졌고, 시간은 이미 9시를 넘겼는데도 동대산을 기어오르느라 지쳤는지 해는 보이지 않는다. 손과 발이 꽁꽁 얼어 포기하고 가려하는데 맞은 편 산이 보랏빛으로 변했다. 그리고 산 능선을 따라 꽃 분홍빛 아침노을이 펼쳐졌다. 그리고 9시 15분 새해의 태양이 솟아올랐다. 식구들의 신년 운수 대통을 기원하던 순간 놀라운 일이 벌어졌다. 태양이 갑자기 초록색으로 변해 버렸다. 초록 태양이라니! 놀라서 다시 보아도 초록색으로 보라색 산과 꽃 분홍 아침노을을 끌고 당당히 빛나고 있었다.

해돋이의 감격에서 깨어나지 못한 채 오대산장으로 돌아오니, MT를 왔던 대학생들과 지도교수가 떠날 채비를 한다. 너무 궁금한 나머지 실례를 무릅쓰고 교수님께 여쭤보았다. 오늘 아침에는 초록 태양이 뜬 것 같은데 이유를 아세요?

그 일행은 전나무 사이로 보이는 태양을 가리키며 저기 멀쩡한데요. 뒤 돌아보니 태양은 어느새 제 빛깔을 되찾았다. 이상한 아줌마 다 보겠다는 표정이다. 뭐가 궁금하면 해결을 해야 직성이 풀리는 나는 깊은 의문을 품고 여기저기 물어보았지만 시원하게 대답해주는 사람이 없었다.

그러다 실력파라고 소문난 미술 선생님을 만나 물어보았다. 궁금했던 초록 태양에 대해. 그 선생은 깔깔 웃으며 이렇게 설명해주었다.

"우리 눈은 한 가지를 오래 보고 있으면 피로해져서 반대색으로 보여요. 빨간 태양을 너무 오래 보았나 보네요. 초록 태양이 될 때까지."

교수님도 모르던 것을 명쾌하게 해석해주는 그 선생님이 위대해 보였다. 그러면서 당부 하나를 했다. 태양 같이 눈부신 것을 너무 오래 보고 있으면 눈이 상해요. 셀로판지를 대고 보거나 손가락 사이로 어둡게 해서 관찰해야 된대요.

하지만 나는 해, 달, 별 보기를 좋아해서 하루에 한 두 번씩은 하늘을 보고 무언가를 찾아낸다. 멀리 있는 천체를 보느라고 단련된 내 눈은 지금도 1.5의 시력을 유지하고 있다. 안과 전문의의 말을 빌면 멀리 있는 사물을 자주 보면 안력이 좋아진다고 한다. 하지만 너무 눈부신 것은 조심해서 보라고 했다.

난 어디든 여행을 하면 해돋이와 해넘이, 밤하늘의 별을 보고, 얼마나 아름다운지를 확인하려고 애쓴다. 달이 뜨면, 오른손을 대보곤 초승

달임을 입증하거나, 밤중에 뜨는 그믐달을 만나고 싶어 잠을 설치곤 한다.

광활한 초원에 누워 별을 보면 금강석 같은 별이 하늘에 빽빽이 박혀 금방 가슴으로 쏟아져 내릴 것 같다는 몽고 성주 딸의 증언. 가슴 깊이 박혀 그곳에 가길 소망한다. 아니, 그보다 더 보고 싶은 것이 있다. 캐나다로 가 오로라 쇼를 꼭 보고 싶다. 까만 하늘에 초록빛이 자기장에 의해 꿈틀거리는 오로라를 이 두 눈으로 꼭 보고 싶다.

태극기를 든 가이드와 터키 참전용사

　터키의 궁전은 사람들로 가득 차 있었다.
　몇 천 명씩 타고 온 크루즈에서 쏟아져 나온 관광객까지 합세해 돌마바흐체 궁전은 들끓는다. 그런 삼 궁전을 가이드는 태극기를 단 깃발을 높이 들고 요리조리 잘도 빠져 나간다.
　여기가 오스만 투르크 제국의 번성기에 지어진 3, 4궁전인데 술탄이 입었던 옷, 검, 왕좌, 가족들의 장신구를 여러분이 구경할 수 있는 곳입니다. 중동과 아프리카 북부, 유럽의 동부를 아우르는 대제국을 가졌던 옛 모습을 한 시간 동안 자세히 보고 오세요. 그러더니 한 노인에게 반갑게 인사한다. 자리를 뜨려는데 소개할 분이 있단다.
　한국 전쟁 참전용사로 이분들의 고귀한 희생 덕분에 우리의 오늘이 있음을 감사하자고 하여 우리 모두는 인사를 하고 기념사진을 찍었다. 가슴에 참전 용사의 훈장과 배지가 자랑스럽게 빛나고 있다.
　모세처럼 하얀 수염을 기르고 오똑한 코에 후덕한 분위기의 할아버지였다. 80세 전후의 깊숙한 눈으로 태극기를 눈물이 글썽거리며 바라보고 있다. 목숨을 내놓고 싸우다 친구를 잃고 돌아온 할아버지! 전사한 친구가 그리울 때면 이곳에 온다. 한국 관광객을 보며 형제의 나라가

활기차게 뻗어나가는 것을 확인하면 그 친구의 희생이 헛되지 않았다고 위로받고 돌아간다. 터키를 많이 찾아오는 한국인을 보면서 그때의 참전 의미를 확인하며 국력이 번성하는 것이 고맙단다.

움직이는 차 안에서 가이드는 한 일화를 소개한다.

관광을 온 한국인들에게 유적을 한 바퀴 돌아보고 오라는 시간이 한참 지났는데도 한 그룹이 돌아오지 않고 있었다. 모두들 초조해하며 찾아 나섰지만 종적이 묘연했다. 2시간 반이 지나서야 그들이 나타났다.

늦은 이유는 이러했다. 관광을 하는데 한국 사람들이냐고 묻는 분이 있어서 그렇다고 했더니, 나는 한국전 참전용사라고 소개를 했다. 반가워서 악수를 했더니, 여기가 우리 집인데 차를 마시고 가라고 했다. 집안으로 들어가고, 앉아서 이야기를 하다 보니, 나가 있던 9식구를 불러들여 모두를 소개받았다. 어느 새 저녁밥까지 지어 내와서 먹고 가라고 한사코 붙드는데 말은 잘 안통하고, 상까지 차려 놓았는데, 그냥 올 수가 없어서 밥을 먹다 늦었다는 것이다. 자고 가라고까지 붙드는데 일행이 기다린다고 손짓발짓을 해가며 간신히 빠져나왔다고 한다. 정말 우리를 따뜻하게 대하고 있다는 것을 곳곳에서 실감할 수 있었다.

2002년 월드컵 축구를 했을 때도 3위를 했던 그들이 4위를 한 우리와 형제 나라라며 운동장을 같이 돌아주던 따뜻한 마음씨의 터키인들이다. 우리는 중앙아시아에서 함께 살던 조상을 갖고 있고, 같은 알타이어족으로 어순이 같아 처음 듣는 데도 무슨 뜻인지 알만한 말이 많았고, 특히 의성어 표현이 비슷했다. '귀나이든'하고 아침 인사를 하면 반갑게 받아주는 유럽인 얼굴을 하면서도 이방인 같지 않은 그들이 친숙하게 다가 왔다. 먹는 음식도 가지, 호박, 각종 콩과 곡류로 만든 수프 등 우리 음식과 비슷한 것이 많았고, 자라는 풀과 나무도 익숙한 것을 많이 발견했다. 먼먼 옛날 같은 조상이 같이 살다 한 무리는 서쪽으로 갔고 한 무리는 동쪽을 향해 온 차이일 뿐, 우리와 인연이 깊은 나라임을 실감한다.

그리고 놀라웠던 점은, 한국 가이드가 여럿이지만 태극기를 들고 안내하는 사람은 우리 가이드 한 사람뿐이었다. 태극기를 보고 '대한민국 짝짝짝 짝짝~' 박수를 쳐주며 환영하는 외국인이 많았다.

남다른 국가관을 가진 가이드가 궁금해서 사연을 물으니 여기에도 한 타래의 인연이 숨 쉬고 있다.

젊은 날에 터키 구경을 왔다가 매료되어 일 년만 가이드를 하며 이곳을 샅샅이 알고 가겠다고 마음먹었다. 어느 덧 삼십 대 후반 아직 골드미스로 어머님 속을 무던히 썩이고 있는 중이란다.

여기에 자유로운 영혼이 또 한 사람이 있음을 보며 동서고금 모든 이들이 인연에 의해 만나고 헤어지는 인생을 다시 한 번 실감한다.

그리워하는데도 한번 만나고 못 만나기도 하고, 일생을 못 잊으면서 아니 만나고 살기도 한다. 피천득 '인연'에 실린 명문장이 가슴에 파고 드는 시간이다.

해후

얼마 전, 고교 동창 딸의 첼로독주회 날이었다. 예술의 전당은 홀이 꽉 차고 친구들도 많이 와 있다. 대부분은 늘 보던 낯익은 얼굴인데, 교직에서 명예퇴직을 했다면서 나온 친구와 오랜만에 만났다. 연주회가 끝나니 열 시가 넘었는데, 그녀가 지하철을 타러가기에 지하까지 배웅을 했다. 고3 때 한 달 여를 그의 집에서 같이 지낸 적도 있는 친한 친구였는데, 그동안 소식도 두절된 채 많은 세월이 흘렀다. 사람의 기억은 묘한 것이어서 그녀를 보내고 나자 젊은 날의 추억이 주마등 쳐 코트 깃을 세우고 영하 15도의 밤길을 한없이 걸었다.

겨울 방학 눈이 하얗게 쌓인 어느 날이었다. 고3인 우리는 방학인데도 고향에 가지 못하고, 학교에서 보충수업을 해야 했다. 나는 동생이 고향으로 돌아가고 혼자 있어야 했고, 그녀는 오빠와 삼촌이 귀향하여 혼자 큰 집을 지키며 학교를 다녀야 했다. 둘 다 부모님이 집을 사주셔서 자기 집에서 자취를 하는 처지였다.

그녀는 각자 밥 해먹지 말고, 우리 집에 와 같이 있자고 하여 넓고, 가구도 편리하게 갖춰놓은 그녀 집에서 학교를 다니며 본고사 준비에 여념이 없었다.

그날도 학교 갔다 학원을 들러, 집에 오니 저녁때가 되었다. 돌아와 아침에 공부하다 펴놓은 공책을 보니 달필로 쓴 편지가 있어 깜짝 놀랐다. 친구가 우리 오빠 친구라며 ROTC 마치고 군에 가 있는 안 중위님이 내 공책인 줄 알고, 편지를 써놓고 간 모양이라고 했다. 세를 준 옆집 아줌마가 오더니, 늘 오시던 오빠 친구가 다녀가며 글 남겼다는 전갈을 들었다.

그런데 시원시원한 필체로 어찌나 글을 재미있게 매력적으로 썼는지 놀라웠다. 빨간 표지의 공책에 아름다운 연애편지를 내가 받은 것 같은 흥분이 가라 앉지를 않았다. 당시에는 집 전화도 휴대폰도 없던 시절이라 그런 상태로 마음에 묻어두고 우린 사범대학에 국어교육과와 가정교육과로 진학을 했다.

그런 어느 날 친구가 군인 주소를 주었다. 그때 편지 써 놓았던 오빠가 어제 다녀갔는데, 네 공책이었음을 알고 '오빠 심심하니 위문편지 좀 써 달랬다'고 전하고 휑하니 가버렸다.

막 스무 살이 된 감성 넘치는 대학 신입생인 나는, 미사여구를 가득 채워 위문편지를 몇 장씩 쓰기 시작했다. 그러면 3장 5장, 정말 길고도 재미있는 군대 얘기가 가득 든 답장이 왔다. 얼굴도 본 적이 없는 군인 아저씨와 펜팔이 시작된 것이다. 장교였던 그분은 내 편지를 부대원들에게 큰 소리로 읽어주었다며 우리 부대에 큰 위문이 된다고 추켜세우기도 하여, 난 이 책 저 책을 뒤져 품위 있고 사기를 진작시킬 편지를 쓰느라 고심을 했다. 외출했다가는 편지가 와 있을까봐 서둘러 집으로 돌아오곤 하며, 올 때가 되었는데도 답장이 안 오면 어깨를 늘어뜨리고 들어가 그동안 온 편지를 머리맡에 놓고 읽고 또 읽곤 했다. 그러다 벌렁 누워 천장에 한 번도 본 적 없는 안 중위님의 얼굴을 한없이 그려보다 잠이 들었다.

　일 년 가까이 펜팔이 이어졌을까 그런 어느 날 친구가 이야기를 하자고 했다. 그동안 우리의 거리는 멀어져 있었는데, 안 중위 얘기를 하면 무척 싫어하곤 해서 이상하다 싶었다. '어저께 오빠가 다녀갔는데, 네 편지 이야기만 하더라.'고 하며, 너 '계속 편지를 쓸 거냐?'고 하여 '글세, 나도 바빠 요샌 편지 쓰기가 힘들다'고 했더니, '이젠 편지를 그만 보냈으면 좋겠다.'고 하더니 뛰어가 버렸다. 마음이 복잡해지며 친구가 안 중위님을 좋아한 것이 아닌가 싶기도 하고, 자존심이 상하기도 하여 이사를 하면서 주소를 알리지 않고 답장을 안 하니 자연스레 모든 게 끝났고, 추억 속에 묻혔다.

　그 후 세월이 흘러 졸업식 날이 되었다. 졸업식에 엄마와 동생이 축하를 해주었고 앨범과 꽃다발을 들고, 버스에 타서 왁자지껄 얘기에 빠져 있는데, 양복을 입은 신사가 나에게 정중히 인사를 했다.

　"죄송하지만, 앨범을 빌려 볼 수 있겠습니까?"

　소중한 앨범이지만 단정한 모범생처럼 생긴 외모에 신뢰가 가서 빌려주었다. 나도 무엇을 보려고 그러나 싶어 힐끔거렸더니, 가정교육과를 펴고 친구를 짚어보며 빙그레 웃었다. 난 순간 그 남자의 얼굴을 세심히 보았지만 모르는 얼굴이었다. 다음엔 국어교육과 쪽을 펴더니 내 이름을 찾아 내 얼굴을 보고 앨범을 보았다.

　"저, 초면에 실례지만 혹시 박혜숙 씨 되십니까? 저는 안경훈입니다."

　버스에 탔던 모든 사람들의 시선이 우리에게 쏠리고, 엄마는 궁금한 눈빛을 보냈다. 친구 오빠 안 중위님이라고 하자 엄마께 정중하게 인사를 했다. 군인아저씨와 펜팔을 했던 것은 식구들 다 아는 얘기니까 이

해를 했다.

펜팔이 시작된 지 5년만의 해후였다. 앨범 뒤에 있는 주소로 편지를 해도 되느냐고 하여 그러라고 하곤 헤어진 다음 받은 것은 그의 청첩장이었다. 신부 난엔 친구의 이름이 적혀 있지는 않았다.

그런 친구를 50대가 되어 음악회에서 만난 것이다. 미용실에 가끔 간다고 하니, 오면 꼭 연락해 얘기를 많이 하자고 한다. 젊은 날 서로의 속내를 터놓지 못하고 우정마저도 멀어졌던 첫사랑의 실체를 이제는 적나라하게 파헤쳐 볼 수 있을지…….

친구와의 진솔한 대화를 기다리고 있다.

해변의 추억

여름이 익어가는 계절이다. 폭염에 과일이 익어가고, 더위로 온 몸이 익어가고, 바캉스를 떠난 사람들의 사랑도 익어간다. 도시가 텅 비어가니 그곳에 남은 사람들은 소외감을 느낀다. 사람 많은 게 싫다고 하면서 바글거리던 사람들이 하나 둘 휴가지로 떠나면, 인구가 이 정도만 되어도 살겠다고 널널한 거리를 거닐며 여유를 부린다. 그러다 며칠이 지나면서, 시간이 갈수록 낙오된 듯 허전해진다. 남들 다 가는 휴가를 나만 안 가는 것 같아 부랴부랴 짐을 싸서 다시 시끄럽고 복잡한 그들이 쉬고 있는 곳으로 가고야 안정을 찾는다.

여름이면 떠나는 휴가, 바캉스란 말이 어디에서 유래되었나 찾아보았다. 프랑스 말로 휴가란 뜻이다. 70년대 산업화가 진행되면서 근로자들에게 휴가를 주는 것이 심신의 휴식을 통해 능률을 올린다는 것을 인식하며 바캉스 붐이 일기 시작했다. 프랑스에선 1달씩 휴가를 주어 도시가 텅 비다시피 한다. 그런 문화가 우리나라에도 정착되어 휴가를 즐긴다. 그렇게 바다에 왔다.

현지에서 갓 잡아 올린 회의 식감이 상쾌하다. 갯냄새를 맡고 해풍을 맞으며 생선 매운탕에다 소주를 먹고 나니 여기까지 왔는데 바닷물에

발은 담그고 가야겠다는 생각을 한다. 모래사장으로 향하려니 정신없이 들어오는 차량을 피하느라 한참을 기다려 모래를 밟는다. 여름 해변의 맛이 난다. 처음 바다에 발을 넣을 때는 무릎 아래까지만 적시고 싶었다. 바다의 찬 기운이 싫어서다.

"하나도 안 차가워."

양쪽에서 팔짱을 끼고 공놀이를 하는 일행에게로 끌고 간다. 바람이 이니까 파도가 넘실거리며 허리께 오던 물이 가슴까지 젖는다. 에라, 모르겠다. 바닷물 속으로 풍덩 담그는데 하나도 차갑지 않다.

연일 40도에 육박하는 더위가 바닷물을 이렇게 데워 놨다. 물은 따뜻하고 깨끗했다. 여름내 속에 차있던 화기가 시원스레 토해진다.

그해 바닷물도 그렇게 따뜻했었다. 망상해수욕장으로 피서를 가자는 제안에 당황하기도 하고 기대도 되던 여름방학이었다. 둘이서는 갈 수 없다고 했더니, 제일 친한 친구 하나씩을 데려와 넷이 가자고 했다. 그를 만날 때 같이 만난 적이 있는데, 내 친구는 그 사람 싫다고 그 사람 가면 안 간다고 단호하다.

망상해수욕장에 가는 일이 망상으로 끝날 상황이었다. 그 사람은 이미 내 친구를 좋아한다며, 요번 여름에 자기들을 잘 이어달라고 하는데, 난감했다. 결국 내 친구와 둘의 자리를 주선해보았지만 칼같이 잘랐고,

넷이서 잘 지내면 즐겁게 살 수 있으리라 예상하고 들떠 있었는데, 좋아하지도 않는 사람과 억지로 만나라고 할 수 없는 상황이었다. 결국, 내 친구와 셋이서 피서를 떠났다.

기차는 대만원이어 입석을 끊어 신문지를 깔고 밤을 새워 동해바다로 왔다. 무리지어 가는 청년들이 많아 기타를 치고, 술을 마시는 사람도 많았다. 바캉스를 떠나는 기차 안엔 낭만이 있다. 민박집에서 밥을 지어 먹고 해수욕을 했다. 남한강 상류에서 어린 시절을 보낸 나는 폼은 엉성하지만 도강할 정도의 실력으로 물을 무서워하지 않는다. 튜브를 쓰고 태풍의 영향으로 파도가 높은 데도 파도타기를 하는 나를 두 사람은 걱정하며 빨리 나오라고 아우성을 쳐서 재미있는 파도타기를 실컷 하지 못해 아쉬웠다.

밤이 오고 하늘엔 별이 하나 가득 나와 있다. 밤바다로 캔 맥주를 들고 나와 홀짝거리며 많은 이야기를 했다. 밤이 깊어지자 밤바다는 더욱 까매지며 흰 말이 나란히 달려오고 달려오곤 했다.

"노래 하나씩을 돌아가며 불러요,"

내가 제안을 했고, '해변의 여인'을 불렀다.

> 바닷가 모래밭에 손가락으로 당신을 그립니다. (중략)
> 지금도 알 수 없는 당신의 마음

핵심은 알 수 없는 '당신의 마음'이었다. 그러자 그가 '나 하나의 사랑'으로 화답을 했다.

> 나 혼자만이 그대를 갖고 싶소,

나 혼자만이 그대를 사랑하오······.

그해 가을 우리는 결혼을 했고, 피로연에서 조경수의 '행복이란' 노래를 손을 잡고 불렀다. 그 후, 행복이 무엇인지 알 수 없으면서 그해를 바라보며 같이 걸어온 길이 망상 해수욕장에 오니 주마등 친다.

그때 친구 둘도 결혼을 했더라면 넷이 얼마나 재미있게 살았을까? 지금 치매병동에서 서서히 죽어가는 내 친구의 뇌세포 속에 망상의 추억은 남아 있을까? 그녀를 그토록 좋아했던 사람과 결혼했으면 마음 편히 살아 지금도 건강할지 모른다. 여자는 그저 자기를 좋아해주는 사람을 만나 사랑받으며 사는 게 최고라는데 그녀는 참 어려운 사랑을 택해 불행한 결혼생활을 하더니 사회적으론 성공했지만 결국 심한 스트레스가 그녀의 인생을 망쳐놓았다.

남편의 친구 결혼식에 가보고 나는 깜짝 놀라고 말았다. 국가대표 농구선수와 결혼한다고 했는데, 내 친구의 얼굴을 길게 늘여놓은 신부를 만나게 될 줄이야. 남자의 첫사랑은 정말 무서운가 보다.

돌아오려고 자동차로 가는데 기적소리가 울리고 기차가 들어왔다. 36년 전 우리가 타고 왔던 기차가 지금도 네 개의 객차에 추억을 달고 떠나간다. 저기 타고 있는 사람들은 얼마나 풍성한 추억을 안고 집으로 돌아갈까? 인생은 좋은 일이든 나쁜 일이든 다채로운 추억거리가 많은 삶이 값진 것이 아닐까?

환갑여행과 일몰

장수하면서 노년이 길어진 요즘 어떻게 하면 잘 놀 수 있는가? 고상하게 말하면 여가선용을 어찌해야 잘 살 수 있는가가 관심사이다.

가족끼리 정을 나누면서 부담은 되지 않는 만남을 위해 지혜롭게 대처하지 않으면 짐으로 처리된다. 서로가 힘들지 않으면서 나누어 먹고, 살갗을 맞대는 가족이 가까이 있어야 한다. 가족에게 부모가 외로워 보이면 걱정하니까, 친구들과의 교제가 활발해야 주변 사람들이 마음을 놓고 본인도 즐겁다.

인생은 60부터라고 내가 처음 시집 왔을 때 환갑을 맞았던 아버님이 지금까지 돌아온 길을 이젠 정면 돌파를 해야 시간이 없다며 구체적인 계획을 말했다. 당시 시골에선 환갑노인이면, 상석에 앉히고 장수한 것을 축수하며 상노인 대접을 받는데 이런 상황이 이해가 되지 않았다.

시부는 그동안 너무 게을렀다며 입맛이 없고 근육이 없어져가는 것은 덜 움직여서 그렇다며 매일 은행엘 다녀오고 아령을 꺼내 운동을 하고 알루미늄 지압봉을 양손에서 놓질 않고 자극을 주신다. 백수를 눈앞에 두고 있어 자식들은 횃불처럼 타오르는 생신 케이크를 보며 백수잔치를 어떤 식으로 할지 논의하고 있다. 그런 시부를 모시고 시집살이를 하는 내가 환갑을 맞았다. 위에 시부, 친정부모 3분을 모시다보니 내 인생은 아직 먼 것 같은데 시집왔던 당시 환갑 노인네가 무슨 인생에 계획을 세우나 의아했던 그 나이가 된 것이다.

중학 동창은 진학할 때 재수한 친구들이 많아 작년에 환갑잔치를 해 버렸고, 여고동창들은 그동안 모아온 기금에서 20만원을 대어주는 바람에 25만원씩 내고 내나라 여행이란 고품격 여행을 사흘간 다녀왔다.

우선 우등 고속버스의 기사가 캐리어를 짐칸에 실으라고 하여 차안에서 먹으려고 쪄온 인디안 고구마를 꺼내 가지고 올라오니 맨 뒤 구석 차지가 되었다. 불편하지 않을까 염려하며 뒷자리에 앉아보니 높아서 여행하는 동안 경치가 잘 보이고 4명이 나란히 앉다보니 애깃거리가 많아 웃고 떠드느라 즐겁게 맨 뒷자리의 묘미를 만끽하며 다녔다. 우리를 태우고 다닌 28석 리무진의 빨간 고속버스 1호차는 강외초 청주고 한 해 후배 기사님으로 동향 손님을 만났다고, 우리가 부탁하지 않은

것까지 챙겨줘 무척 행복했다.

첫 여행지인 구례의 현판 '지리산 천은사'의 글을 쓴 솜씨가 일필휘지였다. 부처님 오신 날이 다가오고, 연등이 절 입구부터 우리를 환영하는 듯 도열해 있다. 천은사가 '샘 천'에 '숨을 은'을 쓰는데 '감로 천' 물이 정말 달았다. 벚꽃은 분홍 꽃으로 꽃잎이 크고, 살구꽃은 꽃잎이 작고 약간 더 분홍빛인데, 복숭아꽃이 제일 짙고 잎이 좁고 길다는 설명을 들었다. 유비, 관우, 장비 의형제가 도원의 결의를 맺듯 우리의 우정이 영원하길 빌었다.

두 번째 여행지, 순천만 갈대밭은 여의도 크기의 세계적인 연안습지로 우린 사진을 찍으며, 갈대숲을 걸었다. 전망대에서 바라본 썰물 때 가끔 드러난다는 S라인, 저걸 보는 사람은 S라인이 된다는데, 내 허리는 여전히 드럼통이다. 전망대에서 문화해설사의 설명을 들었다. 8000년 전의 습지를 그대로 간직하는 것은 그들의 노력 덕분이었다. 겨울 철새들이 편히 살 수 있도록 친환경 농사를 짓고 나락이 많이 떨어진 후 정부에서 수매를 해 철새들의 먹이공급을 한다. 세계적인 철새 도래지가 된 데는 그런 노력이 있었다.

공부 잘하던 애들은 시험 안 보는데도 열심히 듣는 모습이 인상적이었다. 김승옥 소설 '무진기행'의 배경이 되었던 다리 무진교를 건너며 60년 대 천재소설가의 작품 '누이를 이해하기 위하여', '1963년 겨울' 등을 떠올렸다. 여기에도 천문대가 있다. 소백산 정상에서도 천문대를 보고 직접 관찰하고 싶었는데 바쁜 일정에 '하늘'은 못보고 '건물'만 보고 다녀는데 요번에도 아쉬워하며 돌아섰다.

여수 시내로 이동해 저녁 식사를 했다. 식당 위치가 높은데 있어 차가 뒤로 밀리자 내 몸무게 때문인 것 같아, 숨을 들이쉬고 있는 내가

우스웠다. 갓 잡은 해물로 한 상 차린 '해물한정식'을 먹었다.

첫날 숙소는 여수 히든 베이 호텔이다. 잠이 오지 않아 창문을 여니 밤바다가 끝없이 펼쳐지고 우리를 열엿새 달이 지키고 있었다. 집을 탈출한 첫날밤인데, 칵테일을 한 잔씩 하자고 하여, 가장 순한 것을 달라니까 '미도리 샤워'를 주어 마시며 이야기꽃을 피웠다.

"뜨거운 밤을 보내!"

굿나잇 인사를 하고 밤바다와 등대를 하염없이 보았다. 새벽 4시 반 28인승 차의 좌석이 부족해 조여 안고, 기다려주며 향일암의 5시 47분 해돋이 시간에 맞춰 올라갔다. 남해바다에서 찬연하게 떠오르는 해를 보며 각자의 소망을 빌었다. 해돋이 최고의 명소답게 바다를 뚫고 올라온 해는 정면에서 가슴을 출렁이며 생동감 넘치게 했다 타원형의 커다란 해를 보며 소원을 빌었다. 그리고 향일암에 등을 달았다.

4시부터 일어나 가파른 산을 오르고 공원도 들러 운동을 해서 그런지 아침이 달았다. 무궁화 6개 '히든베이'에서 자고 난 후 호텔식 아침을 두 접시나 먹었다. 여수 엑스포는 건물만 보아도 그 규모를 짐작할 수 있었다. 오동도에는 동백꽃과 기기묘묘한 바위들이 어울려 자태를 뽐내었다.

국보 304호 진남관은 전라좌수영이 있던 곳으로 당시 규모를 짐작할 수 있었다. 성웅 이순신 장군의 유물을 전시그해도 둘러보며 치밀하게 준비하여 적을 섬멸하고 나라를 구한 업적에 고개 숙였다. 이순신 장군이 사용하던 전라좌수영 본영은 기둥이 1칸씩 정면 15칸 측면 5칸 국내 최대 목조건물이다. 바다 건너에서 왜군이 보면 사람처럼 보이라고 뜰에 사람 크기의 돌비석을 일곱 개나 세웠다.

맛있다는 '광양불고기'를 본고장에 와서 맛있게 먹었다. 그리고 남해 힐튼 리조트에서 4명씩 조를 짜 한 집에서 회포를 풀었다.

60년대 독일로 가 귀한 달러를 벌어들이던 교포들이 노후정착촌으로 20여 가구 들어섰다. 독일에서 공수해온 기와로 지은 집을 직접 걸어와서 확인하니 우리나라 기와와 모양 색깔이 달랐다. 남해 다른 곳엔 미국마을도 조성되었다.

원예예술촌은 각 나라의 특색을 살려 집과 정원을 가꾼 마을로, 현재 32가구가 그림같이 예쁜 집에서 살고 있는데 정원을 가꾸며 사는 주인이 모두 원예사 수준이다. 택수가 사준 유자 아이스크림은 이곳 특산물인 유자를 듬뿍 넣어 맛이 상큼했다.

이제 힐튼 리조트로 향한다. 끝도 없이 바다를 보며 섬을 돌아 나오는데 인적도 없는 만처럼 깊숙한 바다 앞에서 차를 멈췄다. 고향 후배 기사가 여기가 일몰 명소라고 했다. 시간이 맞지 않아 아쉽다.

저녁이 예약되어 있는 힐튼 1층 식당에서 환갑잔치를 기념하는 축하연이 있었다. 좋은 일을 얼마나 많이 했으면 단체여행을 와 환갑날 축하 상을 받는 걸까? 부러울 뿐이다. 다시 한 번 회갑을 축하해! 회장이 건배제의를 했다.

"우리들의 우정과 건강을 위하여!"

이튿날인 26일이 환갑인 친구도 축하의 노래를 불렀다. 건강하고 운동 많이 하며 앞으로도 이런 모임에 계속 참여할 수 있길 빌었다. 힐튼 남해 레스토랑에서 갈비찜 해물뚝배기 거기에다 케이크까지 나와 배가 어찌나 부른지 우리 방 짝 4명은 리조트를 2번이나 돌고 잤다.

밤엔 각각 반창회로 우정을 다졌다. 경반이 샤워 후 홈드레스를 갈아입고 모여 보니 똑 같은 홈드레스를 입고와 기념사진을 찍고 차에서 돌려보았다. 그런데 현반에도 그 홈드레스를 산 친구가 있고, 만졌다 망설이다만 친구도 있었다. 왜 그런가를 분석하니 가격이 만 원대로 싼데다 색깔이 회색 바탕에 보라 분홍 빛 무늬로 은은한 것이 우리 취향에 맞아 그 중 한 사람은 환갑을 맞은 친구에게 선물로 주었다.

1호차엔 주최 측 임원들이 우리를 위해 수고를 아끼지 않았고, 즐겁게 해주려고 무척 애를 썼다. 그 중 제일 재미있는 이야기는 김정은이 남침하지 못하는 이유였다. 남한의 거리마다 부대찌개, 총알택시, 핵가족 때문에 못 넘어 온단다.

어제 서울은 비가 온다고 해서 혹시나 오늘 비가 오지 않을까 걱정했는데 화창하다. 창문 밖에는 바람이 많이 분다.

한 가지 소원은 꼭 들어준다는 보리암을 향했다. 이 태조가 건국의 뜻을 세우고 빌었던 곳에서 마음 가득 차 있는 염원을 담아 부처님께 불공을 드렸다. 한 가지 소원을 들어준다는데 돈과 사랑을 얻으려 돈사랑을 빌었더니 머리가 돈 사람을 만났다고 욕심을 경계하는 말이 의미

심장하다. 보리암은 위치가 좋아서인지 바람이 없이 따뜻하다. 부처님의 보살핌인가? 10분정도 올라가면 금산 정상이라는데 못가서 아쉬웠다. 바위들이 전부 서서 신령스러움을 더한다.

점심은 재첩정식, 섬진강서 잡은 그 작은 재첩으로 무침을 한 것이 특이했다. 최 참판댁(참판은 현재로는 차관급)으로 가는 길도 아기자기하다. 돌담길도 정답고 나물 파는 할머니는 그릇이 비면 바로 옆 밭으로 가서 뜯어온다. 화개장터에 들렸는데 장날이 아니라 살 게 별로 없다. 지리산 야생 취와 감태, 건어물, 죽순 등을 샀다.

헤어지며 우리 또 여행을 하자고 하며 히든베이 호텔에서 경기여고 동창생들이 차 2대로 여행을 왔는데 77세 나이가 무색하게 건강하고 교양 있는 모습이 좋았다. 우리도 그 나이에 그 정도의 품위로 충분히 여행할 수 있길 기대하며 아름다운 추억의 갈피에 환갑여행을 끼어 넣는다.

후반기 인생 즐겁게 사는 아줌마

프랑스 사전에도 올라있다는 아줌마란 단어······. 이 땅에 교육열풍을 일으킨 주역이었고, 경제대국으로 가는 길목을 지킨 수훈자이기도 한 아줌마들이 허망해하고 있다. 열심히 가르쳐놓은 자식들은 결혼하여 하나둘 떠나간다. 교육 수준이 높을수록 아줌마와 자식의 거리는 먼 편이다. 특히 아들을 낳아 기뻐했던 아줌마들이 느끼는 공허감은 이루 말할 수 없다. 오죽하면 아들 셋을 낳은 엄마는 '목 메달'을 땄다는 소리가 나오겠는가?

자식 뒷바라지에 자신의 노후를 충분히 준비하지 못한 아줌마들 집에는 부부가 달랑 남아 있다. 가끔은 혼자 집을 지키며 단절된 관계에서 겪는 상대적 박탈감 때문에 우울증에 시달리는 아줌마들이 늘어나고 있는 슬픈 현실이다.

인간의 수명은 계속 늘어나고 있어 실수하면 금방 90을 넘긴다고 하고, 9988234! 99세까지 팔팔하게 살다 2, 3일 아프고 죽으면 그것이 최고의 행복이라고 한다. 그런데, 학창시절을 거쳐 직장생활을 했건 전업 주부로 있었건 경제 활동을 하는 데는 한계가 있다. 50대를 지나며 경제 일선에서도 물러나고, 자식들이 품을 떠나고 난 집안에 남겨진 아

줌마들의 긴 시간을 어쩌란 말인가?

평생 밥하고 빨래하며 자식들 뒷바라지 하던 일을 끝냈거나, 일하던 직장을 고만두는 두려움은 누구나 크다. 매일 비슷한 일을 반복하다 그걸 안 하고 어떻게 살 수 있을까? 그 많은 시간을 어떻게 쓰지? 무료함에 지쳐 치매라도 오면 어쩌나? 이런 고민을 하는 아줌마들에게 나는 이렇게 시간을 보냈다고 글로서 대답하고 싶다.

대부분의 사람들이 퇴직을 하면서 시작하는 것이 운동 열심히 하고, 틈나면 여행을 많이 하는 것이리라. 물론 그것이 중요하다. 그렇다고 여행을 얼마나 다닐 수 있을까? 차라리 규칙적인 프로그램은 없을까? 사방을 기웃거리다 운동부터 시작했다. 중장년층의 6할이 등산을 한다는 통계를 보고, 국립현충원엘 걸어서 접근할 수 있는 곳에 사는 나는 그곳을 걷기 시작했다. 하지만 혼자 집을 나서서 일주일에 3번 걷기로 했지만 잘되지 않았다. 어쩌다 한 번 걷기 시작하면 사색하는 이점은 있지만 두서너 명, 짝을 지어 이야기하며 걷는 사람들을 보면 부럽기도 하고, 고독했다.

같이 운동할 친구를 찾았더니, 고등학교 동기 동창끼리 매 주 산에 가는 '산우회'가 조직되어 있는 것을 알았다. 2시간에서 3시간을 걷는데, 험한 산은 안 가기 때문에 '산악회'란 이름을 붙이지 않는다고 했다. 몇 년 전부터 셋째 주 일요일이면 어김없이 가는 중학교 동문 산악회를 따라 5~6시간씩 먼 산행을 하던 나는 너무 시시한 산행이 아닐까 생각하면서, 외로워서 그들과 합류했다. 점차 나이가 들어가며 산에 갔다 오면 무릎이 부어 정형외과에 가 관절사진을 찍어보니 연골이 얼마 안 남았으니 무리하지 말라고 했다. 2시간 이상 힘든 등산을 하면 젖산이 나와 나이든 사람들에겐 해롭다는 게 정설이었다.

그래서 산우회를 매주 다니고 중학교 산악회는 힘들지 않은 코스만 다녔다. 꼴찌 수준인 내가 고등학교 산우회 회장을 맡아 매주 간다니까 어떤 사람들이 산을 오르는지 보고 싶다고도 했다. 자기들도 내 나이 되어 보라지. 서운한 마음을 다부진 일갈로 위로하고 나름대로 열심히 운동하고 있다.

그 다음 치매 예방으로 무엇인가를 하고 싶었다. 마침 40여 년 문단의 지도자였던 선생님의 글쓰기 무료강좌가 있다고 친구로부터 소개받았다. 매주 나가 글을 발표하고 야단맞고 오기를 반복했다. 그러면서 쓴 글을 모았다.

1999년엔 소설로 등단을 했었는데 수필로 재 등단을 권유해서 등단도 하고, 내 이름으로 수필집을 내겠다고 하니, 기왕 책을 만들려면 자신의 넋두리가 아닌 읽는 사람에게 유익한 글을 쓰라고 자식들이 권했다.

기자인 딸은 우리 시장에 아줌마들을 위한 잘 노는 안내서가 없어 우울증에 빠지고, 도박을 하고, 바람을 피우지 않느냐? 건강하게 잘 노는 법을 제시해주면 우리 신문에서 소개할 수도 있다고 해 갑자기 용기가 솟았다. 매주 산에 간 경험을 써놓으면 가까운 산에 가고 싶으면서도 엄두를 못낸 사람들의 안내서가 될 것이고, 취미생활에 대한 얘기를 하면 취미 생활이 어떻게 삶을 윤택하게 하는지 예를 들게 될 것이다.

그동안 공직에 있느라고 책임을 미루다 10개의 모임에 7개의 임원을 맡고 있는 어려움도 있다. 하지만 모임을 어떻게 꾸려나가는 것이 현명한 여생을 보내는데 어떤 보탬이 되는 지도 짚어보는 글을 썼다.

그리고 나이가 들수록 종교 활동을 많이 하게 되는데, 심신도 수련하고 봉사하는 삶까지 살아준다면 우리 아줌마는 할머니로 되면서 더욱 풍요로운 여생을 살 수 있지 않겠는가?

  요즘 집에만 있는 여자가 요조숙녀인 시대는 지났다. 정보화 사회에 누구를 만나 듣고 보면서 알찬 정보를 얻고 빠르게 변해가는 세상에 잘 맞추어 살 수 있는 것이 최고다. 그래서 요즘 집에만 있는 아줌마는 성질 더러운 사람, 아픈 사람, 돌아다닐 경제력이 안 되는 사람이라고 한다.

  아줌마시대, 자기에게 맞는 분야를 찾아 건강하게 잘 살기를 바라는 마음 가득하다.

2부
추억의 향기

따오기 클럽의 미팅

　내 고향은 냇물이 흐르고 산이 깊은 곳이다. 한 번도 바다를 본 적이 없는 산골 처녀는, 바다가 저런 하늘같이 푸른 것이려니 여기면서 충청도 산골에서 꿈을 키우고 있었다. 이곳에서 탈출할 길은 공부밖에 없다는 것을 어린 마음에도 알 수 있었는지 열심히 공부하여 대처로 진학을 한 해였다.
　세 명이 같은 여고 시험을 보았는데, 다 합격했으면 재미있게 학교생활을 하련만 혼자 다녀야 하는 고독감은 어린 나에게 엄청난 것이었다. 아는 사람이 별로 없는 삶에 대한 낯설음은 지금 생각해도 온몸이 시리다.
　부모님 곁을 처음 떠나와 중학교에 입학한 남동생하고 객지생활을 시작했다. 남의집살이를 하면 기죽는다고 없는 형편에 무리를 해서 집을 장만했다. 안채는 세를 주고 우린 방 두 칸에서 밥을 손수 지어먹고 연탄불을 갈면서 자취를 시작했다. 불을 다룰 줄 몰라 연탄불을 피우다 몇 번씩 드나들지만 꺼져버린 냉방에서 밤을 새우던 날도 떠오른다. 한번은 안집 연탄불을 옮겨 세 번을 나가보면서 피웠는데 결국은 꺼지자 약이 올라 물을 부어버리고 학교를 갔다 왔더니, 방이 따뜻했다. 안집에

서 불을 피워 넣어준 따뜻함도 지금까지 잊지 못하고 있다.

　무용시간 기초가 되어 있지 않은 상태에서 동작을 따라가지를 못해 쩔쩔 맸고, 악보만 보고 정확하게 시창을 하는 음악수업, 주산을 놓는 속도 등 시골 학교에선 없었던 중학과정을 배운 것으로 치고 따라가며 낯선 학교공부를 하느라고 내 생애 가장 힘든 한 해를 보냈다.

　하얀 깃의 끝이 뾰족한 여고교복을 입고 혼자 걷는데 누가 말을 건다.

　"얘 너 여기 사니? 나도 이 근처 사는 데 같이 가자."

　눈이 크고 서글서글한 인상의 키가 큰 태정이가 다가왔다. 숫기가 없어 먼저 다가선 적이 한 번도 없는 맹꽁이에게 얼마나 구세주 같은 친구였는지 모른다. 같은 반은 아니어서 서로 기다려주며 등하교를 했다. 태정은 같이 중학교를 다닌 친구가 많았다. 자연히 그들과도 어울리며 외톨이에서 벗어나기 시작했다.

그런데 교실에는 친구가 없었다. 혼자 조용히 지내는데 학년 초 환경조사가 시작되었다. 형제자매를 조사하는 차례였다. '남동생이 없는 사람은? 여동생이 없는 사람은? 언니가 없는 사람은? 오빠가 없는 사람은?' 그동안 팔을 계속 드는 앞 친구를 유심히 살피니 그녀가 무남독녀고 한국전쟁에 아버지가 학도병으로 나가서 유복녀로 태어났다는 것을 그녀와 같은 여중을 다닌 친구들이 하는 얘기로 알게 되었다. 외동딸이란 것을 알게 되자 그게 그렇게 부러울 수가 없었다. 왜냐하면 우리 집은 6남매나 되는 것이 창피했고, 불편함을 감수하는 것이 싫었기 때문이다. 지금은 6남매인 것이 이렇게 자랑스럽고 좋은데, 그때는 철이 없어도 한참 없었다.

그래서 친구하고 싶은 사람을 써내라고 해서 상의를 써냈다. 그 다음 날 그녀가 나에게 친절하게 말도 걸어주고 점심시간에 밥도 같이 먹어주면서 우리의 우정은 시작되었다. 2학년부터 2년간 반을 바꿀 필요가 없는 유일한 이과 반에서 짝꿍으로 계속 우정을 키워나갔고 대학도 같은 곳에 갔다.

대학에 가서 어느 날 상의가 실토를 했다.

"네가 나랑 친구하고 싶다고 써냈다고 담임선생님이 말해주었어. 난 군경유가족이라 늘 특별상담을 해주셨거든."

내가 얼마만큼 내숭이냐 하면 그때까지 나만 아는 비밀이었는데 몇 년 동안 그녀도 나에게 이 말을 하지 않고 잘해주기만 했다. 모두 책을 좋아하고 마음이 잘 맞아 객지생활을 견딜 수 있었다. 상의는 가정과를 가고 태정은 교육대학을 진학했다.

그때 우리 이웃에 정희가 살고 있었는데 친구네 집은 그 고장에서 알아주는 부잣집이라 신세를 많이 졌다. 걔네 집에서 운영하는 목욕탕을 우리는 단체로 가서 하고, 목욕탕 위의 빈 호텔방에서 공부하고 수다를 떨었다. 그녀도 상의와 같은 가정과에 진학했다. 늘 같이 다니고 놀고 하니 국어과인 네가 이름을 붙여보라고 하여 따오기 클럽이라는 이름을 지었다. 노래가 너무나 애잔하고 귀한 새라는데 끌렸다.

대학에 가서 1년이 지나도 남학생 26명 여학생 14명인 우리 과는 미팅 한번을 못하였다. 어떤 과는 여학생만 40명이라 몇 번의 미팅을 하고 상의와 정희가 자랑을 하는데 부러웠다.

하굣길 누가 부르기에 뒤돌아보았다. 의대를 다니는 동 학년 조카와 우연히 마주친 것이다. 커피를 마시다 그가 우리 학교 학생들 하고 미팅을 주선해보자고 했다. 우리 과 학생들도 14명이 한 번도 미팅을 못해 불만이 많으니 명 수를 맞춰 하자고 약속을 하고 과 친구들한테 말하니 대찬성이었다.

마침내 추진이 되어 미팅 날을 일주일 남겨놓고 준비를 마쳤는데, 느닷없이 과 소풍을 그날로 잡는 것이다. 할 수 없이 미팅을 미루어 날짜를 잡았는데 의대는 시험을 자주보아 미팅 날과 겹쳐서 미뤄달라고 했다. 그래서 그 다음으로 날짜를 잡았는데 그날 또 학회 날이 겹쳤다. 알고 보니 과 남학생들이 여학생이 미팅을 한다는 정보를 입수하고 방해 작전을 편 것이다. 포기하자고 선언해버렸다. 여학생들의 낙심은 컸지만 욕을 먹어가며 주선하고 싶지 않았다. 그런데 의대 쪽에서 무조건 이 날짜에 14명을 몰고 오겠다고 통보를 해 왔다.

그래서 따오기를 소집했다. 이 사태를 어찌하면 좋겠느냐고 했더니 과로 하지 말고 우리 4명에다 물이 좋은 애들을 여러 과에서 골라 나가자고 했다.

그때도 의대생은 인기가 좋아서 일사천리로 진행이 되어 미팅이 시작되었다. 나보고 번호표 14까지 두 세트를 만들라고 하더니 무조건 1번을 가지라고 했다. 조카는 14번을 가질 테니 제일 괜찮은 친구를 자기 짝으로 해달라고 주최 측 농간을 부렸다.

과연 1번 내 옆에 앉은 파트너가 키가 180cm가 넘고 눈빛이 수려하고 사색적이어 기분이 좋았다. 그는 나에 대해 독서를 많이 하고, 수안보 호텔 친척집에서 방학 때마다 만나 놀았던 자랑을 조카한테 들었다면서 책 얘기를 많이 했다.

둘만의 자유시간이 주어지자 데이트를 하는데 한국문학 일본문학 중국문학을 어떻게 비교해 말할 수 있느냐고 물어왔다. 나에 대해 허풍을 쳐도 한참 친 조카를 원망하며 먼저 말해 보라고 했다. 은근과 끈기, 명랑 담백, 혼돈 광막이라고 정의하고 싶다고 대답해, 한없이 작아지는 나를 확인할 때였다.

정희가 달려오더니 저기 좀 가보자고 했다. 따라갔더니 수안보 언니네 큰 아들이 지나다 조카를 보고 공부는 안하고 놀기만 한다고 야단을 맞는 중이었다. 나도 미팅을 두 학교가 한다고 이실직고 할 수밖에 없었다.

"너희들 지금이 얼마나 중요한 때인데 공부는 안 하고 몰려다니며 미팅이나 해?"

그해 방학도 예외 없이 20~30여명이 만나 방학을 보내는 수안보 산수장 호텔로 갔다. 집안에 공부 안하고 놀기만 한다고 둘 다 소문이 나서 친척들의 놀림거리가 되었지만 그날의 낭만 가득한 미팅은 이 시간까지 아름다운 추억으로 남아 있다. 그때 그 의대생을 친척의 방해가 없었다면 잡을 수 있었을까?

긴 세월은 우리 모두를 흩어놓았다. 캐나다에 이민 가 살고 있는 정희는 근육 맨 손리가 사위이다. 얼마 전 장모님이 가르쳐준 체조를 소개한다고 하여 팔운동을 따라하고 나서 전화로 한참 수다를 떨었지만 보고픈 마음 하늘만 하다. 상의는 장학관까지 되어 우리의 부러움을 샀는데 직장에 종지부를 찍고 요양 중이고, 태정은 세무서에서 정년을 마치고 세무사 사무실을 낸 남편을 보필하느라 자주 만나지 못한다.

우리는 지금 모두 제2의 미팅이 필요한 시간이다.

똘이의 상처

　닷새째 사료를 먹지 않는 똘이 때문에 온 식구가 비상이다. 왼쪽 발은 붕대로 감고 시무룩해서 얼굴에 씌운 깔때기를 여기저기 부딪치며 예민해져 있다. 하얀 털과 탐스런 꼬리를 단 그는 말티즈와 스피츠의 잡종으로 영리하니 잘 키워보라고 하여 우리 식구가 된지 18년이 되었다.
　남편이 그 강아지를 안고 집에 왔던 날을 잊을 수 없다. 꽃을 좋아하는 나와, 동물을 좋아하는 김 씨 가의 사람들 사이에 그동안도 개로 인한 갈등이 많았기 때문이다. 아이들이 졸라 30만 원이나 주고 사와 어찌나 안고 쓰다듬었는지 일주일 만에 죽은 요크셔테리아, 열린 문틈으로 튀어나가 행방불명된 장난꾸러기 보리 등…….
　저런 개를 집안에서 키우자면 그 털 날리는 것을 어찌 감당할 것이며 똥 싸고 오줌 싸면서 풍기는 냄새는 어쩔 것이냐며 당장 갖다 주라고 소리를 질렀다. 그랬더니 딸들은 기겁을 하면서 자기들이 더러운 것 치우고 목욕도 전담하겠다며 자기들 방으로 안고 들어가 나오지를 않았다. 처음에는 소변을 잘못 가려 야단도 많이 맞았는데, 현관 앞에 신문을 깔아주면 방향이 가끔 어긋나기는 하지만 한 장소에서 보았고, 큰 것은 옥상으로 올라가 운동시킬 때 해결했다.

 개들은 식구의 레벨을 정해 자기가 섬겨야 할 식구와 자기 아래라고 생각하는 아이를 거느린다고 한다. 똘이 역시 위계질서는 엄격했다. 우리 집은 3층인데 누가 2층에 접근하면 모니터로 얼굴을 확인하고 현관으로 간다. 문이 안 열리면 안방에 계신 할아버지에게 짖으며 보고를 하는데, 그때 뛰는 높이와 자지러질 듯 울어대는 소리가 6식구가 다 달라 누군지 짐작을 하게 한다. 남편에게는 가장 큰 소리로 울듯이 낑낑댄다. 식구 중에 첫정을 주었고, 엄격하게 훈련을 시키면서도 무한한 사랑으로 쓰다듬어주는 그는 며칠에 한 번씩 와도 똘이에게 깍듯한 대접을 받는다. 그 다음은 매일 밥을 주는 나에 대한 복종이다. 귀를 붙이고 몸을 가능한 오그려 낮추어 걸으며 항상 쓰다듬어주기를 강요하거나 말

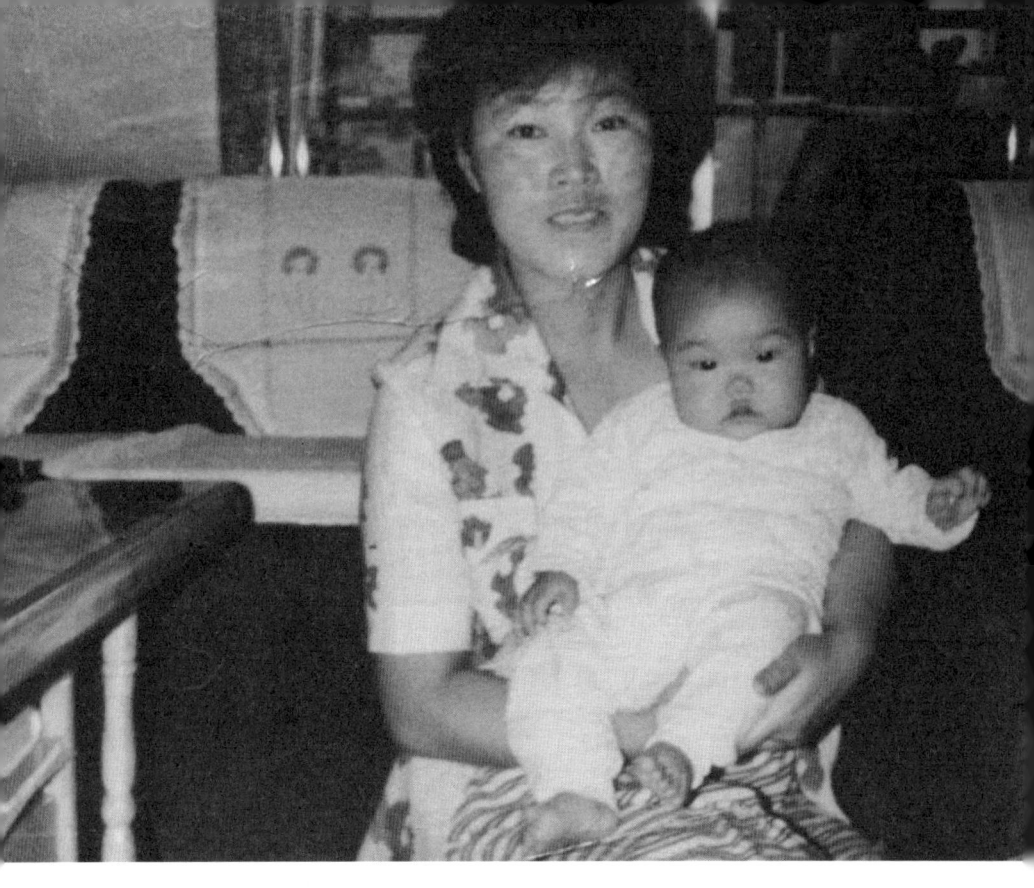

썽을 부려 자주 야단을 치기 때문에, 나에겐 대환영의 제스추어는 없다. 그 다음으로 큰 소리로 낑낑대며 맞이하는 사람은 늘 목욕을 시키며 예뻐 어쩔 줄 모르는 막내와, 치즈 등의 고급 음식과 사랑을 주러 자주 오는 시누이가 있다.

  그 당시 학생이었던 우리 아이들은 학교 갔다가도 똘이가 보고 싶어 집에 왔다가 학원엘 갔다. 집에 가야 사랑하는 똘이를 볼 수 있다는 사실이 사춘기 길거리에서 방황하기 쉬운 청소년기를 잘 넘기게 해준 공로자이기도 하다. 맞벌이 부모 밑에서 늦게까지 학원이다 독서실이다 다니다 열쇠로 따고 집에 들어오면 모두 곤히 잠들었는데, 어김없이 현관을 지키고 있다 꼬리가 부러져라 흔들어주는 똘이에 대한 고마움은

120 · 보랏빛 향기

무궁무진한 것이었나 보다. 하지만 커다란 가방을 들고나간 사람은 그 가방이 들어올 때까진 기다리지 않는 영리한 개였다. 그 외의 식구가 다 올 때까지 4층으로 올라가는 층계에서 지키고 모니터 확인하고 어떤 경비가 그토록 철저할 수가 있을까?

내가 빨간 개집과 남빛 밥그릇 등을 준비했는데도 똘이는 귀가 점검을 마치고 들어와 잠은 큰 딸 방에서 잤다. 알레르기성 비염이 있어 따로 자게하고 싶었지만, 자기 방에 딸이 세 들어 사는 것으로 알고 있는지 다른 사람이 접근하면 짖어대며 몇 년을 그 방 침대 밑에서 지냈다.

큰딸 신랑감을 그 방에 데려 왔을 때 보였던 질투도 대단했다. 개가 얼마나 영물인가 하면 신랑감을 보고 떠날 것을 예감했는지 그날로 막내 방으로 거처를 옮겨 식구들을 아연실색하게 했다. 그러다가 막내의 신랑감이 오자 상처가 너무 심했는지, 둘째 방에 가지 않고 내 방으로 와서 지금껏 지내고 있다. 나는 새신랑이 데려갈 일이 없는 경쟁력 없는 사람으로 비친 게 틀림없다.

토끼처럼 하얀 꼬리를 흔들며 어찌나 애교를 부리는지 나도 처음으로 사랑을 주게 된 개다. 하지만 지금도 일 년에 두 번 털갈이를 하는 철은 정말 괴롭다. 매일 청소기로 잡고 닦아야 하고 짙은 빛깔의 옷에 털을 떼는 번거로움 때문에 다시는 집안에서 개를 키우지 않기로 식구들에게 약속을 받아 놓고 있다. 동물병원에서도 이 개를 집안에서 키우는 것을 보니 식구들이 참을성이 많은가 보라고 했다. 마가리 오두막에도 진돗개 3마리를 밖에다 풀어 키워 이런 번거로움은 없다.

그러던 어느 날 똘이 왼쪽 다리에 피가 묻어 있었다. 발톱이 자라다 부러져 찔렸는데, 혀로 아픈 다리를 끝없이 핥아 치료가 되나 했다. 다음

날 보니 또 마찬가지였다. 동물 병원에 가면 예방접종, 상사충 약 등 주사를 많이 놓고, 자주 데려오라 하여 여간한 일이 아니면 동물 병원에 안 간다. 동창은 1달에 1번씩은 케어를 해야 된다고 하지만 집안에만 있어 전염의 위험도 없고, 지금까지 사료만 사오면 잘 자랐는데 요번엔 심각했다. 둘째가 병원에 가야 된다고 우기더니 시장 간 사이 병원에 갔다.

집에 오니 시아버님이 똘이 왜 병원 갔느냐고 해서 다리에 피가 나 발톱 자르고 치료하려 한다고 했더니, 그것보다 캑캑 거리는 것을 고치는 것이 더 중요하다고 하셨다. 딸에게 전화를 했더니 난리를 쳐서 진정제를 놓고 치료 중이라 하여, 천식 끼가 있나 그것도 물어보라고 했다. 한참 있다 똘이를 데려온 둘째가 허옇게 풀이 죽었고 똘이는 기운이 하나도 없다. 왜 그러느냐고 물었더니, 평균 수명이 13살인데 이제 얼마 못 살 것이라는 것과, 피검사를 하고 원인을 찾느라 17만원을 내라고 하여 세뱃돈을 다 털리고 온 것이다. 할아버지는 네가 사기를 당한 거다. 멀쩡한 개한테 무슨 그런 비싼 치료비를 들이느냐고 화를 내더니 안 됐는지 5만원을 주셨다. 큰 애와 막내도 우리를 기쁘게 해줬는데, 병원비를 보태라고 10만원을 보내왔다.

검사 결과 기침할 때 나오는 균이 인체에는 해가 없다 한다. 고기 주지 말고, 면역성이 있는 사료만 먹이고 일주일 후 깔때기를 떼라 했다. 그런데, 5일째 단식 투쟁이다. 치즈에 약을 바른 것과, 군것질 햄, 생우유 조금 먹고 있다. 거북하고 가려워하여 자주 긁어주고 있다. 답답해하는 그를 보다 못해 깔때기를 오려내려는 할아버지께 이것 없으면 상처를 혀로 핥아 염증이 생기니 이틀만 참으라고 하며 매일 두 번씩 소독을 해준다.

이렇게 정성을 다 하면 몇 년은 생명을 연장할 수 있을까 기대를 하며 우리 모두에게 행복 바이러스를 선사하는 똘이 병간호에 여념이 없다. 그러나 점점 더 나빠져서 오늘은 나오려하는데 두 다리를 떨고 혀가 쑥 나온다. 둘째가 아무래도 죽을 것 같다며 현관을 잠그고 볼일을 보았다.

저녁이 되어 들어가려하니 무섭다. 아무래도 똘이가 죽어있을 것 같았다. 죽었으면 어떻게 해야 하나. 동물의 장례식을 치러준다는데 동물병원 전화번호를 메모해서 현관문을 열었다. 그런데 똘이가 꼬리를 흔들며 뛰어나오는 것이 아닌가?

남편이 왔기에 그날의 이야기를 하며 쟤 얼마 못사니까 산골에서 데리고 있다 죽으면 산에 묻어주라고 했다. 그런데 공기 좋고 물 좋은 곳에서 자기가 가장 좋아하는 사람과 살아서 그런지 잘 지낸다. 이제 19살 매일 치즈와 소시지를 먹이고 사료와 고기도 먹어가며 똘이의 삶을 마무리하고 있다.

백일은 1년 전 생명을 잉태한 날

 백일잔치는 왜 하는 것일까?
 아기를 낳고 돌잔치를 하는 것은 1년 만에 탄생을 축하하는 생일잔치를 하는 것이니 이해가 되는데 백일잔치는 왜 하는지 내 아이를 키울 때부터 궁금했다. 그런데 이번에 첫 손녀 돌과 첫 손자 백일(百日)이 겹친 것이다.
 큰딸이 결혼을 하고 일 년은 신혼을 즐기겠다고 하여 미루다 아기를 가지려고 하니 쉽게 잉태되지 않았다. 그러다 동생이 먼저 아기를 낳게 되자 우리 모두는 큰딸 눈치를 보게 되었다. 그들도 마음이 급했는지 로키 산맥의 기운을 받아 아기를 만들어 오겠다고 미국여행을 예약하고 태명도 로키라고 지어 놓았다. 조카의 출산을 축하하러 왔다가 눈부신 생명을 보자 아기를 갖고 싶어 질투가 샘솟았다. 첫손녀가 태어난 그날 밤 아기가 생겼다고 했는데 백일과 돌이 겹친 것이다.
 그러자 내가 둘째를 가졌을 때가 떠올랐다. 남편이 부산 현장에 사고가 있어 한달 만에 올라왔다 갔기 때문에 둘째 잉태한 날을 정확히 알고 있었는데 다음해 백일을 치르며보니 1년 전 그날과 일치하였다. 조

상들이 생명이 잉태한 지 1년 되는 날을 기념해 백일을 만들었을까? 뱃속에 있는 동안 1살을 먹는 한국 고유 나이의 개념이 생겨난 것인가? 궁금증이 생겼다가 잊고 지냈는데, 자식 대에서 이렇게 증명을 하고보니 무언가 근거가 있을 것 같아 자료를 찾아보았다.

아기를 가지면 280일 만에 출생한다고 하는데 배란일까지 15일을 빼면 생명을 잉태한 날로부터 265일 만에 낳고 100일이 되는 날이 365일! 1년 전 새 생명을 얻은 날이라는 과학적인 근거가 있다.

예로부터 백일을 맞이한 아기는 남아(男兒)와 여아(女兒)의 구분이 없이 무사히 자란 것을 대견하게 여기며 잔치를 벌여 이를 축하해주던 것이 우리의 풍습이다. 그 유래는 의술이 발달하지 못했던 옛날에 이 기간 중 유아의 사망률이 높아 비롯된 것이다. 오늘날에는 이와 상관없이 전래의 풍습으로 이어지고 있다.

백일잔치는 먼저 아침에 삼신상(三神床)을 차리는 것에서부터 시작된다. 삼신상에는 미역국과 흰밥이 차려지며, 산모(産母)나 아기의 할머니는 삼신상 앞에 단정히 앉아 아기의 건강과 수명과 복을 빈다. 비는 것이 끝나면 삼신상에 차린 음식은 산모가 먹는다.

백일 상에는 여러 종류의 떡과 과일 및 음식이 풍성하게 차려지며, 아기의 장수와 복을 비는 뜻으로 흰 실타래와 쌀이 놓여진다. 잔치 뒤에는 백일 떡을 이웃에 돌려 함께 나누어 먹는데, 백일 떡을 받은 집에서는 돈이나 흰 실타래를 떡을 담아온 그릇을 씻지 않고 담아서 답례한다. 지방에 따라서는 백일 떡을 많은 사람이 먹을수록 아기의 명이 길어지고 복을 받게 된다 하여 길 가는 사람들에게도 떡을 나누어주기도 한다.

　아기를 출산한 후 삼칠일(21일간)까지는 주로 아기와 산모를 보호하고 산모의 건강 회복을 위한 금기사항이 주류를 이루고 있는데 비해, 백일은 순전히 아기 본위의 첫 경축행사(慶祝行事)라고 할 수 있다.
　백일을 축하일로 정한 또 다른 이유는 어떤 소원을 이루고자 하여 드리는 치성기간을 정할 때 쓰는 100이라는 숫자 때문이다. 100이라는 숫자는 큰 수이며, 완전 수, 완성을 뜻하는 것으로 해석된다. 그러므로 백일은 아기가 어려운 시기를 무사히 넘긴 것을 축복해 주며, 한 인간으로서 성장해가는 날로서 백일을 인식하고 앞날의 무병장수를 기원하는 것이라 하겠다.
　과거로부터 내려오는 세시풍속은 조상들의 깊은 뜻이 있어 아하 하고 놀라워하기를 여러 번 했는데, 이 풍속에도 역시 우리가 모르는 깊은 의미가 있었다. 지인은 백일을 가슴 아프게 보내면서 병약한 아이가 새롭게 건강을 찾아가는 전환점이 된 이야기를 해주었다.
　그녀는 백 사람이 떡을 나눠 먹으며 덕담을 해주고 축하해주어야 아기가 훌륭하고 건강하게 자란다고 하여 잔치를 해주었다. 그녀는 결혼

하지 말고 절에 가서 공양주나 하며 혼자 살 팔자란 말을 여러 번 들었지만 그런 것은 미신이라고 밀어붙이고 결혼을 했다. 그런데, 이상하게 일이 꼬이고 집안에 우환이 잦더니 아들이 초등학교를 다니다 백혈병에 걸려 온갖 치료를 다 했지만 저세상으로 갔다.

그때야 결혼하지 말라던 말이 생각나 주력이 세다는 스님을 찾아갔다. 갓 낳은 아이가 시모님 돌아가셔서 초상을 치르러 갔는데, 얼굴이 파랗게 질리더니 그 뒤로 먹도 못하여 동생마저 잃을 것 같은 절박한 심정이었다. 부처님 앞에서 열심히 절을 하고 있는 그녀가 안 되어 보였는지, 백일에 백설기를 넉넉히 해 절에 오는 신도들이 하나씩 가져가 오래 살도록 덕담을 하며 먹으면 명을 이을 수 있겠다고 하여 그리 하였다. 그런데도 시름시름 아픔이 가시지 않는 것을 보자 스님은 아무래도 아기가 초상집에서 살을 맞은 것 같다고 하며 난 이런 아기를 구원할 힘은 없으니 상주 절에 있는 돈호 스님을 찾아보라고 소개해 찾아뵈었다.

그러지 않아도 기도 중에 보여 언제 오나 기다리고 있었다고 했다.

고 있다고 했다.

  사람마다 타고난 운명은 다르지만 탄생과, 백일, 돌에 많은 축복을 내려주고 사랑으로 키워야겠다는 마음이 가득해진다. 그리고 백일의 의미를 몇 십 년 만에야 알게 된 미욱함이 부끄럽다.

  궁금하다고만 하고 답을 찾지 못한 것이 어찌 이것뿐이겠는가?

                        * 자료출처 : 한국민족문화대백과, 한국학중앙연구원

뱀띠 이야기

    2013년은 뱀의 해이다. 우리나라와 중국과 일본이 육십갑자를 정해 놓고 의미를 부여하는 것을 서양 사람들은 이상하게 생각한다. 얼마 전 스위스 여행객이 우리 집에 초대되었다. 한식 반찬도 맛있게 먹고, 그간 밀린 빨래를 할 수 있느냐고 해서 세탁기에 빨래하고 건조까지 해가는 알뜰 여행객이었다. 직장을 다니다 사표내고 세계 일주를 최소한의 경비로 제대로 하고 있는 용기 있는 젊은이였다.
    우리나라 같으면 한번 사표내면 다시 그만한 직장을 잡기가 어려워 엄두내기가 쉽지 않을 텐데 복지가 잘된 선진국민은 하고 싶은 것을 과감히 하며 사는 것 같아 부러웠다. 각 나라에 갈 때마다 가정집에서 생활해보는 것이 중요한 계획이라며 다른 나라의 가정방문 사진을 보여주는데, 나라마다 가정집의 특색이 있었다. 난 해외여행 중 친척집 외엔 가본 적이 없어 패키지 여행상품대로 가이드가 안내해준 것만 보고, 그 나라의 진면목을 보지 못한 아쉬움을 떠올리며 언젠가는 자유여행을 해보리라 마음먹는다. 식구들과 둘러앉아 차를 마시자 그가 책을 꺼내, 동양에만 있어 신기하다며 무슨 띠냐고 묻고, 그 내용을 읽었다.

내 차례가 되어 무슨 띠냐고 물어 뱀띠라고 했더니 스네이크 하며 눈이 동그래지며, 책을 놓치는 것이 아닌가? 순간 나에게서 사탄 아니면, 에덴동산에서 하와를 유혹해 선악과(사과)를 먹게 한 뱀의 사악한 혀를 보았나 보다. 계사생인 나는 작년은 흑룡의 해라고 나라가 떠들썩하더니 역시 뱀은 용보다는 약한 동물인지 별 이야기 없이 넘어가는 것이 서운해 인터넷으로 궁금한 점을 검색했다.

계사년은 육십 간지의 30번째 해로 계(癸)는 검은 색을 뜻하며, 60년 만에 한 번씩 오는 검은 뱀의 해이다. 설화 속에서 민간을 해치려는 사악한 존재로 뱀이 자주 등장하고, 차가운 눈과 기이하게 기는 방법, 날름거리는 혀와 독으로 인해 고대에서부터 지금까지 마적인 존재, 두려운 존재로 여겨졌다.

뱀띠인 나는 정말 뱀을 무서워한다. 지난여름, 양재천 중간 길이 어깨까지 오는 풀로 싱그러워 걷는데 몇 발자국 앞에서 툭 소리가 났다. 연회색의 엄지발가락만큼 통통한 뱀이 경사진 제방을 기어가다 길로 떨어지자 그놈도 놀랐는지 숲으로 들어갔다. 난 무서워 더는 못 걷겠어서 개울가 길로 내려와 걷는데 풀 베는 관리인을 만났다.

밤에 가운데 숲길로 걸으면 위험할 것 같아 사명감을 갖고 아저씨에게 자초지종을 얘기했다. '생태계가 살아나는 증거입니다. 뱀 많아요. 가끔 오소리도 있는 걸요.' 아주 당당하게 얘기하는 것이 아닌가? 난 다시는 그 길을 걷지 못할 것 같다. 근처에 사는 친구에게 그 얘기를 하며 조심하라고 했다. 우리 고향 제주도는 뱀 신앙을 믿어 그런지 뱀이 많은데 같이 살아가요. 그런데, 외지 사람이 오면 놀라 비명을 지르고 그러다 물리곤 하더라고요. 태연하게 말해 겁을 먹고 말하는 나를 무색하게 만들었다. 난 숲이 우거진 곳에 가면, 그것만을 경계해 그런지, 정말 여러 번 뱀을 발견하고 놀라 오금이 저렸다. 독사에게 물리면 치명적이라 하지 않는가. 꿈속에서도 뱀에게 쫓기는 꿈을 자주 꾼다. 슬리퍼를 끌고 친구와 계곡을 올라가는데 토굴 같은 곳을 들여다보더니 독사가 있다고 방향을 틀었다. 순간 나는 온몸에 힘이 빠지고 큰 바위를 디디자 슬리퍼가 미끄러지며 주저앉았다. 그 바람에 오른쪽 손목뼈가 부러져 깁스를 한 적도 있다. 전에 직장에서도 뱀 이야기만 나오면 내가 하도 예민하게 반응하는 것이 우스웠던지 상사가 겪은 이야기를 해주었다.

그는 아버지가 머슴인 가난한 집에서 자라 초등학교도 갈 수 없었다. 친구들이 공부하는 동안 운동장에서 놀다 쉬는 시간이면 친구로부터 땅에다 막대기로 글을 가르쳐주면 터득을 해나갔다. 교장 선생님이 순시를 하다 발견을 하곤 왜 수업에 안 들어갔느냐고 야단쳤다.

"저 이 학교 학생 아닌데요?"

"아버지가 누구시니?"

작은 마을이라 기와집 머슴이 아버지인 걸 알아 가난해서 초등학교도 못 다닌 상황을 이해했다. 글자를 아느냐고 해서 써 보이니 교장선생님은 머리도 좋고 체격이 좋다며 축구선수로 입학시켜 월사금 면제를 받으며 공부해 청소년 국가대표까지 한 분이다. 청소년 대표로 외국에 갔는데, 가난한 그의 집에선 자기를 밀어주지 않아 결국 출전을 못해 아쉬웠다는 가난의 흑 역사가 많은 체육선생님이었다.

친구네서 놀다보면, 닭이 알을 낳고 홰를 친 후, 팔뚝만큼 굵은 먹구렁이가 달걀을 낳은 둥지로 들어가더니 한 입에 삼키고, 기둥을 휘휘 감고 힘을 주어 터지게 한 후 사라지는 것을 보았다.

그런데 친구 엄마는 그 달걀을 머슴 아들놈이 자기 아들을 꾀어 훔쳐 먹는다고 야단을 치는 것이었다. 구렁이가 먹는 것을 보았다고 아무리 얘기를 해도 거짓말 시키지 말라고 매까지 맞았다. 분한 나머지 구렁이를 잡아서 억울함을 풀자고 달걀처럼 나무로 깎아 흙을 묻히니 감쪽같았다.

닭이 알을 낳고 꼬꼬댁거리자 달걀과 그것을 바꾸어놓았다. 조금 후 구렁이가 나타나 한참 동안 혀를 날름대다가 한 입에 삼키고는 여느 날처럼 기둥을 감고 힘을 주지만 터지지 않는지 비틀대었다. 그 틈을 타 친구와 지게작대기로 때려 구렁이를 잡아 놓고 달걀 훔쳐 먹는 놈을 잡았다고 밭에서 일하는 친구부모에게 일렀다. 깜짝 놀라 쫓아오기에 이제 누명을 벗은 줄 알았더니, 그 집 아버지가 울면서 집안의 업을 죽였으니, 우린 망했다고 하며 흠씬 두들겨 팼다. 그 뒤로 안 좋은 일이 있을 때마다 업인 구렁이를 죽여서 그렇다고 가난한 그의 부모까지 괴롭혔다. 하지만 집안이 잘되고부터 그 얘기가 쑥 들어간 걸 보면 다 헛소리라고 했다.

초등학생 시절에도 어른 키 두 배는 되는 구렁이가 화장실 지붕에서 땅까지 있는 것을 보았다. 구렁이가 나타났다고 사람들이 몰려가기에 따라갔더니 주인아저씨가 왜 이런데 나오셨냐고 존댓말을 하며 벽을 치자 그 아래 굴로 들어가 버려 다음부턴 근처엔 가도 못했다. 그 후 아저씨가 실명을 했는데, 업이 밖으로 나와 저리 되었다던 기억도 난다.

선배네 머슴아저씨는 기운이 떨어지면 뱀을 잡아 닭에게 먹이고, 그 닭이 크면 과서 먹는 게 보약이었다. 뱀도 많이 구워먹는 것도 보았다.

그 옆집에 유심히 구렁이가 많아 올가미를 만들어 목을 조이고, 잡아서 단백질이 턱없이 부족했던 시절 보신들을 했다.

여자 동창은 고개를 넘어오는데 귀하다는 백사를 만났다. 마침 고개를 넘어오는 우편배달부가 있어 잡아달라고 하여 집에 가져왔다. 이 귀한 걸 식구 중 누구에게 줄까 고민하다 아기를 가진 올케에게 고아 먹였는데, 오비이락인지 그 조카가 사산되었다며 그 이유를 모르겠다고 했다. 모여서 뱀 이야기를 하면 끝도 없다.

그러나, 뱀은 성서에도 현명한 존재로 여겼다. 그리고 대한 응급구조사협회, 세계보건기구, 세계의사협회 등 의학 분야에서 치유의 상징으로 자주 쓰이고 있다. 뱀이 지팡이를 감고 올라가는 '아스클레피오스의 지팡이'는, 그리스·로마신화에 의술의 신인 아폴론의 아들 아스클레피오스가 제우스의 번개를 맞아 죽은 고린도 왕을 치료하던 중, 뱀 한마리가 가져온 약초를 이용해 살린 데서 비롯되었다.

나도 뱀에 대한 두려움이 덜해지긴 했다. 뱀은 치유와 풍요, 다산, 재물, 임신 등 긍정적인 면을 상징하기도 한다. 우리나라에서 뱀은 집안의 재산을 늘리고 복을 지켜주는 동물로 여겨 설화 속엔 인간 내면을 보여주는 대리자나 은혜를 갚는 좋은 동물로 나오기도 한다. 조선 후기부터 민간에 유행한 당사주에는 용모가 단정하고 예능에 능하며 문무를 겸비한 띠라 했다. 학년 초 뱀띠 학년이 공부를 잘하고 말썽이 적다고 소문이 나, 용띠 말띠 학년보다 서로 담임을 맡으려는 것을 보았다.

우리 뱀띠는 6.25 전쟁이 끝난 후 태어나 전쟁의 소용돌이를 겪지 않았고, 지금까지 우리가 자라면서 국력도 대부분의 가정도 번창하여 오늘에 이른 것을 보면 태평성대를 살았다고 생각한다. 천문성(天文性)

을 타고나 침착하며 문무를 겸비한 사람들이 뱀띠라는 좋은 인상으로
긍정적인 평가를 받기를 기대한다.

보랏빛 향기

 봄이 왔다. '겨울이 깊어지면 봄 또한 멀지 않다'던 시인 셸리의 시구처럼 설렘, 희망을 안고 봄은 한 걸음씩 우리 곁으로 오고 있다. 무채색 겨울이 가고 분홍, 보라, 연두로 물들어가는 봄이 오면, 우린 겨우내 입었던 두꺼운 외투부터 벗는다. 옷장에서 가장 화려한 옷을 꺼내 입고 봄바람을 맞으러 산으로 들로 나간다.
 파랗던 하늘은 어느새 하얀 빛으로 변하고 남쪽부터 꽃은 위도를 타고 퐁퐁 튀어 오른다. 추웠던 겨울을 이기고 꽃망울이 순서대로 터진다. 진달래를 이어 철쭉이 피었고 곧 아카시 꽃이 필 것이다. 메마른 숲 사이로 파랗게 자라고 있는 새순과 제비꽃이 어찌나 귀여운지 쪼그리고 앉아 한참을 들여다보았다. 같이 간 친구가 체격에 어울리지 않게 감상에 젖은 모습이 우스웠던가 보다. '제비꽃과 네 보랏빛 등산복이 잘 어울려! 보라색을 무척 좋아하나 봐?' 순간 생각은 초등학교 교실로 날아오른다.
 내 크레용은 12색 짧은 곽에 연필처럼 끝이 가느다란 것이었다. 미술 시간 크레용으로 스케치북에다 열심히 그림을 그리는데, 문제가 생겼다.

'어머니 심부름'이란 제목인데, 내 치마색이 없는 것이다. 다른 것은 다 칠했는데, 보랏빛 치마를 입은 나를 그려 넣을 수가 없다. 끙끙대다가 교실을 둘러보니, 언니가 서울서 직장에 다니는 친구 크레용이 눈에 들어 왔다. 36색! 끝까지 둥글고 굵직하게 생긴 긴 크레용 곽이 꽉 차 있다. 내가 좋아하는 보라도 진보라 연보라 두 개나 있고, 초록도 몇 가지인지! 난 사탕 두 개를 주고, 보랏빛 크레용을 빌렸다. 유일하게 제일 좋은 크레용을 갖고 있는 그 애는 거만하게 조금만 쓰라고 하며 보라색 크레용을 내밀었다.

끝날 시간이 되자 선생님은 그림을 칠판 아래 진열시켰다. 우리 모두는 오늘 그림에 뽑힌 어린이가 학교 대표로 사생 대회에 나간다고 하여 어느 날보다 긴장하고 있다.

나도 36색의 크레용만 있었으면 더 잘 그릴 수 있었다. 한 장을 뽑도록 내 그림은 그 자리에서 울고 있고, 내 가슴은 콩닥거렸다. 뽑힌 친구에 대한 질투가 솟아오른다.

그런데, 마지막 한 장으로 내 것을 집어 드시는 것이 아닌가? 오늘 방과 후부터 이 두 사람은 매일 그림 한 장씩을 그리고 집에 가라는 당부를 하시고, 뽑힌 그림을 교실 뒤 학습란에 붙이셨다. 모처럼 붙은 내 그림이 어찌나 대견한지. 난 그 그림을 보느라고 청소도 건성으로 했다.

모두 다 돌아간 교실에서 36색의 크레용을 가진 친구와 나란히 앉아 기다리자니, 선생님이 들어오셨다. 손에는 4절 켄트지와 56색 기다란 크레용 두 곽을 가지고 오셔서 마음껏 그려 보라고 하셨다.

나는 보랏빛이 연보라, 진보라, 자주 보라가 든 크레용을 보며 환성을 질렀다. 운동장에서 놀고 있는 아이들을 잔뜩 그리고 오매불망하던 보랏빛을 칠하기 시작했다. 여기저기 아이들이 보라색 옷을 입고, 줄넘기도 하고, 공 던지기도 하며 노는 모습이었다. 다 그린 그림을 자신 있게 선생님께 내 밀었다. 그런데, 선생님은 그림을 한참 훑어보다 내 얼굴을 들여다보기를 몇 번 하시더니 말씀하셨다.

"너, 어디 아프니?"

다음날 그림을 그리라고 남긴 학생은 36색 크레용을 가진 친구뿐이었고, 난 학교 대표로 대회에도 못나가는 탈락자가 되고 말았다. 그때 난 너무 약해 보여 대회에 안 데려 간 것으로 해석하며 서운함을 달랬다. 그 선생님은 무뚝뚝한 남자 선생님이셨는데, 열성은 많아도 자세히 설명해주진 않는 편이었다.

그리고 시간은 끊임없이 흘렀다. 선생님이 그림을 보며 나에게 아프냐고 했던 이유를 중학교에 와서 알게 되었다. 황순원의 『소나기』에 소녀가 도라지꽃을 보며 "난 보랏빛이 좋아."란 대목에 밑줄을 그으라고 하시더니, 이것은 죽음을 암시하는 복선이라는 것이다. 아니, 보랏빛 도라지꽃은 나도 제일 좋아하는 꽃인데, 왜? 왜?

보랏빛의 꽃말이 '고귀' 외에 '신성한 죽음'이 깃든 의미가 있는 줄을 그때서야 알았다. '아! 그래서 나보고 아프냐고 물었구나!' 이제야 이해가 되었다. 옛날엔 보라색을 구하기 어려워 그 색을 사용하는 것 자체로 지체 높은 고귀한 신분이라는 것을 증명하였다. 『로마인 이야기』에 보면 귀족들의 자주보라 빛 망토 하나를 만들려면 조개 2만 마리에서 물감을 채취해야 해서 금값보다도 보라 물감이 비쌌다고 한다.

또 보라색이 파랑색(하늘의 상징)과 빨강색(인간, 피를 상징)의 혼색이어서 신과 인간의 조화를 상징하는 그래서 신성하고 고귀함을 상징하

는 색이라고도 한다. 핏빛보다 검은 보라색이란 의미에서 죽음을 상징하기도 하고.

 하지만, 나는 여전히 보랏빛을 좋아한다. 고귀하고 우아해 보이는 중간색 보랏빛! 사월이 오고 자목련이 눈부시게 피면, 가슴이 철렁할 만큼 감동적이다. 그때가 되면 3층 교실 창 아래까지 피어올랐던 자목련을 떠올리며 꽃그늘 아래서 흥얼댈 것이다.

 '목련꽃 그늘 아래서 베르테르의 편지를 읽노라.'

 그리고 오월이 오면 라일락이 보랏빛 향기를 품어댈 거다. 라일락 향기를 제대로 맡아 보자고 유리창을 열었다 탁 닫으며 향기에 취하던 그 시절로 돌아갈 것이다. 보랏빛 등산복을 입고, 제비꽃을 내려다보며 해마다 보랏빛 향기에 취해 있을 것이다.

아픈 자장면

얼마 전, 지방 선거가 있던 날이었다.

우리 가족은 아침을 먹으며, '투표한 다음 무엇을 할 것인가'에 대형 말이 많았다. 결국, 우리는 아버님을 모시고 식사하기로 했다. 치아 상태를 고려해 부드러운 음식으로 좁혀졌다. 회나 중국 음식 그중 어린 시절 외식하면 빠질 수 없는 자장면을 생각하고 중국집으로 정했다.

음식은 코스 요리로 정식을 주문했다. 게살스프부터 나오더니 깐풍기, 유산슬, 탕수육 등 음식이 나와 그릇마다 덜어 먹는데 웬일인지 아버님이 약주를 찾지 않으셨다. 2명의 보수와, 3명의 중도, 2명의 진보가 던진 투표 결과 예측과 향후 정치방향까지 얘기하며 모두들 즐겁게 식사를 했다. 새 사위도 약주를 안 드시는 시아버님이 영 이상한지 '오늘은 왜 이렇게 조용하시냐?'고 귓속말을 해올 정도였다.

맨 마지막 식사메뉴는 자장면과 짬뽕, 기스면 중에 고르라고 했는데, 시아버님은 거침없이 자장면을 골랐다. 우리도 모두 통일을 했다. 나오는 요리를 거의 다 잡수셔서 자장면은 못 드시리라 예상했는데, 그것을 싹싹 비벼서 자장까지 다 드셨다.

"자장면하면 옛날 초등학교 4학년 때 아버지가 사주셨던 그 자장면을 잊을 수가 없어……요."

"너도 그 생각하고 있었니?"

남편은 수십 번은 들은 그 아픈 자장면 이야기를 또 하기 시작했다.

시아버님은 일제강점기시대에 동경 와세다대를 나오고, 정치에 뜻을 두어 신익희 대통령 후보 밑에서 용산 지구를 맡고 있었다. 그런데 안타깝게도 신익희 씨는 유세 도중 심장마비로 돌아가시고, 야당활동을 하던 측의 압박은 날로 심해지면서 청운의 날개는 여지없이 부러졌다. 그토록 갈구하며 싸워 이뤄낸 해방이 혼란의 수렁에 빠져 있는 것을 견디지 못해, 술로 세월을 보냈다. 집안 형편이 곤두박질치자 식구들의 고생은 이루 말할 수 없었다. 그러다 어찌어찌 시아버님이 취직을 했고, 남편은 심부름을 가게 되었다. 시아버님은 뒷바라지도 제대로 못해준 아들에게 미안했었나 보다.

"너. 자장면 사줄까?"

남편은 어릴 적 '자장면이 그렇게 맛있다는 말만 들었는데 이게 꿈이 아닌가 싶었다.'고 한다.

자장면 기술자가 홀 바로 건너편에 서서 팔을 흔들어대며 국수 가락이 늘어가고 바닥에 탁탁 치는 장면을 황홀한 듯이 바라보았다. 이윽고 굵고 오동통한 면발 위에 까만 자장과 고기 양파가 걸쭉하게 어울려 덮여 나왔다. 그 위에는 오이와 하얀 메추리알까지 올려 있었다. 자장면은 어찌나 먹음직스러웠던지 침 넘어가는 소리가 꼴깍 들렸다. 그런데 문제는 딱 한 그릇에 있었다. '어서 먹어라. 난 아까 먹었다.'고 하며 아버진 그 한 그릇을 남편 앞으로 밀었다.

순식간에 양 손으로 젓가락을 꽂아 비비자 자장에 노란 국수가 물들기 시작했고, 쓸어 넣느라고 정신없었다. 친구들이 자랑하던 자장면을 나도 드디어 먹고 그들 앞에서 뽐낼 생각에 신이 났다. 그 맛있는 것을 한 번에 털어 넣고 나니 그제야 자기만을 바라보고 있는 아버지가 보였다. "잘 먹었습니다. 아버진 이런 거 매일 잡숫는 거예요? 진짜 좋겠네요." 부러운 마음으로 아버지를 보며 발을 헤치고 중국집 문을 나선다.

그런데 문제는 시아버님은 돈을 내는 것이 아니라, '달아놓으라'고 손으로 쓰는 흉내를 내며 나오는데 주인아주머니의 얼굴엔 찬바람이 가득했다. '아차, 아버지가 돈도 없는데 외상으로 사주신 거구나.'

혼란스러운 세상사 속에 뜻대로 되는 것은 거의 없었던 시아버님은 그 직장에서도 얼마 못 있었다. 불의를 보면 꼭 지적을 해야 직성이 풀리니 상사나 주인들의 눈 밖에 나기 일쑤였다. 누구나 가고 싶은 미군부대에 취직했을 때는 좀 오래 다니나 했는데, 말도 잘 안 통하는 미군에게 대들었다 쫓겨 나왔다. 그 놈들은 나무에 올라가래서 올라가면 나무를 흔들어댄다고.

남편은 그때 일이 늘 마음에 걸렸나 보다.

"아버지! 그때 자장면 값은 갚았어요? 점심도 굶어가며 저에게 사준

자장면."

"아니다. 굶기는……. 매일 대놓고 먹고 간조 받으면 한꺼번에 아끼는 거지."

두 손을 가위 표를 해 보이는 시아버님 앞에서, 뭐니 뭐니 해도 그때 먹은 자장면의 맛을 잊을 수가 없다며 남편의 눈이 가늘어지는 것이 몇 십 년 전으로 생각은 넘어가는 듯했다.

그러자 큰 딸 애가 말했다.

"자장면은 우리 초등학교 다닐 때, 엄마가 월급날 한 턱 내는 자장면이 최고였어요."

정말 그때, 매월 17일이 되어 월급봉투를 들고 버스에서 내리면 딸 셋은 손을 잡고 도, 레, 미로 서서 들어오는 시내버스를 똘망똘망 바라보고 있었다. 딸들에게 무엇을 사 주느냐고 물으면 어김없이 자장면과 탕수육을 주문했다.

 돈을 절약하려고 탕수육 한 접시와 자장면 곱빼기 둘을 시키고 접시 두 개를 달라고 하여 먹었던 그 자장면! 그걸 세월이 가도 어떻게 잊을 수 있겠는가?

 집으로 돌아오는 길 남편은 2차는 맥주 파티라며, 슈퍼마켓에서 1.6 리터짜리 피쳐 여섯 병을 둘러메고 씨익 웃으며 우리 집 계단을 올라가고 있었다.

- 소월백일장 준장원 작품

잃어버린 지갑

잃어버렸습니다.
무얼 어디다 잃었는지 몰라
두 손이 주머니를 더듬어
길에 나아갑니다.

윤동주의 시 '길'의 한 구절이 떠오르는 것은 지갑을 찾아준 사건 때문이다. 그 시인은 나라를 되찾으려 의지를 다지고 있지만, 물건을 잃어버린 기억을 떠올리게 하는 시이다. 그런 경험은 누구나 있을 테고 그것을 찾았을 때와 찾지 못했을 때의 마음은 천당과 지옥을 오가는 만큼이나 천양지차다. 늘 물건을 흘리고 다니는 사람일수록 그 상처는 엄청나서 흘린 물건을 줍게 되면 적극적으로 행동하게 된다.

어제 가족끼리 식사를 하고 옆집에 카페 베네가 입점했으니 차를 마시자고 하여 들어갔다. 자리가 없어 찢어져 앉아야 되나 망연해하고 있는데, 우리를 배려해 6자리가 놓인 쪽에서 일어나 주는 듯했다. 앉으러 안쪽 자리로 들어가며 쿠션을 정리하다 보니 그 밑에 고급 지

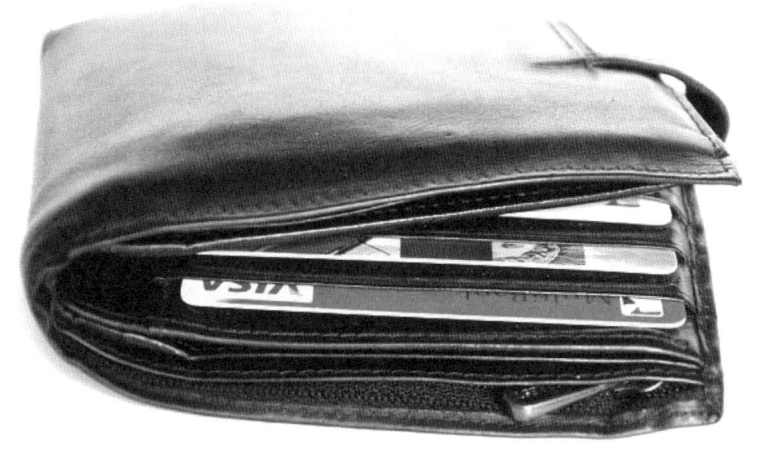

갑이 눈에 띠었다. 보는 순간 가슴이 철렁한다. 이런 일이 잦은 자신을 만나는 마음이다. 주인이 얼마나 놀랄까 안타까움이 전해지는 듯해 여기 지갑이 있다고 들어 보이니, 열어볼 새도 없이 카운터에다 맡기면 찾아간다고 딸이 가져다준다. 쿨한 젊은 세대는 행동에 거침이 없다. 난 내가 주워서 좋은 일을 하는 지갑 안에 돈과 카드가 엄청 많이 들어 있는 것을 확인하고 돌려주면 스스로를 장하게 여길 것 같아 확인하려 했다.

하지만 '지갑을 주워 돌려주었더니, 이 안에 거액의 돈이 들어 있었는데 없어졌다'고 생떼를 써서 곤경에 처한 사건이 보도된 것을 얼마 전 본 적이 있다. 그래서 지갑은 함부로 줍기도 찝찝하다고 바로 맡길 수 있는 상황이 아니면 줍는 것도 곤란한 불신사회가 되었다.

식구들은 차를 마시며 잃어버린 물건에 대한 에피소드로 이야기꽃을 피웠다. 물건 빼놓고 해프닝을 벌이는 대마왕은 당연히 나다. 누군가 챙겨주지 않으면 물건을 잘 흘리고 다녀 곤욕을 치른 것이 한두 번이 아니다. 가장 억울했던 기억은 아버지가 그림 그리기를 좋아하는 나를 위해 물감을 양도 많고 좋은 것을 사주셨다. 그런 날은 곧장 집으로 와야 하는데, 다른 물건 사다 잃어버려 한 번도 써보지도 못한 젊은 날의 기억은 지금 생각해도 아찔하다.

그날 나 자신에 대해 깊이 점검했다. '너 자신을 알라.'란 명언이 그냥 유명해진 것이 아니다. 자주 빼놓고 다니는 자신을 안다면, 집에 가져다 놓고 다른 볼일을 보았어야 했다. 나의 이런 단점을 극복하는 방법은 무엇인가? 큰 가방을 가지고 다니며 모든 물건은 거기다 넣어 가지고 다녀야만 한다. 비 오는 날 우산도 너무 자주 잃어버려 옆에 두지 않고 꼭 가방에 걸쳐놓으면 벌떡 일어나다가 우산 떨어지는 소리에 주워 들 수 있게 나를 다스렸다고 해서 모두 웃었다.

"엄마, 외출하는 날 휴대폰 충전 어떻게 하는 줄 알아?"

사위가 어떻게 하느냐고 물었다. 중요한 날 휴대폰을 빼놓고 갔다 낭패를 본 후론 외출할 가방에다 휴대폰을 넣고 충전기를 꼽는다고 했다. 장모님이 차분하고 말씀도 적으셔서 무척 신중한 성격으로 알았다고 하자 우리 엄만 O형의 이중인격자라고 놀려댔다.

큰딸이 난 아무래도 엄마를 닮았나보라고 하며 물건 빼놓고 다니는 통에 무엇을 가지고 나오기가 겁나는데 엄마처럼 큰 가방만 갖고 다녀야겠다고 한다.

그런데 둘째가 아무 소리도 안 하고 앉아 있다. 넌 무슨 물건을 잃어버렸느냐고 묻자 자기는 내 사람이나 물건에 대한 집착이 커서 그런 적이 한 번도 없다는 것이다. 덜렁이 엄마가 생각해봐도 뭐를 잃어버려

소동을 일으킨 기억이 안 난다. 그러니까 둘째는 아빠를 닮았다는 증거다. 손수건을 잃어버리지 않고 몇 년씩 갖고 다니다 낡아 갈라지는 것을 보았을 때의 놀라움처럼 둘째도 닮은꼴이란 걸 이제 발견한 것이다. 하긴 딸이 잃어버린 물건이 없다는 것을 본인이 말해서 아는 것만으로도 빵점 엄마임을 증명하는 건지도 모르겠다.

남편도 여간해서 물건을 잃어버리지 않는다. 내가 놓고 온 물건 속엔 대략 남편 연락처가 있어 그것을 찾아 가지고 와서 도저히 이해가 안 된다는 얼굴로 쳐다본 게 몇 번이던가?

이 자리에서 공개하건데 얼마 전 금요반 박 선생님이 그날 '초록 태양'으로 장원을 했더니 상이라면서 고급 노트를 선물로 주었다. 기분 좋게 받아들고 헤어져 국민은행에 갔다가 돈을 찾았더니 잔고가 얼마 안 되는데 놀라며 돈을 찾아들고 3군데의 시장을 들러 집에 갔는데 선물 받은 노트가 없는 것이다. 살 수도 없는 물건인데 싶어 온 길을 되짚어 가게마다 물어보았지만 찾을 수 없었다. 그의 성의에 이런 못난 짓 한 것이 부끄러워 이제야 밝힌다. 큰 가방을 가져갔으면 절대로 잃어버리지 않았을 거고, 남을 위한 봉사가 부족했다는 증좌이기도 하다.

왜냐하면, 잃어버린 물건은 대부분 되찾은 것이 많았기 때문이다. 우리 집 가훈의 바탕은 인과응보를 믿으며 사는 것인데 오늘 같이 지갑을 주워주면 언젠가 우리 식구들이 곤경에 처했을 때 누군가 도와줄 거라는 확신이 있고, 오늘 쏟아지는 얘기들도 물건을 잃었다가도 대략 찾은 이야기가 많았다.

미국에서 4년 간 유학을 하고 돌아온 학생이 자기는 미국이 정말 좋다고 하여 이유를 물었다. 그곳에서 명품 스웨터를 입고 나갔다가 철봉을 하게 되었는데 더워서 옷을 벗어놓고 운동을 하고는 집에 돌아왔다. 일주일 후 그 옷이 필요해 찾으니 아무데도 없었다. 그때에야 철봉에 벗어둔 생각이 나서 이미 없어졌겠지만 헛일 삼아 가 보았더니, 이슬을 맞으며 걸쳐놓은 그대로 그 자리에 있는데 선진사회가 어떤 곳인지 실감하며 미국이란 나라를 사랑하게 되었다고 했다.

커피를 마시며 나는 우리나라도 이젠 나아지고 있다. 며칠 전 시장에서 본 이야기를 했다. 시장을 지나는데 등산 장갑 한 쪽이 생선가게 앞에 떨어져 있어 마음이 쓰였다. 지하철 층계를 내려 가다보니 한 남자가 정신없이 뛰어 올라오는데 그 장갑 한쪽을 쥐고 있어 곧 찾을 수 있기를 바랐다. 지하철을 기다리고 있자니 웃음이 하나 가득 든 얼굴로 그 장갑을 끼고 지하철을 타는 것을 보고 안도의 숨이 덩달아 나왔다는 얘기를 하고 있는데, 얼굴이 해쓱해진 아가씨가 우리 자리로 오더니 여기 지갑 못 보았느냐고 한다.

우리가 주워 카운터에 맡겼다고 하니, 허겁지겁 카운터로 가서 지갑을 찾아가지고 나간다. 고맙다는 목례 한 번도 없이 말이다.

그냥 그렇게 나간 아가씨, 지금도 서운하다. 고. 맙. 다. 이 한 마디면 충분한데…….

주례사

큰 딸이 결혼을 한다. 여기저기 연락을 하니, 서운해서 어쩌느냐는 인사를 많이 받았는데, 실상 결혼식을 앞둔 어미의 마음은 서운하기 보다는 정말 성격 좋고 다정다감한 아들을 얻는 따뜻함과 즐거움이 더 컸다.

그런데도 결혼식 전날 모두들 '울래미'가 별명인 내가 사람들 앞에서 울어 무슨 사연 있는 결혼식으로 보일까봐 제발 울지 말라고 당부를 했다. 딸도 걱정이 되었나 보다.

"엄마, 예식장에서 눈이 마주치면 눈물이 난대. 그러니까 우리 서로 쳐다보지 말자."

친구의 소개로 예쁘게 만나다 지금까지 서로가 정말 좋아했고, 형이 양보를 해주어 올리는 결혼이었다.

당일, 하객들이 1시간 전부터 들이닥치니 정신을 차릴 수가 없었다. 예상 손님의 두 배가 축하해주어 울기는커녕 배려해야할 어려운 손님들 대접을 놓쳐 식사도 못하고 돌아가신 일도 몇 건 있는가 하면 두서가 없었다. 그래도 상 한번 찡그리지 않고 여기까지 온 양가의 축하 분위

기는 고조 되었고, 식장도 단독으로 쓸 수 있어 식사에는 문제가 없었다.

 양측 어머니의 촛불 점화를 마치고 맨 앞의 좌석에 앉아 남편이 손잡고 들어오는 딸을 보니 30여년의 세월이 주마등처럼 스치며 감개무량하다. 남편은 아버지 앞에 깊숙이 인사한 사위에게 딸의 손을 넘겨주고 내 옆에 앉는데 얼굴이 짠해 보였다. 나중에 들으니 세 번이나 울먹거려 혼났다고 했는데 걱정했던 나는 소중한 순간을 놓치지 않겠다는 마음으로 가족 축제를 흐뭇하게 지켜보았다.

 주례 선생님은 딸아이의 대학과 대학원 지도교사였다. 덜렁거리는 딸을 얼마나 아끼시는지 대학원 일정도 먼저 알아다 알려주시고, 수업 계획을 세울 때도 교수님이 직접 관여하시면서 '내가 네 조교'라고 하시곤 했다. 다문화 연구로 십여 차례 해외 출장을 모시고 다닌 조교며 딸과 같이 아껴주시던 선생님이 자청해서 서신 자리였다.

"외람될지 모르지만, 저는 혼주와 같은 마음으로 이 자리에 섰습니다."

첫 마디를 이렇게 여시더니 울먹울먹 하시어 보는 우리가 민망해 어쩔 줄을 모를 지경이었다. 겨우 진정을 시키더니, 나무를 예로 들면서 요즈음 빨리빨리 모든 것은 이루려고 혈안이 되어 있는데, 단계를 밟으며 건강한 가정을 이루라고 첫 번째 당부를 하셨다.

두 번째는 개성 있는 독특한 가정을 이루어 획일화 되어가는 사회 모습에 경종을 울리는 말씀을 하셨다. 그리고 니이체의 '세상의 다리가 되라,'는 말씀을 인용하며 이 가정을 통해 사회 나아가서는 국가로 세계로 통하는 다리가 될 수 있게 평생 공부하고 모범이 되게 살라고 20분에 걸쳐 긴 주례를 해주셨다.

그동안 들떠있던 예식장 분위기는 숙연해졌고, 딸을 시집보낸다는 생각보다는 세상에 꼭 필요한 다리를 놓기 위해 저 둘을 양가에선 열심히 준비한 것이란 것을 깨닫게 되었다.

신혼여행을 다녀와서 그들이 제일 먼저 한 것은 세상의 다리가 되기 위해 철저한 준비를 하는 것이었다. 주례 말씀을 실천하기 위해 자산관리사를 따겠다고 열심이고, 딸은 중국어 급수를 취득 중국 정치를 제대로 파헤쳐 가겠다고 결심이 대단하다.

"주례사를 잊지 않고 실천해주니 주례선 보람이 있다."

주례선생님께 인사 가서 근황을 말씀드리니 자랑스러워 하셨다. 투지에 불타는 그들이 부럽기까지 했다.

결혼식이 끝나고, 감사 전화를 하니, 많은 사람들이 주례 얘기를 했다. 우리 가정을 위해서도 정말 도움이 많이 되었다. 하지만 가끔은 너무 길어 졸렸다고 불평하는 사람들도 있었는데, 놀기 좋아하는 내 동생네 등의 사람들이었다.

돌이켜보면 나의 결혼 때도 남편의 교수님이 주례를 섰는데, 기억나는 주례 말씀이 하나도 없다. 그 당시 녹음할 생각도 못해 다시 해달랄 수도 없고 일생을 이렇게 살라고 우리에게 해준 귀한 말씀을 남편도 나도 놓친 게 못내 아쉽다.

그 후 결혼식에 가면 절대 식사 먼저 하지 않고, 끝까지 주례사를 듣는데, 삶의 진주가 온통 그 속에 있는 것 같다. 내 생활을 반성하게 하는 말씀이나, 새 각오를 다지게 하는 형식도 다양하고, 기법도 다양한 주례사는 우리 생활의 소중한 지침서임에 틀림없다.

찢어진 나팔꽃

　정원에 비가 내린다. 아마릴리스의 빨간 꽃봉오리에도 비가 쏟아지지만 워낙 크고 당당하여 걱정되지는 않는다. 그 녀석의 꽃잎 하나가 벌어지기 시작했다. 비가 오거나 말거나. 석류나무에도 주홍 글씨를 새겨 골이 났는지 볼이 불룩하다. 바닥에는 작지만 너른 품을 벌린 위로 노란 꽃봉오리가 흙탕물에 잠기지 않겠다고 안간힘을 쓰는 채송화가 있다.
　아침마다 새로 피어난 나팔꽃을 세면서 하루를 시작하던 나는 황급히 문을 열었다. 좍좍 내리붓는 장맛비를 그대로 맞으며 파랗게 질린 입술이 창백하다. 담을 따라 가는 줄기들끼리 얼싸안으며 까치발을 담장에 붙이고 벽도 두려워 않던 기상은 간데없다. 그래도 스물두 송이의 가녀린 얼굴이 녹색 손바닥 같은 잎 사이로 보인다.
　꽃은 울긋불긋 색깔도 다양하지만 푸른 꽃은 여간해 보이지 않는데, 우리 집 나팔꽃은 푸른빛으로 피어 한낮엔 보랏빛으로 변하며 다음날 꽃잎을 오그리고 내일은 새 꽃이 핀다. 한 동안 더위를 먹고 나면 메밀 같은 각이 진 까만 씨를 머금는다. 내가 제일 좋아하는 푸른 꽃이 아침

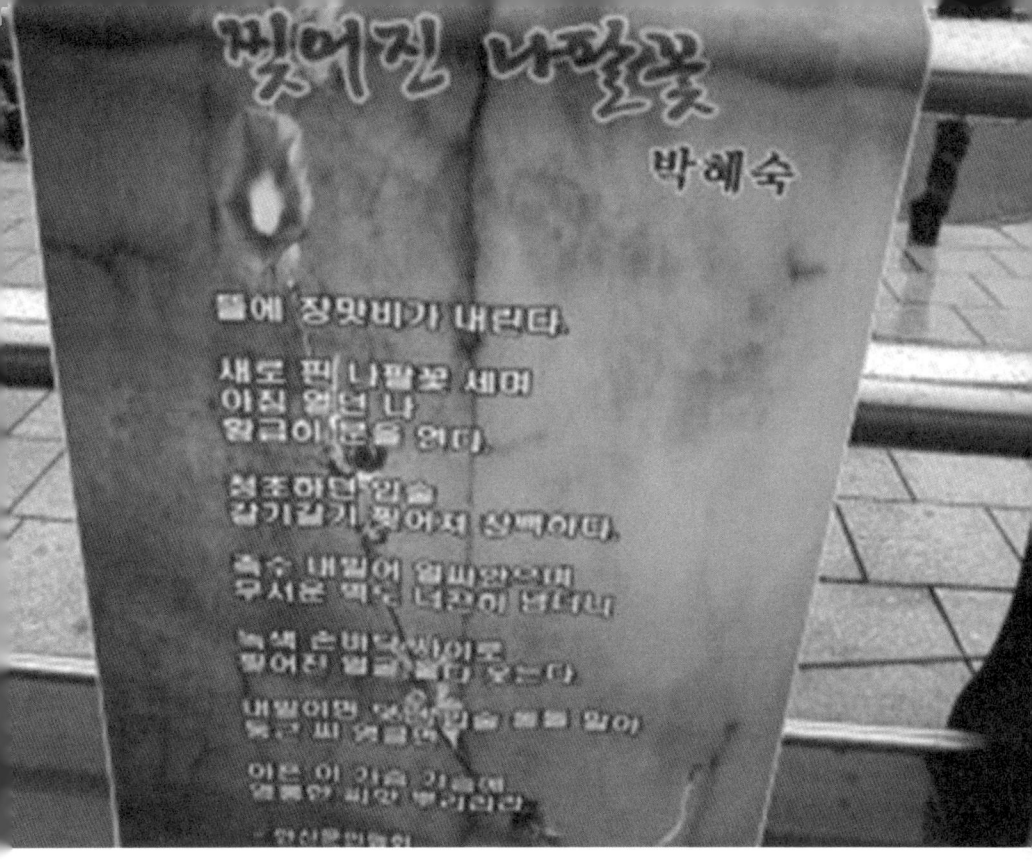

마다 무궁무진 피는 요즘, 삼복더위도 잊고 나팔꽃 사랑에 빠져 있는데 우리 사랑에 수난이 찾아왔다.

　아침을 먹고 나자 비가 언제 왔느냐는 듯 개어서, 나는 뜰로 나갔다. 아마릴리스가 빗줄기에도 아랑곳 하지 않고 다섯 잎 모두를 벌려 활짝 웃고 있다. 그러나 넝쿨에 의지해 피어있는 나팔꽃 잎 가장자리는 여기 저기 찢겨 있다. 사정없이 내리치는 빗줄기에 여린 잎은 찢겨가면서도 둥그런 얼굴로 해를 보고 있다.

　찢어진 나팔꽃에 선배의 얼굴이 보인다. 언니의 첫째 소원은 한 달 후면 세상 밖으로 나오는 손자를 보고 죽는 것이었다. 두 번째는 아픈 아내를 위해 지은 흙집이 마무리가 되면 부부가 들어가 신혼처럼 몇 달

만이라도 살아보는 것이었다. 소박한 두 개의 소원을 한 가지도 이루지 못하고 환갑도 안 된 언니는 지난 달 영면했다.

'내가 아무렇게나 흘려버린 하루가 어제 죽은 사람의 사무치는 하루' 라는 말이 어떤 것인지를 보여주며 떠나갔다. 살고 싶다는 것이 어떤 것인지도 우리 모두에게 여실히 보여주었다. 찢어져 너덜너덜한 꽃잎을 들고 웃고 있는, 아니 울고 있는 나팔꽃 속에 언니가 있다. 왜 하필 소나기가 오는 시간에 꽃을 피워 안타깝게 인생을 마감했다.

2년 전 시어머니의 죽음을 목도했었다. 5년 동안 중풍을 앓고 있었지만, 잘 지내셨다. 아침에 해외로 출장 가는 손녀에게 곶감을 주며 비행기에서 먹으라며 보내고, 오래 살려고 종합 비타민과 혈압약도 드셨다. 다만 지난 밤 정말 변을 많이 보셔서 놀랐다. 아침에 죽을 드시더니 맛있다고 조금 더 달라고 하셔서 퍼놓고 방에 들어가니 윽윽거리며 목을 쥐었다. 아버님을 부르자 온 식구가 달려오는데 두 번 더 목을 쥐고 윽윽 하더니 가셨다.

분명 죽음이 코앞에 와 있는 것을 5식구 모두 몰랐다. 태어날 때부터 주어진 운명을 우리는 아무 것도 모른 채 무작정 반 발, 혹은 한 발씩 앞으로 간다. 소나기가 올지, 구렁텅이가 있을지, 부귀영화가 놓여 있을지 모르는 채, 다만 내일을 모르는 삶을 준비하고 걱정하며 산다. 오늘 열심히 걷지 않으면 내일은 뛰어도 모자란다는 인생길이 무서워, 우리는 매일 신 새벽을 열고 앞만 보고 달릴 뿐이다.

언니의 삶을 돌아보면, 그 준비가 무슨 소용인지 모르겠어서 더욱 억울했다. 그녀를 사랑하는 많은 사람들이 하느님께, 부처님께 신실한 기도를 수없이 올렸다. 그 힘으로라도 기적이 일어날 거라고 많은 이들이 믿었는데, 끝내 모든 것을 저버렸다.

　누구에게나 우아하게 웃어주며, 해줄 수 있는 모든 것을 베풀던 귀부인 언니였다. 오페라를 배우더니 아마추어 무대에서 아름답게 피어나던 모습이 지금도 눈에 잡힐 듯 생생한데, 죽음이라는 이름은 어떤 방법으로도 만나볼 수 없는 저승에 있다는 사실만 절감한다.

　우리 아이들이 진심으로 존경하던 선생님이며 선배인 그녀는, 우리를 차에 태워 미사리 좋은 집에를 여러 번 데려가주고 자식 키우는 강의를 했었다. 우리에게 무언가를 가르치고 모범을 보이는 큰 나무 아래서 선택된 것을 기꺼워했다. 하지만, 난 사실 언니와 친한 사이는 아니었다. 자신의 참혹한 모습을 보이고 싶지 않다고 몇 사람 외엔 만나주지를 않았는데 난 제외 대상일 정도였다.

　얼마 전 친구 몇이서 서초 올레 길을 산책했다. 나는 간식으로 집에서 담은 고추장을 풀어 칼칼하게 부친 장떡과 과일 주스를 갈아갔다. 그것을 보자 언니가 만나주는 총애를 받는 친구가 요즘 음식을 거의 못 먹는 언니가 이건 먹을 것 같다고 했다.

　산을 올라와 시장한 친구들이 먹으려고 팔을 뻗치는 것을 강탈하듯이 챙겨 원성을 들었다. 나도 다음에 다시 부쳐올 테니 지금 아니면 안 되는 언니에게 양보하자 하며 싸 보냈다. 39킬로의 몸무게로 호스피스 병동에 있는 언니에게 총애 받는 친구가 음식을 가져가고, 난 마음만 음식에 담아 보냈다. 그러면서 나를 이렇게 위로했다.

　사람은 첫인상이 중요하다지만, 첫인상은 바꿀 기회라도 있는 것이다. 하지만 마지막 인상은 특히 죽기 전의 모습은 바꿀 기회조차도 없는 것이어서 지인들에게 면회사절을 하는 거라고……

그래서 우리 아이들에게도 선생님의 죽음에 대해 일체 내색을 않기로 했다. 존경하던 우아한 선생님 그대로 아이들 마음속에선 계속 살아갈 수 있기를 바라면서…….

찢어진 나팔꽃도 어김없이 까맣고 커다란 씨를 남기듯, 보통 사람보다 조금 일찍 떠난 언니도 베푼 사랑만큼 사람들의 가슴 속에서 까만 씨앗을 뿌리고 있다.

이렇게 비가 와 상처가 심한 날은 더욱 많이…….

통과의례

세상일은 대가 없이 주어지는 것이 없다. 소중한 것일수록 혹독한 시련을 겪어야만 한다. 세계사가 그렇고, 개인의 운명도 그렇다. 행복의 여신은 그해에 머무르지 않고 통과의례를 치르며 노력하는 곳에 빛을 쏟는다.

통과의례(通過儀禮)는 사람이 일생을 살아가는 과정에서 거치는 갖가지 의례나 의식이다. 이 말은 프랑스의 인류학자이며 민속학자였던 A. 반 즈네프가 처음 사용한 말로 생일(生日), 성년식(成年式), 결혼식(結婚式), 입학식(入學式), 졸업식(卒業式) 및 어떤 단체에 가입 승진하는 과정에서 거치는 의례 등이다. 사람의 일생은 새로운 장소, 상태, 사회적 지위, 연령 등의 변화에 따라 끊임없이 의례를 거친다.

출생의식에서 꼭 거치는 산고의 아픔은 그래서 더욱 거룩한 것일까? 만삭의 배를 옆으로도 누일 수 없어 맘 편히 잠자본 적이 없는 산모는 출산할 때의 고통이 두려워 제왕절개를 생각해 보기도 한다. 산고를 겪지 않고 아기를 낳으면 수술 후 치러야 하는 고통이 더 크다는 어차피 통과의례를 치르지 않고는 귀한 생명을 내어줄 수 없다는 진리 앞에 치

 를 만큼 치러야 소중한 것이 내게 온다는 것을 터득한다.
 출산 전 많이 움직이고 운동하고, 잘 먹어야 순산한다는 의사의 말에 따라 딸이 같이 걷자고 엄마를 찾아왔다. 불룩한 배가 아래로 쳐진 것을 보면 출산이 임박한 것 같아 평평하고 공기 좋은 공원을 찾아 1시간 반 걷고, 가볍게 운동기구를 이용해 운동을 했다.
 돌아오는 길 시장에 들러 솎아낸 여린 열무와 오이를 샀다. 피곤하여 내일 김치를 담그기로 하고 쉬다보니 열무가 시들어가며 비명을 지르는 듯해 텔레비전을 보며 다듬어 씻어놓았다. 음식을 피곤할 때 하면 간도 안 맞고, 맛도 없어 푹 자고난 다음날 7시에 소금에 절였다.
 그런데 아침 8시 전화벨이 울린다. 소리만 듣고도 비상 상황이란 것을 직감한다. 배가 스르르 아프며 약간의 하혈과 양수인지 무엇이 비친다고 했다. 아이를 셋이나 낳은 엄마인데도 다 잊어버려 무어라 조언은

못하고 아기가 나와도 금방 나오는 것은 아니다. 진통 간격 5분 올 때까지는 시간이 있으니 우선 샤워부터 하고, 8시 반에 출근한다는 담당 의사와 상의를 하라고 일렀다.

아직 절지 않은 열무를 보니 마음이 조급해진다. 아래와 위를 살살 뒤집어 놓고 밀가루 풀을 쏜다. 물부터 가스 불 위에 올려놓고 밀가루를 부으니 벌서 뭉치려고 하여 거품기로 정신없이 젓는다. 급할수록 돌아가라 했는데, 찬물에 밀가루를 풀어 제대로 쑤는 것보다 시간이 더 걸린다. 풀을 쑤는 틈에 어젯밤 씻어 놓은 야채를 써는데 오이소박이에 넣을 부추가 자꾸 길어진다. 다른 야채도 들쭉날쭉 썰어놓고, 한 쪽에선 아침 국을 끓인다.

딸이 오면 국과 갈비를 먹은 힘으로 아기를 낳게 하고 싶은 엄마 마음에 여러 가지를 함께 하는 손길이 부산스럽기만 하다. 8시 반 5분 거리에 사는 딸이 들어온다. 예정일이 9일이나 남아 있어 아기 입힐 새 옷도 못 빨았고, 병원에 가져갈 가방도 한 쪽에 쌓아놓고 못 챙겼다고 울상이다.

그런 것은 엄마가 해도 되니 우선 의사 선생님께 전화 해보라고 한다. 이 모든 일이 30분 동안 이루어졌다. 출근을 한 담당 의사가 진통 5분 간격이면 병원으로 오라고 한다. 재어보니 10분 간격이다.

우리 집 특식인 생 요구르트에 바나나와 딸기 블루베리를 갈아 산모에게 주고 식구들도 한 잔씩 마신다. 문득 33년 전 큰딸을 낳을 때 생달걀에 참기름과 소금을 뿌려 내밀며 달걀처럼 부드럽게 아기가 돌아나오라고 주시던 엄마 생각이 나서 얘기하니, 생달걀은 못 먹겠다고 사양한다. 식구들 아침밥을 퍼 딸과 함께 먹으라고 하고 난 김치를 담근다. 어떻게 하든 김치를 만들어놓고 병원에 가야지 소금에 절여놓은 상태로 가면 다 버리게 될 판이라 손이 떨린다.

오이소박이는 덜 절어 소를 넣기에 틈이 잘 벌어지지 않는다. 대강 집어넣고 나머진 오이 위에 국물과 함께 얹어 놓고 열무김치를 담그려고 하는데 딸이 밥 다 먹었다고 얼른 가자고 한다. 반 공기 먹고는 힘 못 쓴다고 다 먹으라고 해도 안 먹힌다며 이 마당에 엄마는 김치가 담가지느냐고 성질을 부린다.

물에 식으라고 띄워놓은 풀이 아직 미지근한데 썰어놓은 야채와 고춧가루를 부어 휘휘 저은 후 덜 절은 열무에다 들이 부었다. 간도 못보고 저녁에 고칠 요량으로 베란다에다 놓고 화장품을 쓸어 가방에 담고 딸을 부축해 나와 택시를 부른다.

기사 아저씨가 차에서 아기를 낳을까 겁나는지 뒤를 흘끗 거린다. 일

부러 들으라고 아픈 시간을 재며 7분 간격이니 아직 멀었다고 딸도 기사도 안심시키며 병원엘 도착했다.

가족분만을 신청해 진통이 자주, 깊어지는 딸을 안타깝게 지켜본다. 큰딸을 낳을 때 15시간 진통을 했으니, 엄마 닮았으면 너도 골반이 열리느라 저녁 어두워져야 나오지 않겠냐고 마음을 다독인다. 진통으로 너무 아파서 귀한 아들을 만나려면, 통과의례라는 것이 있다. 아플 만큼 아파야 아기가 나온다. 하지만 힘들다 출산하면 그렇게 시원하고 기쁠 수가 없어 그때 모든 것을 보상 받는다며 힘을 북돋웠다.

남편이 도착했다. 수요일 날 출산하면 수·목·금에 토·일까지 5일을 쉰다고 고대하더니 화요일 반가를 내서 반나절을 더 쉰다고 한다. 이 녀석은 재운이 많다더니, 형보다 먼저 결혼했는데도 기다리다 사촌을 낳은 후 생기고, 출산준비물도 9개월 먼저 낳은 누나 것을 물려받더니, 아빠에게도 최대한의 휴가를 마련해준다. 둘이 정이 깊어 그런지 입덧도 부부가 같이 하더니 요즘 몸이 같이 안 좋았다고 한다. 분만실에 나타나더니 진통으로 힘들어 하는 아내와 손을 잡고 운다. 엄만 귀여운 손자 만나려면 더 아파야 한다고 태연하다 왠지 민망해진다.

9개월 전에 아기를 낳은 동생이 허리를 톱으로 써는 것 같이 아파야 아기가 나온다고 했다고 겁을 내기에, 사람이 이겨낼 만큼 아프다고 위로한다. 작년에 아기를 낳은 친구가 진통 4분 간격을 놓쳐 무통주사를 못 맞았다고 간호사를 호출해 달라고 했다.

의사가 내진을 하여 무통주사 시점을 찾겠다고 하여 손녀딸을 데리고 분만실 앞에서 대기 중인 막내딸과 교체를 했다. 역시 경험한 지 얼마 안 되어서인지 복식호흡 지도를 하고 힘주는 방법도 시정을 해주는 등 엄마보다 훨씬 쓸모 있게 산모를 도와주었다.

9개월 된 손녀는 사람들이 지나가면 눈 맞추며 윙크를 하고 손을 흔들며 인기를 독차지 한다. 28살에 아기를 낳기 때문에 순산할 것을 기대했는데, 제왕절개를 하여 그 나름 충분한 통과의례를 치렀다.

일주일을 병원에 있고 서래마을 조리원에서 2주 조리를 하며 산통을 풀어주었다. 그 다음 가정으로 산바라지 전문가가 와서 2주 조리를 하여 큰 거 한 장이 들어갔는데 건강하게 자라니 고맙다. 요즘은 산후조리원 동창이란 것이 있어 조리원에 있던 엄마들이 카톡을 같이 하며, 매주 만나 정보교환도 한다. 집집이 돌아가며 같이 아기들을 놀리고 많은 것을 배우며 재미있게 지낸다.

무통 주사를 맞았는데도 여전히 아픈 것을 보면 통과의례를 치르지 않고는 귀한 얼굴을 보여줄 수 없기 때문일 것이다. 장기전을 예상했는데, 촉진제 탓인지 1시간 후 아들을 낳았다. 15시간을 진통하던 엄마와는 사뭇 다른 첫아이를 5시간 만에 순산했다. 코와 귀 피부 빛은 아빠 쪽을, 눈과 입 혈액형은 엄마 쪽을 닮은 녀석이 나왔다.

시가고 친가고 각자의 위치에서 통과의례를 치르며 우린 새 생명을 얻어 기쁘기 그지없다. 시부모님이 보고 가시더니 돌림자를 넣어 바로 나라의 대들보가 되어 세상을 빛내라고 동욱이란 이름을 지어 보냈다. 통과의례를 통하여 개인은 일정한 사회적 지위를 부여받고, 사회구성원으로 건강하게 자라 이름처럼 이 나라의 동량이 되길 기원한다.

진달래능선의 통행금지

 여든일곱 명의 산악회 회원 일행은 비행기가 40분 늦게 출발하는 바람에 바짝 긴장했다. 한라산 진달래능선을 12시에 뚫는 것이 빠듯하다고 한다. 12시가 지나면 올라가는 사람을 막아 더는 백록담을 올라갈 수가 없다. 우리나라 최고봉에서 안전하게 하산하기 위해 내려갈 시간이 필요하므로 최소 12시 전에는 올라가야 하는 조치였다. 상판악 코스로 들어서자 모두들 경보(競步) 수준으로 산을 오르기 시작했다. 7.3km의 험한 돌길을 2시간 20분 만에 돌파해야 한다.
 동문회 산악회에서 여름부터 계획한 한라산 등반이다. 여기까지 오느라고 한 고생을 생각하면, 우리 대원 모두가 백록담을 찍어야 했다. 나는 가장 잘 걷는 친구 뒤에서 그 발자국만 따라 디뎠다. 평소 내 보폭보다 한 뼘은 더 넓다. 거기에다 빠르기까지 하다. 1시간까지는 따라왔는데, 더 이상은 무리다. 내가 따라오나 뒤돌아보느라고 자꾸만 뒤를 돌아본다. 자기 페이스를 유지하지 못하는 것을 보고, 휴게소에서 먼저 보냈다. 올해 세 번째 백록담을 오르는 그녀의 등산을 방해하고 싶지 않아서다. 아직 사라 오름까지 2.1km, 진달래 능선까지 1.7km 남아

있다. 이 여행을 이끈 회장은 이대로 가다가는 대원 중 반 정도도 백록담을 못갈 것 같다며 휴게실에서 볼일 본 사람은 바로 출발하라고 독촉한다.

　기운을 보충하려면 배낭을 열고, 귤이나 초콜릿을 먹어야 하는데, 그럴 시간이 없다. 후배가 건네는 귤을 한 개 먹고 바로 출발했다. 어찌나 땀이 나는지 목이 마를 때마다 물을 마시며, 사라악까지 왔다. 그 코스로 빠지는 사람들도 꽤 있다. 1.7km를 오르기는 아무래도 힘들어 보인다. 출발할 때는 선두 그룹이었는데 자꾸 쳐진다. 선수들이 시간 얼마 안 남았다고 뛰듯이 지나쳐 간다. 해발 1,400m를 지나니 기온이 급속히 내려간다. 따뜻한 물을 건네는 후배에게 물 반 컵을 먹으며 쉬는데. 산장으로 올라가는 모노레일에 두 사람이 짐을 싣고 오른다. 저것을 타고라도 진달래 능선을 12시 안에 가고 싶다고 생각하는데, 대학생들이

'언니 우리도 태워줘!'라며 아우성이다. 노트북을 들여다보며 모노레일 위에 앉은 언니가 웃으며 손을 흔드는데 얄밉다.

　산악회 대원이 그건 안 될 말이지! 갑자기 더욱 가팔라진 길을 한 발 한 발 올라간다. 발이 무겁다. 한라산은, 해발고도에 따라 아열대·온대·냉대로 나누어졌고, 1,800여 종에 달하는 고산식물이 자생하여 식생의 변화가 뚜렷한 곳이다. 파란 대밭에 잎이 떨어진 나목이 끝없이 서 있는 사이 하늘이 보인다. 아! 진달래 능선이 가까워진 것 같다. 나무를 둘러보니, 키를 넘는 진달래가 층계 옆길을 열병하고 있다.

　10분 전 12시다. 조금만 더 힘을 내면 될 것 같다. 내려오는 아가씨에게 진달래 능선까지 얼마면 갈 수 있나 물어보니 15분은 가야 된단다. 여기에서 막힐 수는 없다. 보폭을 늘리니 숨이 턱에 걸린다. 목에서 쇳소리가 난다. 커트라인에 걸렸다는 것을 내 주위에 사람이 없는 것으로 짐작할 수 있다. 진달래나무 길을 돌아서자 직원이 통행금지 판을 가운데 놓고, 여기서부터 못 간다고 하며 바로 내 앞을 막아선다. 이럴 수가! 그때 막 내 앞을 통과한 무리가 그 직원에게 무엇인가 묻고 있어, 몸이 돌아간 사이에 그 길을 통과했다. 그리곤 정말 내 뒤로 한 명도 더 오르지 못한다. 굽어진 길을 돌아가니, 회장이 선배님까지 35명 통과했다고 하며 50m 더 올라가 점심을 먹을 것이라고 한다. 결국 '해냈구나.'하는 감격이 온몸을 흔드는 순간 다리 알통에 경련이 인다. 돌아서는 회장을 불러 세운다.

"오른쪽 다리에 쥐가 나나 봐요."

"발을 쭉 펴고 끝을 안쪽으로 당겨요."

왼쪽의 오금을 주물러 주며 발끝을 안쪽으로 밀어주니, 오른쪽의 근육이 풀리며 왼쪽 다리 알통도 사과처럼 동그래져 돌아간다. 왼쪽조차 주물러 주면서 발끝을 앞으로 쭉 펴자 경련은 풀리는데, 온몸의 기운도 모조리 빠져 나간다. 아침에 경련을 막기 위해 알통과 장단지에 파스를 붙였는데도 지나치게 무리를 했나 보다. 해열제용 아스피린을 씹어 먹으면 괜찮다는데 이런 적이 없어 준비하지 않은 것이 후회가 된다. 왕복 10시간 등산이면 나에겐 분명 무리한 등산인데……. 올라오는 사람이 끊긴 길은 고요하기만 한데, 더 이상 시간을 지체할 수도 없는 상황이다. 전체를 지휘해야 할 회장을 올려 보내고, 조금 더 쉬었다 식사하는 곳으로 합류하겠다고 했다.

흙바닥에 주저앉아 있는데, 내려오던 사람들이 흘끔거린다. 운무는 더 짙어져 10m 앞도 안 보이고 기온은 더 내려가고 시간도 가고……. 겨우 통행금지 선을 뚫었는데, 빨리 정상을 향해 가야한다. 2,3km를 무사히 올라가 백록담 우리나라에서 제일 높은 산에 오른 감격을 만끽한다. 하지만 걱정이 태산이다. 근육 경련이 또 난다면 나 때문에 대원들에게 피해를 주지 않을까? 체류 마지노선인 1시 반엔 백록담에서 모두 눈이 쌓여있다는 하산 길을 아이젠을 차고 안전하게 내려와야 하는데 가능할까?

판단이 서지 않아 남편에게 전화해 어찌할지 물었다. 등산은 취미로 하는 거지 목숨을 내놓고 하는 게 아니야. 진달래능선 쉼터에 뒤에 온 사람들이 있을 테니 합류하라고 했다. 어깨가 쳐져 통행금지 선을 넘어오는데, 신혼 시절 밤12시 사이렌이 불고도 오지 않던 남편이 떠오른다.

도시락을 먹던 대원들 중, 제자 후배가 제일 먼저 달려왔다. 우린 선생님도 뚫은 통행금지 선을 우리가 못 넘었다고 통탄해 있는 중인데, 역시 양반은 못된다고 놀렸다. 컵라면을 사가지고 온 제자가 차가운 밥을 말아서 먹으라고 건넨다. 다른 후배는 밑반찬을 덜어다 주고, 초콜릿을 입 안에 넣어주고 따뜻한 커피도 먹이며 힘을 보충하라고 한다. 식사 후 일어나려니 다시 다리가 찌릿한 게 또 경련이 이나 걱정이다. 우리 반 반장이었던 용숙이 달려와 파스를 무릎과 다리알통에 붙이고 주물러주니 괜찮아졌다. 선생님 금지선을 그냥 내려오지 말고, 자기랑 자리를 바꿨으면 얼마나 좋았겠냐며 후미를 챙기며 올라오다 막힌 안타까운 심정을 토로한다. 우린 점심을 먹고, 11월에 개장한 사라 오름을 찍고 하산하기로 했다.

금강산·지리산과 함께 삼신산(三神山) 가운데 하나로 치는 한라산 가장 높은 1,950m의 백록담은 못 갔어도, 1,324m의 그곳을 정복하기로 했다. 흙붉은오름·사라오름·성널오름·어승생오름 등 360여 개의 측화산 중 하나를 가기로 했다. 250m는 됨직한 자줏빛 분화구를 지나니 관리 초소가 나왔다. 와이어에 묶여있는 지붕이 바람이 얼마나 센지 짐작하게 한다. 사라 오름에서 내려다보니 현무암으로 이루어진 산에 구상나무의 푸른빛과 죽은 나무가 생과 사의 조화를 보여준다. 온통 갈색 회색의 겨울나무 숲 끝에는 서귀포 바다의 시원한 풍광에 탄성이 절로 나온다. 한반도 남단의 섬! 산바람이 폐부 깊숙이 박힌 찌든 것들을 토해내고, 청량한 한라바람을 가득 채운다.

백록담 정상을 찍은 선수 대원들은, 안개에 가려 1,950m를 올라가고도 백록담도 못 보았다고 억울해 한다. 그 소리에 나는 정상을 못간 서운함을 달래는 이 못된 심보는 무엇인지……. 그러나 그들은 한라산 정상에서 인증샷을 찍고 내려온 축복받은 대원들이다. 관음사까지 10시간의 사투 무용담으로 떠들썩한 가운데 맨 마지막 2사람을 차 안에서 초조히 기다리는데 산이 까맣게 땅거미로 덮였다. 내가 정상을 갔더라면 지금 3명을 기다리고 있을 것이고, 그 중에도 제일 꼴찌였을 것을 생각했다. 역시 사라 오름만 오른 것이 나의 눈높이에 맞는 등산인 것을 확인했다.

그날 남편의 선택이 현명했음에 동의하며, 다시 전화를 걸었다. 문득 신혼 시절 통행금지 사이렌이 울리고도 오지 않던 그날이 화제에 올랐다. 귀가하는 쪽, 창에서 눈을 떼지 못하다 혹시 못 마시는 술을 먹고, 쓰러져 있는 것은 아닌가 하여 아파트 대문을 열었더니, 층계에 앉아있던 남편, 통행금지 사이렌이 울리기 전까지 귀가본능으로 우리 집 입구까지 와서 주저앉은 그나, 진달래 능선을 넘자 안도하다 경련을 일으키며 주저앉은 나나…….

우리 인생길엔 도착해야 할 목표점 안에 통행금지란 복병이 있다.

 3부
사유의 창

낙엽 지는 가을에

낙엽이 거리 가득 뒹군다. 끝내 바람에 날리며 사뿐히 내려앉는 낙엽을 보며 계절이 보낸 이야기에 젖는다. 낙엽 밟는 소리가 좋아 산으로 간다. 숲은 포근한 잎을 깔아 놓아 양탄자보다 부드럽다. 아카시아 노란 카펫을 지나면 단풍잎의 붉은 실로 짜놓은 레드 카펫이 펼쳐지고 그 길에선 모두 시인이 된다.

> 사람은 나뭇잎과도 흡사한 것
> 가을바람이 땅에 낡은 잎을 뿌리면
> 봄은 다시 새로운 잎으로
> 숲을 덮는다.

온산에 낡은 잎을 뿌리던 페이터의 산문이 아니라도, 깊은 가을 충분히 쓸쓸하고 가까이 다가가 자연 깊숙이 안긴다. 스르릉. 낙엽 구르는 소리에 발걸음을 멈춘다. 신록으로 싱그럽던 연두 잎은 뜨거운 햇볕을 잘도 견디더니 이제 나무 아래 내린다. 만물은 때가 되면 모든 것을 내

려놓는다.

저 잎이 나무에 달려 있어선 자신에게 물과 영양을 공급하던 모태(母胎)를 힘들게 할 것을 알기에 스스로 곡기를 끊었다. 추운 겨울, 나무가 견딜 수 없을 테니 스스로 떠날 때를 알고 깨끗이 엽록소 공급을 거부한다. 가을이 되면 잎의 생장과 생명 활동이 둔화되고, 잎으로의 수분과 양분의 공급이 여의치 않다. 새로운 엽록소의 생성은 억제되고, 잎 속에 존재하고 있는 엽록소의 분해는 지속적으로 이루어져 식물의 잎은 차츰 원래의 푸른 색깔을 잃어버리게 된다.

식물은 엽록소 외에도 종류에 따라 각각 독특한 색소를 가지고 있는 경우가 많은데, 카로틴(Carotene)과 크산토필(Xanthophyll)이 한 예이다. 엽록소의 분해가 진행됨에 따라 엽록소의 푸른색에 가려져 있던 이들 노란색의 카로틴과 크산토필은 차차 그 정체를 드러내어 노란색으로 물든다. 아카시아와 은행나무는 노란색을 보이는데, 밝고 화사한 모습이 소양인처럼 느껴진다.

참나무, 느티나무 등의 단풍은 카로틴 외에 타닌(Tannin)이라는 떫은 맛을 느끼게 하며 색소를 더 가지고 있기 때문에 갈색 빛이다. 도토리의 떫은맛이 이 타닌에서 나온다. 단풍 빛깔 중 흔하고 은은한 모습으로 가장 많다는 태음인처럼 보인다.

노란색이나 갈색의 단풍도 아름답지만 가을 단풍은 아무래도 붉은색이 최고다. 붉은색 단풍을 자랑하는 식물들은 원래는 잎에 없었던 색소를 새로 만들기 때문인데, 이 색소가 바로 안토시아닌(Anthocyanin)이다. 안토시아닌은 잎에 쌓여 있는 탄수화물의 양이 많을수록 그 생성이 촉진되며, 날씨가 건조하고 싸늘하면서 햇빛이 잘 들어야 하고, 기온이 영하로 내려가지 않고 낮과 밤의 온도 차이가 많이 나야 붉은 단풍의 제 색깔을 낼 수 있다. 단풍나무, 벚나무, 붉나무 등이 붉은색으로 단풍이 든다. 안토시아닌의 생성은 햇빛의 영향을 많이 받기 때문에 일반적으로 충분한 햇빛을 받지 못하는 유럽과 같은 곳에서는 고운 색을 기대하기가 어렵고, 우리나라와 같이 날씨의 기복이 심하지 않고 기온이 서서히 내려가는 기후에서는 특유의 아름다운 색깔을 나타내는데 숫자는 많지 않지만 열정적으로 인생을 사는 태양인처럼 느껴진다.

그리고 사철 푸른 상록수가 있다. 상록수의 잎은 많은 종류가 2-3년간 유지되다가 새로운 잎이 나면 떨어진다. 침엽을 가진 상록수 중에는 30년 이상 잎을 유지하고 있는 것도 있다. 사철 푸른빛을 띠고 있어 조용하지만 깊이가 있는 소음인처럼 느껴진다. 추운 겨울에도 의연히 푸른빛으로 절개를 뽐내는 소나무를 보고 있으면 미인이 많다는 소음인이 죽 서 있는 것 같다. 사상학에 대한 전문 지식도 없으면서도 주위들은 몇 가지 얘기가 이런 인상을 갖고 보게 되니 참 묘한 일이다.

특히 올해는 여름은 뜨거웠고, 환절기엔 낮과 밤의 기온차가 10도 이상 나다보니 올해 단풍 빛이 고왔다. 그러나 가물었고 갑자기 영하로 내려간 곳엔 단풍이 들지 않고 말라버린 나무도 많다. 온대 낙엽수림은 계절에 따른 변화가 특징이다. 봄에는 싹이 돋고 여름에는 짙은 녹색의 잎으로 변하며 가을에는 단풍이 들고 겨울에는 낙엽이 진 앙상한 가지만 남는다. 채색된 가을의 낙엽수림은 매우 아름답지만 겨울이 곧 다가온다는 것을 알려준다. 점차 낮의 길이가 짧아지고 태양 빛은 약해지고 기온이 내려가면 낙엽수는 잎을 떨어뜨린다.

낙엽은 잎자루와 가지가 붙어 있는 부분에 떨켜라는 특별한 조직이 생겨나서 잎이 떨어지는 현상이다. 떨켜는 잎이 떨어진 자리를 코르크화해서 수분이 증발해 나가거나 해로운 미생물이 침입해 들어오는 것을 막는 성질도 갖고 있다. 생물체는 주위환경의 변화에 대해 반응한다. 이 변화를 감지하고 반응할 때 전달하는 신호물질이 호르몬이다. 식물 호르몬 중 앱시스산은 식물의 겨울나기를 알려주는 호르몬이다. 이것은 낙엽수가 겨울잠을 자도록 유도한다. 휴면은 온대 낙엽성 식물이 낮은 온도와 수분 부족에 적응해서 생긴 것이다.

겨울에 물 부족으로 식물이 수분 스트레스를 받게 되면 손실을 방지하기 위해 기공을 닫아야 하고 수분을 뿌리 쪽으로 내려 보낸다. 그런데 기공은 수분을 증발시키는 곳일 뿐 아니라, 광합성에 필요한 이산화탄소가 들어오는 통로이기도 하다. 그렇기 때문에 수분 부족을 피하기 위해 기공을 닫으면 잎에서 광합성이 일어날 수 없게 된다. 또 주변의 온도가 낮으므로 잎에서의 생화학 반응의 속도는 더욱 느려져 낙엽수의 잎은 죽어 떨어지게 된다.

낙엽수에는 두 가지 종류가 있다. 은행나무와 단풍나무 같은 낙엽수는 늦가을에 떨켜를 만들어 일제히 잎을 떨어뜨리고 벌거숭이가 된다. 그러나 밤나무나 떡갈나무는 떨켜를 만들 줄 모른다. 본래 이들 식물이 더운 지역에 살았기 때문에 떨켜를 만들어 낙엽을 떨어뜨릴 필요가 없었다. 그때문에 이들 식물은 겨울이 되어 잎이 갈색으로 변하고 바싹 마르더라도 가지에 붙어 있다가 겨울의 강풍에 조금씩 나무에서 떨어져 나가는 것이다. 오 헨리의 『마지막 잎새』에 나오는 담쟁이덩굴도 잎에 떨켜를 만들지 않는 식물이라 겨울까지 붙어 있었다. 낙엽수의 수명은 1년이다.

우리도 자연에서 나와 어렸을 땐 부모로부터 영양과 사랑을 공급받으며 성장하고 왕성한 인생을 살다 결국은 훌훌 털어버리고 왔던 곳으로 돌아간다. 이 가을 무수히 흩날리는 낙엽 진 길을 걸으며 발견한다. 삶이 무상하나 새로 피어나는 새 생명이 있기에 쓸쓸하지 않다고 위로하며 돌아온다.

* 자료출처: 네이버 백과사전

느림과 여유

저녁 7시, 서울대에서 있는 결혼식엘 간다. 낙성대역에서 나와 마을버스를 기다리는데 제과점을 바라보니 사람들이 빵을 사려고 줄을 서서 기다린다. 얼마나 맛있으면 저렇게 긴 줄을 기다리다 사갈까. 난 무엇을 먹으려고 저런 줄에 서본 적이 없다. 헐레벌떡 예식장 안으로 들어가니 벌써 혼주들은 식장 안으로 들어갔고, 예식이 막 시작되었다. 교수 회관에서 치러지는 예식은 최고의 대학을 나온 사람들이 대부분이라서 그런지 숙연했다. 번져 나오는 무거운 분위기 속의 지성미는 어떻게도 나와 인연을 맺지 못한 서글픔과 함께 부러운 마음으로 주례사를 들었다.

오늘 이 자리에 서 있는 신랑은 제 제자인데, 여기서 학부와 석사까지 마치고 미국에서 박사학위를 받았지만 연극반에서 열심히 공연하던 것만 생각나고 공부를 열심히 했다는 생각은 안 듭니다. 그러자 식장에 웃음의 물결이 분위기를 조금 띄워주었다. 얼마 전 오늘 이 주례를 부탁하는 메일을 읽는 동안 약속이 있어 이 주례는 못서겠다고 생각했는데, 마지막 한 구절이 저를 불러 세웠습니다. 너무 촉박한 시간에 갑작

스럽게 부탁드리는 결례를 범하고 있으니 주례를 서주지 않으셔도 괜찮습니다. 이 말에 얼마나 바쁜지 이해가 되어 약속을 취소하고 이 자리에 섰다고 하여 다시 웃음이 쏟아져 나왔다.

"제자의 주례를 설 때는 저는 늘 보고서를 요구합니다. 어떻게 만났고, 어떻게 사귀었으며 앞으로 어떻게 살 것인지. 보고서가 마음에 차야 허락을 하는데, 이 부부는 둘이 공동으로 보고서를 내어 다시 써오라고 하고 싶었는데, 그럴 시간조차 없어 쫓기는 기분으로 보고서를 읽었습니다.

박사 과정에 있는 신랑은 교사를 하다 휴직을 하고 유학을 온 신부를 소개 받았지만 쉽게 마음을 열지 않아 안타까웠습니다. 그때 토네이도가 그곳을 덮쳐 유학생들은 모두 힘들어 하였습니다. 가녀린 여학생이 폐허가 되어버린 이국에서, 어쩔 줄 모르는 것을 보고 잘 위로해주자 조금씩 마음이 돌아섰고, 결혼에 성공했습니다. 객지에서 둘이 만난 인생 최대의 위기를 함께 극복하자 그 위기는 인생의 기회로 바뀐 것이었

습니다. 인생길에 태풍은 한번만 오는 게 아니지만, 그때마다 서로 힘을 합치면 어떤 시련도 극복할 수 있습니다.

 지금 주례도 수락할 때부터 지금까지 쫓기듯 보고 있고, 여기 모이신 하객들도 쫓기는 기분으로 여기와 계신 분도 많으리라 생각됩니다."

 그 대목에 미리 와서 신부네 혼주와 담소도 못 나눈 나를 지적하는 것 같아 뜨끔했다.

 "요즘 젊은 사람들을 보면 우리 때보다 많은 것을 갖고 있고, 나가는 길도 잘 닦여져 있는데 왜 그렇게 쫓기듯 여유 없이 사는지 안타깝습니다. 나보다 아래를 내려다보고 고마워하며 나눠줄 것은 없는지 살피며 살면 여유가 생깁니다. 천천히 느림의 미학을 음미하며 여유를 가지고 한 계단 한 계단 올라가기를 당부합니다."

 그 순간 쿠사마 야요이 전시회에서 보았던 천국으로 오르는 계단 생각이 났다. 깜깜한 방에 전기 줄로 연결된 사다리가 있어 이게 무슨 예술인가 했는데 설치 작품을 보니 그 계단이 끝없이 위와 아래로 이어지고 있었다. 특수효과가 나는 거울을 두 개 위 아래로 달았을 뿐인데, 천국을 가려면 끊임없이 사다리를 올라야 하는 것을 실감나게 보여주었다.

 예술의 전당에서 열린 최대 규모의 개인전으로, 그의 대표작인 호박 모양 조각, 설치 등 갖가지 작품을 총망라해 선보이고 있어 관람객들의 발길이 끊이지 않았다. 실상 일본의 쿠사마 야요이는 공황장애로 평생을 투병하며 정신질환을 예술로 승화시킨 아티스트이다. 그가 꿈꾸듯 전개한 물방울들이 2012년 루이비통 제품에 수놓이는 등 패션계에서도 영향력 있는 인물로 자리 잡고 있다.

 초창기의 기괴한 느낌 대신 후기 작품에서 보여 진 평화로운 분위기

를 맛 볼 수 있어 예술을 통해 그의 아픔이 느리게 치유되고 있음을 확인한다. 그 밖에도 관객마다 크고 작은 점을 나누어주고 마음대로 붙이라고 하여 관람객을 통해 완성되는 방 등 그의 작품 세계를 총체적으로 보여주는 조각, 설치, 회화, 영상 총 120여 점의 작품을 즐길 수 있었다.

그녀의 작품을 보면, 유난히 점에 대한 묘사가 많은데, 정신적인 결함으로 인한 집착성이 예술을 치유하며 보는 사람들에게 꿈을 전해준다. 천천히 작업을 통해 아픔은 기쁨과 행복으로 바뀌고 이어지면서도, 독창적인 세계를 형성한 현존하는 세계적 화가가 된 것이다.

유난히 호박을 좋아하는 그녀. 호박 조각 작품을 한국의 컬렉터들이 좋아하는 것은 호박이 넝쿨째 굴러들어온다는 속담 때문일까? 이 세상은 무미건조한 적대적인 공간이 아니라 서로 다른 색을 지닐지라도 포용하며 어울려야 한다. 느림과 여유를 가지고 살면 이 세상에 극복 못할 장애도 태풍도 없으리라 믿으면서.

* 자료출처 : 미술평론가 김호의 평론

마중물

어린 시절 우리 집 마당가엔 샘이 있었다. 비스듬하게 빨랫돌을 놓았고 중앙에 펌프가 있다. 동네에서 물맛 좋기로 유명한 물이었고, 아무리 가뭄이 들어도 수량이 줄지 않았다. 뒷산에 물탱크를 만들고, 집집마다 수도가 들어올 때, 동네 사람들은 우리 집 물맛이 최고라며 이 물을 퍼 올리기로 했다.

수량이 어찌나 풍부한지 30여 호의 물을 충분히 댈 수 있었고, 여름에는 시원하고 겨울에는 미지근해 집집마다 수도꼭지를 통해 배달되는 우리 집 물이 동네사람들의 생명수가 되었다. 이렇게 객관적인 인정을 받고 나서야 우리 집 물의 수원이 어디에서 온 것인가 의견이 분분했는데, 우물을 판 사람의 증언에 의하면 근방에서 제일 높은 한절산 쪽으로 수맥이 뻗어 있다고 했다. 냉장고가 없던 시절 길가 집이어서 행인들이 물 한 대접을 청해 마시곤 했다.

그날도 사냥꾼 몇 사람이 마을을 지나다 들렀다. 그들은 개에게 카스테라 빵을 먹이고 있다. 나는 어쩌다 맛보는 것을 몇 개씩 먹는 개가 부러웠고, 개에게까지 귀한 빵을 먹이는 훌륭한 사람을 존경의 눈으로

바라보았다. 그분이 아버지께 찬물 한 대접을 청했다.

　나는 물 한 바가지 마중물을 펌프에 붓고, 펌프질을 했다. 하지만 저 아래 있는 물을 마중하여 끌어올리지 못하고 피이익 소리를 내며 삼켜 버렸다. 아 큰일 났다. 저 대단한 사람들이 이 물을 기다리는데 어쩌지? 부엌으로 달려간 나는 다시 물 한 바가지를 퍼서 아까보다 더 힘차게 펌프질을 한다. 울컥울컥 물이 나오더니 팔뚝 같은 물줄기가 쏟아진다.

　하지만 바로 퍼갈 수가 없다. 한 양동이를 퍼내야 쇳내가 가시고, 차가운 물이 나오기 때문이다. 분명히 시원한 물 한 대접을 달라지 않았던가? 한 양동이를 퍼낸 후 대접에 물을 받는다. 그런데, 어쩌랴. 대접 아래 모래가 있다. 버리고 다시 받는다. 지저분한 물을 드릴 수가 없다. 다시 받아도 마찬가지다. 마음은 바빠 부엌으로 다시 달려가 스텐 대접

하나를 더 가져온다. 물을 가라앉혀 모래를 버리고 따라드리기 위해서다.

'물 안 가져오고 뭐 하느냐?'는 아버지의 고함 소리를 듣고, 그릇을 옮겨 달려 나가다보니 물은 반 대접도 안 된다. 이제야 들고 오면서 물이 요것뿐이냐고 또 불호령이다. 존경스러운 그들 앞에서 망신을 당한 것이 지금까지도 분하다.

나에게 도시에 대한 동경이 시작된 것이 그때 즈음이었던 것 같다. 동서남북 어디를 보아도 산이 버티고 있는 산골에서 자라다 그 곳을 지나는 교양미 넘치고, 많은 것을 갖춘 것 같은 사람들을 보며, 언젠가 나도 이곳을 벗어나리라 꿈을 키웠다.

나를 도시로 데려다 줄 것은 공부밖에 없다. 고등학교에 붙기만 하면 이곳을 떠나 도시에서 살아갈 수 있을 거라 믿었다. 더구나 아버지는 선거 끝난 벽보를 통째 떼어 가지고 와서 박순천 여사를 가리키며 '여자지만 국회의원이 되었다. 너도 저렇게 될 수 있다. 더구나 똑같은 박가다'라며 나를 부추겼다.

이렇게 출발하여 도시인이 된지 사오십 년이 되어 간다. 어린 시절의 꿈은 바닥에 뒹구는 낙엽이 되었다. 피안의 세계에서 빛을 발하던 도시인은 아무리 찾아도 보이지 않는다. 냉정하고 이기적인 조금만 잘못하면 보복이 돌아오는 칼날 위를 걸으며 살고 있다.

도시인에 대한 동경은 반려자를 택할 때도 드러났다. 3대째 내려오는 서울 토박이. 그것도 사대 문안을 벗어나 본 적이 없는 장충동 귀한 집 도련님이라는데 모든 악조건을 용서하고 결혼을 했다.

그런데, 그가 나를 택한 이유는 더욱 기가 막혔다. 친가 외가가 서울 사람인 그는 방학이 되면 시골에 가는 친구들이 제일 부러웠단다. 그래서 자기는 꼭 시골여자를 얻어 아이들이 포근한 외갓집을 갖게 하겠다며 시골에 대한 동경이 가득했다.

인간은 꿈을 먹고 산다던가! 정반대의 세상을 동경하다 만난 우리의 결혼 삼십 년을 돌아본다. 나는 서울에서 한 번도 벗어나지 않고 배반을 일삼는 도시를 향해 혈투를 벌이고 있다. 서울 토박이 남편은 대관령 골짜기에 오두막을 짓고, 물 맑고 공기 좋은 강원도에서 노후를 보내는 게 진정한 삶이라고 한다. 하지만 나는 여기까지 오는데 사십 년이 걸렸는데, 힘들어도 시골은 가기 싫다. 겉은 평화로워 보일지언정 모든 것을 손수 일궈야 하는 시골의 불편을 익히 안다고 하며 맞서고 있다.

여기까지 우리를 끌고 온 마중물은 시치미를 떼고 아이러니한 인생을 지켜보고 있을 뿐이다. 자신이 먼저 신뢰의 마중물을 부으면, 고여 있던 샘물이 솟아올라 물줄기가 되듯, 사람들 사이의 신뢰가 강물을 이뤄야 한다. 마중물은 버려지는 물이 아니다. 흔적도 없이 사라지는 물도 아니다. 단 한 바가지의 물이지만 땅속 깊은 지하수를 끌어올려 펑펑펑 쏟아지게 하는 고맙고 귀한 처음물이다. 사람 마음에도 그 처음물이 필요하다. 마음 속 깊은 곳에 잠긴 듯 고여 있는 사랑의 정수를 퍼 올릴 생명수이기 때문이다.

사랑은 마주 보는 것이 아니라 한 방향을 같이 보는 것이라는데, 우리 부부도 신뢰로 사랑의 마중물을 퍼 올려야 하지 않을까?

새옹지마(塞翁之馬)

 가을이 깊어갈수록 단풍 빛깔이 고와지다 말라가고 떨켜가 있는 활엽수는 옷을 벗듯이 팔랑팔랑 나부끼며 내려안는다. 은행나무 아래에는 노랑 치마가 단풍나무 아래에는 빨간 치마를 살포시 벗어놓는다. 그러다 가을바람이 몰아치면 추풍낙엽이 되어 하늘 가득 낙엽이 날아다닌다.
 이런 날이면 떨어지는 잎을 잡으려고 안간힘을 쓴다. 낙엽을 잡아 소원을 빌면 행운이 찾아오거나 소원이 이루어진다고 한다. 젊은 사람들은 첫사랑을 얻을 수 있다고 하여 떨어지는 잎을 잡으려하고, 나이든 사람들은 헤어진 첫사랑을 만날 수 있다고 하여 열심히 손을 휘젓는다.
 하지만 떨어지는 잎을 잡으려 하지만 쉬운 일이 아니다. 잡힐 듯 잡힐 듯 땅에 떨어진다. 얼마 전 바람이 몹시 불었다. 광장 가득 낙엽이 날리는데 그 잎을 잡아보려고 환성을 지르며 뛰어다니던 어른들 아이들 모두 동심으로 돌아간 모습이었다.
 그런데도 낙엽을 잡은 사람들은 많지 않다. 행운이라는 것이 쉽게 잡히는 것이 아니지 않은가? 살아온 날을 뒤돌아보니 한 발 한 발 마디게

지나왔다. 내 인생에 보너스는 없었다. 노력한 만큼은 정직하게 돌아왔다. 아니, 어떤 때는 소꼬리를 잡아당겼는데 덩치 큰 소가 딸려 나와 환호성을 지른 적이 있었다. 이렇게 좋은 결과가 있을 줄은 몰랐다며 고마워했다. 하지만 곧 통과의례로 무언가를 내주어야했던 삶이었다.

  10월이 오는 것을 여러 가지 마음으로 기다렸다. 하나 남은 딸이 시집도 못가고 준비한 노무사 2차 발표가 7일로 다가오고 있었다. 주관식 채점이 2달이나 걸려 발표를 기다리느라 신경이 곤두서 있었다. 주사위는 던져진 것인데 채점하는 손길이 잔인하게 잘라내지 않게 그가 쓴 답을 최대한 긍정적으로 보아주길 어느 곳에나 빌었다.

  지금까지 본 시험 중에 가장 잘 보았다는 딸의 얘기가 위로가 되면서도 3년 전부터 늘 붙었을 것이라고 생각했는데, 0.9점 1점 차로 떨어지는 데는 할 말이 없었다. 실력은 있는데 운이 없어 떨어지는 것인지.

  앞뒤가 막힌 듯 답답하면 몇 년에 한 번씩 찾아가는 곳이 있다. 한문 공부를 많이 한 대학교수 같은 분인데 팔자 도망을 못하여 이런 일을 한다는 제기동 보살을 찾아갔다. 손자 이름을 지으러 철학관에 갔다가 딸의 사주도 넣어보았다.

적성에 맞는 분야를 잘 택했다면서 나라의 녹을 먹을 팔자라고 했다. 올해 꼭 되고 만나고 있는 좋은 사람이 있는 것 같다고 하여 그렇다고 하니, 그는 태양이고 딸은 기름진 밭이라서 둘이 만나면 둘 다 합격하여 잘 산다고 아무 걱정하지 말라고 했다. 손자도 워낙 좋은 사주를 타고 좋은 집에서 자라 걱정 없다하며 선중이라고 이름을 지어주어 기분 좋게 돌아왔다. 이 계통의 분들은 가끔 굿을 하거나 부적을 쓰라고 하여 당황하게 한다. 친구로부터 소개 받을 때 전혀 그런 말을 하지 않는다고 하여 맘 편히 다니는데 이번에도 위로가 되었다.

발표 전 날 밥도 안 먹히고, 잠을 설쳤다. 본인도 화장실 다니는 소리가 끊임없이 나는 게 불면의 시간을 보내고 있으리라. 8시에 손자를 안고 큰 딸네 있는데 남편의 전화가 왔다. 왜 아무 연락이 없어. 그렇게 껌껌한 소리를 들어본 적이 없다. 9시 발표예요. 그러자 터져 나오는 웃음소리. 난 발표가 났을 텐데 왜 연락이 없나 아침 내내 기도하며 괴로웠다고 했다. 전화가 딸에게서 온다. 엄마 부르더니 엉엉 운다.

"왜?"

"엄마. 저 합격했어요. 점수도 높게."

"그런데 왜 울어. 난 또 떨어진 줄 알고 깜짝 놀랐잖아. 축하해."

다친 다리가 아픈 줄도 모르겠다. 사방에 합격소식을 전하고 축하를 받느라고. 3일은 모교에서 30회 동문체육대회를 제자 기수가 주관을 하고, 나는 은사로 초대되었다. 24살 때 첫 발령을 모교로 받아 가르쳤던 애들이 장성하여 치르는 행사는 규모며 짜임새가 우리가 치르던 22회 체육대회보다 장족의 발전을 이뤘다. 특히 빨간 단체복을 입고 200여명의 주관 기수가 추는 원무에 같이 어깨동무를 하고 돌았다.

　신발던지기게임에 나가 3등을 해서 잔멸치 한 상자를 받기도 했다. 선물 상자가 많은 것 같아 동생에게 하나 주고 행운권 추첨을 하는데 동생 혜영이는 최종 행운권을 맞춘다. 침대, 화장대, 장식장 원목가구 세트를 제자가 운영하는 가구점에서 직접 만들어 내놓았는데, 420만원 상당의 상품이었다.

　그 나이 즈음이면 신혼 때 산 가구를 바꿔줄 때인데 타이밍이 기가 막히게 맞았다. 확률이 800:1인 행운을 맞추다니 놀라웠다. 3년 전에도 이 행사에서 한우 세트를 탄 적도 있다. 전에는 해외여행에 당첨되었다는 보이스피싱이 유행하던 때인데 스카이 라이프에서 미국여행에 2명이 당첨되었다는 전화를 받았다. 사기 전화라 생각하고 끊으려하니까 다급한 목소리로 이건 진짜니까 홈페이지로 들어와서 확인하라고 하여 미국 여행을 다녀오기도 한 행운아였다.

　사회자가 관광버스로 돌아오고 있는데 오늘 행사 소감과 개교 60년사 편찬 이야기를 해달라고 손목을 잡아끌었다. 난 졸다가 얼떨결에 끌려나왔는데 순간 몸이 픽 쓰러졌다. 통로에 누워 눈을 뜨니 몇 십 개의 똥그란 눈이 내려다보며 괜찮으냐고 했다. 일으켜줘 일어나니 뼈를 다친 것 같진 않았다. 걸어보아도 괜찮은데 창피했다. 갑자기 브레이크를 밟자, 체중이 많이 나가고 나이가 드니 넘어졌다.

　마이크를 들고 어느 때보다 차분히 이야기를 했다. "요즘 피트니스에 가서 10Km 싸이클을 타고, 20분의 근육운동, 런닝머신 40분을 뛰고 있어 괜찮다. 여러분과 함께 한 행사며 60년사 편찬이 즐거웠다."고 하니 박수를 쳤다. 내려서 택시를 타려하니 허벅지가 아팠다. 근육이 놀랐나 싶다. 내일부터 손자손녀를 봐줘야하는데 걱정이다. 약국에서 근육통과 진통제 약을 사 먹었다. 그런데 6일 밤 딸의 발표를 기다리는데 속이 메스꺼웠다. 약이 독해서 그런가 싶어 약을 끊었는데 딸이 우는 순간 굉장히 놀랐다. 그래도 딸이 합격되었다는데 아픈 것도 모르겠고, 다친 것 즈음은 아무렇지도 않았다.

행사에 그렇게 열심히 쫓아다녀도 행운 권 한번 추첨되지 않는 것도 다 용서할 수 있었다. 동생이 당첨되었을 때 질투를 하고 있었나보다. 딸이 드디어 합격했는데 더 이상 무얼 바라겠는가?

　추운 겨울을 견디라고 잎은 발아래 쌓여 거름이 되어주고, 줄기의 수분은 땅 속 뿌리로 내리며 시련 맞을 준비를 한다. 모든 게 새옹지마(塞翁之馬)이다. 행운과 불운은 뒤섞이며 인생을 시험에 들게 한다.

심사를 하며 찾아가는 자아

　문단활동은 우리들의 삶을 풍요롭게 한다. 글을 쓰면서 무료하던 시간이 창조적인 알찬 일을 하고 있음을 확인하며 독서하고, 글 쓰고, 지도받는 생활이 반복된다. 백일장에 나가 글을 써 보기도 하고, 심사를 하기도 한다. 육지에서 빠져나가는 썰물은 바다에게는 밀물이 되는 것처럼 역할을 바꿔보니 어떤 글이 좋은 글인지 알 듯도 하다. 지난 달 두 번, 이번 달 두 번, 심사를 하러 다녔는데, 역할을 바꾸다 보니 자신을 객관적으로 바라보며 '나는 누구인가?'라는 본질적인 질문을 던지고 반성도 한다.
　왜냐하면 심사위원으로 선정이 되면 프로필을 소개하고, 결재를 받아야 하니까 '내가 어떤 사람인지'를 정확한 잣대로 재온다. '문학상을 타신 것이 있으세요?' '책은 어떤 것을 내셨습니까?'라 물어 미흡한 대답이 나올 때마다 나는 단추처럼 점점 작아진다. '난 여태 무얼 했나?'라는 자괴감에 빠진다. 기껏 말할 수 있는 것이 문인협회 회장으로 있고, 국어선생을 오래 했다고 말하면 한 우물을 판 고지식함을 들어 선정이 되긴 했다.

며칠 전 기능대회가 있었다. 백일장, 회화, 문인화, 휘호대회, 서예, 꽃꽂이 중 이주여성백일장 심사를 맡았다. 글짓기 분야엔 문예창작과 교수님 다섯 분에, 문인협회 회장인 나까지, 그렇게 여섯 명이 소개 되었다.

일반백일장의 글제는 '구름, 구두, 소풍'이었다. 심사기준을 발표하라고 해서 단상에 올랐다. 감동이 큰 내용 위주로 보겠다는 것과, 글제 중 하나를 골라 제목에 제시가 되어야 하고, 시간 내에 개요를 짜고 충분히 구상한 후 써서 제출을 하라고 말했다.

그들이 글을 쓰는 동안 심사 위원실로 들어가 서로 명함을 교환했다. 직장에 있을 때 명함이 없던 나는 남이 준 명함을 받기만 했는데, 이젠 바꿔 내밀 수 있는 것이 다행이다. 여섯 명 중 내가 가장 초라한 것은 어쩔 수 없는 사실이라 마음이 아렸다.

전에 택시를 타고 대학에 갈 일이 있었는데, 이 대학 교수십니까? 묻는 말에 좀 더 공부를 했더라면 하는 회한이 밀려 왔었는데, 이번에도 마찬가지다. 그 분야의 전문가가 된다는 것이 저렇게 당당해 보인다. 맨 마지막에 '아! 학교 명함이 떨어져서 이것을 드릴게요.'라며 건네는 명함을 들여다보니, 대학 마크가 있고, 교우회보 편집위원이라고 되어 있었다. 혹시 큰 딸애를 알 것도 같았지만 너무 공개된 자리라 점심을 먹으며, 잡담을 나누었다.

　화제는 진보와 보수의 역할까지 이야기가 이어지다 젊은이들이 자식의 역할을 다하는가를 물어왔다. 자식들이 부모 삶의 성공 여부를 결정짓는 잣대가 된다. 건강한 사회인으로 자리 잡고, 정을 나누고 용돈을 보내오면 당당히 받는다고 했다. 화제는 아이들에게 꽂혔다. 결국 큰애 이름을 대며 물었더니 정말 닮았다고 여기서 후배 어머님을 뵙게 될 줄은 몰랐단다.

　나의 현주소가 초라함을 느낀 이 자리에서 자식들과 아는 사람을 만나니, 부끄럽지 않은 부모가 되려면 더욱 정진해야할 과제가, 나의 정체성을 확고히 해야 하는 중량감이 일었다.

　"이제 허당이야. 다 늙어가지고."

　이제 잘 정리하는 일만 남았다고 생각해오던 자신에게 희망의 속삭임이 들려왔다.

　백일장에 써낸 작품들은 놀라웠다. 이국에서 남편 나라로 시집온 그녀들의 심정에 흡입되어 읽어갔다. 문학의 형상화라는 것이 추상적인 주제를 구체적으로 표현하는 작업이라서 그런가? '친구'와 '가족'

　같이 실제 경험한 이야기가 있는 글을 많이 썼다. 이주여성들이 우리말을 배워 이 대회에 참석하고, 어떻게 살아야 할지 어눌한 말투로 물어오는 진지한 눈빛이 아름답다. 한국인이 되어가며 서로의 문화를 조화롭게 꽃피우려는 성의도 가상하다.

　벌써 130만이 넘는 다문화 가족들이 민족성이 강한 한국에 와서 어찌 살고 있는지 희로애락(喜怒哀樂)이 묻어나는 글이 많았다. 이런 행사가 사람과 사람 사이를 따뜻하게 품을 수 있는 훌륭한 기획으로 전국에 걸쳐 펼쳐지는 것이 다행스럽다. 그리고 보니 전에 교내백일장을 주관할 때 '이 뽑기'를 글제로 넣었더니, 교장선생님이 이 제목은 좀 이상하지 않으냐고 고개를 갸웃거리며 결재를 해주셨는데, 누구에게나 아픈 기억이 있는 그 제목을 반 가까이 쓰고, 상위 입상이 많이 나왔다는 것을 경험한 바 있다.

이번 대회에 제일 잘 쓴 글은 유복한 집에서 공부도 많이 했었나 본데, 한국인에 대한 호기심으로 우리나라에 와서 힘겹게 살아가는 그러면서도 자부심이 넘치는 자신의 모습이 가슴을 울려 장원에 넣었다.

심사를 다니며 나란 누구인가? 란 질문을 끝없이 던지고 글 속에서 자아를 찾아 떠나는 여행이 글임을 확인한다. 인간은 깊이 사색하고, 자신을 돌아보며 정체성을 찾아간다.

몸짓에 지나지 않던 그가 이름을 불러줄 때 눈짓으로 바뀌어가는 우리네 인생을…….

양지와 음지

 봄 마중을 하려고 산에 올랐다. 같은 하늘 아래 있건만 양지쪽엔 진달래 꽃봉오리가 뾰족이 물이 올라 있다. 하지만 음지엔 잔설이 군데군데 남아있고, 앙상한 가지는 여전히 추워 보인다. 같은 산줄기 양지쪽과 음지쪽에 자리 잡았을 뿐인데 너무나 다르다. 모두가 양지에서만 살면 좋으련만. 동물이라면 스무 발작만 옮겨 앉아도 햇볕을 받을 텐데 싶어 안타깝다.
 정상에 도착하자 산봉우리의 바위틈 사이로 자란 소나무는 햇빛을 온몸으로 받고 있는데, 더 이상 휘어잡을 것이 없는 허공(虛空)이 두려웠던가 보다. 몰아치는 바람에 끊임없이 흔들리고 있다. 햇빛을 제일 많이 받건만 어느 위치에 있느냐에 따라 저렇게 비바람을 견뎌야 하는 나무도 있는 법이다. 그 나무를 보는 순간, 바닷가 해풍에 시달리던 나무가 떠오른다. 바다를 향해 수없이 절을 해야 하는 숙명을 타고난 나무가 정상의 소나무를 보는 순간 기억 속에서 솟구친다.
 골짜기로 내려가니 비탈 사이에 제비꽃이 앙증맞게 피어 있다. 아무도 보아주지 않는 심심산중에 누구를 위해 조신한 자태를 하고 보랏빛 꽃을 피워냈는지. 하긴 꽃들이 사람들에게 보이기 위해 피어난 것은 아닐 테지만, 저 모습을 많은 사람이 보며 즐기지 못하는 것은 아까운 일이다.

그렇다면 동물에게는 음지가 없는가? 동물의 생태를 보고 있노라면 그들도 약육강식이란 거대한 질서 앞에서 자유롭지 못한 아픔을 본다. '호랑이가 없는 골짜기엔 여우가 왕'이라는 법칙 속에 처절한 살육의 삶을 살고 있다. 천적이 없는 곳에 사는 동물은 모두가 양지의 삶을 사느냐 하면 그렇지도 않다. 일정한 공간엔 일정한 개체만이 존재하도록 법칙이 만들어져 있다. 예를 들면 빈 집에 쥐가 좋아하는 음식만을 많이 놓아두면, 쥐는 기하급수적으로 계속 늘어나겠지만, 일정한 수가 확보되면 더 이상의 개체 증가가 멈추거나 물로 뛰어들어 자살하는 상황이 벌어진다는 것이다.

만물의 영장이라는 인간에게도 이

법칙은 적용된다. 천적이 없는 지구에서 폭발적인 인구 증가로 인해 지구의 종말론이 나오곤 했다. 그 폐해가 쏟아지며 둘만 낳아 잘 기르자. 하나 낳기 캠페인을 벌인 것이 몇 십 년 전이었다. 어느덧 저출산 시대로 접어들어 아이 낳는 것이 지구 생존의 가장 중요한 이슈로 변해가는 과정까지 반생애를 통해 바라보며 격세지감(隔世之感)을 느낀다.

지구 과밀을 해소하기 위해 환경호르몬이 인간의 종족보존에 발목을 잡고 있다. 정자수가 줄어 불임 부부가 늘고, 의식의 변화로 결혼이 필수가 아닌 선택으로 받아들이는 싱글이 늘고 있다.

'왜 아기를 안 낳느냐?'고 젊은이들에게 물으면 '이렇게 환경오염이 심각하고, 자원도 고갈되어 가는 삭막한 세상에 애물단지를 만드는 게 겁난다고'도 한다. '아이를 낳아서 키우자면 내 삶의 많은 부분을 포기해야 하기 때문'이라고 이기적으로 말하는 젊은이도 있다.

인간의 삶도 양지와 음지가 뚜렷하다. 부는 부를 낳고 가난은 대물림되어 빈부 격차는 선진국이 될수록 더욱 심각해진다고 하지 않던가? 아무리 분배를 외쳐대고 노블레스 오블리제란 아름다운 행위들이 존재해도 한계가 있나 보다.

사람 하나 똑똑하면 되지 다른 것은 안 본다고 소신 있게 외치며 결혼한 젊은이가 한 말이 있다. '티끌 모아 태산'이란 말은 책에 나온 말 '티끌 모아 티끌'이더라고. '아무리 노력하고 저축을 해봐도 부모 잘 만난 친구는 못 당하겠더라'고 말한다.

그렇다면 음지에서 난 사람이 양지가 되는 조건은 무엇일까?

문득 한 가족이 떠오른다. 15년 전 방배동 주택에 살 때 백두란

족보까지 있는 개를 진도에서 가져와 키웠었다. 예방접종을 마친 할아버지가 집 앞까지 와 할머니에게 묶은 줄을 넘겼다. 그 순간, 6살짜리 꼬마가 '백두야!' 부르자, 튕기듯 달려가 넓적다리를 물어 네 군데의 상처가 났다. 오산당 병원에서 수술을 하는 동안 두 가족의 슬픔은 이루 말할 수 없었다. 상처는 나았지만 흉터가 많이 생겨 이 아이가 성년이 되면 성형수술을 해주기로 각서를 써주었다. 가끔 위로차 들리면 앉을 자리도 없는 사글세방에서 차를 대접하며 반가이 맞아주었다. 아이가 지금도 개를 두려워한다는 얘기를 들으며 죄인이 되곤 했다. 몇 년 후 이사를 하게 되어 남편과 그 집을 찾아 갔다. 처음 꺼내는 소리가 가관이었다.

"난 몰래 도망가자고 했더니, 이 사람이 안 된다고 해서 끌려왔어요."

어색한 두 가족은 너털웃음을 웃으며 연락처를 주고받고 고등학교를 졸업하면 성형을 하기로 약속했다. 그 애가 요번에 졸업해 성형을 하기 위해 병원 진료를 받았다. 두 군데나 가 보았는데 상처가 많이 옅어져 있고, 움직이는 오금부위는 큰 효과가 없이 아이만 고생하니 성형을 하지 않겠다고 하였다.

우리는 미안한 마음에 보약이나 해주라고 약간의 돈을 들고, 그 부부를 만났다. 이 이야기는 여기에서 매듭을 짓자는 뜻이라고 했다. 각서를 받았던 자신들이 부끄러웠다며, 그날 저녁 값도 자신들이 냈다. 그리고 자기 집에서 차를 마시자며 40여 평의 넓고 우아한 집에 데려가고 매실 엑기스까지 주어 보내는 것이었다. 우리 넷은 흐뭇한 마음으로 두릅이 날 때 마가리에서 만나자고 약속을 했다. 15년 전엔 월세를 살던 부부가 이만한 덕(德)이 있으면 양지로 나올 수 있는 것이 아닐까?

'개천에서 용 난다.'고 하는데, 용이 승천을 하긴 '하늘에 별 따기'란 얘기지만 '어떻게 사느냐에 따라 가능하다'는 얘기다. 그래서 '쥐구멍에도 볕들 날이 있다.'고 희망의 끈을 놓지 않도록 계몽적인 말을 빼놓지 않았나 보다.

나무도, 동물도, 사람도 양지에 있나 음지에 있느냐에 따라 천양지차(天壤之差)의 삶을 살고 있다. 하지만, 음지가 양지되기 위해 덕(德)이라는 것이 있어야 가능한 얘기일 것이다.

유년의 퍼즐

 어린 시절을 시골에서 보낼 수 있었던 것은 축복이다. 자연이 충만한 강과 산에서 미역을 감고 흙에 뒹굴며, 봄, 여름, 가을 피어나던 들꽃에 따라 아름답게 동화되던 것은 분명 행운이다. 영혼은 맑고 윤택하여 우리의 삶을 풍요롭게 한다. 그 샘물은 삭막한 세상과 만날 때마다 '飮水思源'이 되어 근원을 생각하며 살게 한다.
 톨스토이는 '즐겁고 행복스러운, 다시는 돌아오지 못할 유년시대여! 그 추억은 나의 영혼에 청신한 기운을 불어넣어, 보다 높은 곳으로 끌어올린다.'고 했다. 세계대표 수필선집을 읽다보니, 그의 '유년시대'가 나의 유년을 코앞으로 끌고 왔다. 그 추억은 더없이 감미로운 열락(悅樂)의 원천이 된다고 했는데 그만큼 유복하지 않았던 나의 유년은 상처로 남아 있기도 하다.
 돌아갈 수도 없는 유년 시절은 몇 조각의 추억이 있을 뿐, 요즘처럼 사진으로 동영상으로 많이 남아 있지 않아 안타깝다. 흑백사진을 보며 그때 네가 어땠다는 이야기를 주워 모으며 유년의 퍼즐을 맞춰 나가지만 아직도 많은 조각이 비어 있다. 그 공간은 상상력으로 채워

넣는다. 그 당시 사정이 그러했으니까 많이 힘들었을 거라고 생각하며…….

가장 오래된 유년의 기억은 네댓 살 때의 일이다. 엄마와 대문 밖에 나가니 편지가 떨어져 있었다. 외할머니가 편지를 보냈다고 하며 주어들더니 반대편 산을 바라보았다. 난 그때 외할머니는 팔 힘이 정말 센 분이라고 생각했다. 저 산 밑에서 어떻게 우리 대문까지 정확하게 편지를 던질 수 있을까? 팔이 몸의 반은 되리라 생각하던 외할머니가 우리 집에 오셨을 때 보니, 고운 팔뚝이 남과 다를 바가 없어 만지작거렸던 기억도 난다. 내가 아는 세상은 산으로 둘러싸인 하늘만 보이는 이곳이 전부인 줄 알았고, 우편배달부란 존재도 몰랐을 때였다.

우리가 사는 집 뒤 산속을 나는 꿈꾸듯 바라보았다. 엄마가 들려주는 공주, 왕자, 도깨비들이 산속에서 보내는 일을 상상하다 하루가

가곤 했다. 왜냐하면, 엄마의 이야기는 '옛날 옛날 깊은 산속에'로 시작 되었고, 내가 아는 산속은 땅을 파고 들어간 지하의 세계의 일이라고 생각했으니까.

글자를 처음 배울 때 기억도 난다. 큰 집이 시골 양조장을 운영하여 아버지는 양조장 사무를 보고 있어 모두 박주사라고 불렀다. 어느 날 너 아버지 이름을 쓸 줄 아느냐고 하여 내 성인 '박'에 아주머니의 '주'에 1, 2, 3, 4의 '4'를 합쳐 자신 있게 '박주4'라고 쓰자 동그래졌던 사람들의 표정이 지금도 생각난다.

텔레비전을 보고 책을 많이 보고 자란 요즘 세대들이 들으면 말도 안 되는 소리라고 비웃겠지만 우리에겐 모든 것을 상상할 수 있는 자유가 넘쳐 났다. 하지만, 아무리 상상력을 동원하고 어른들의 이야기를 물어다 퍼즐을 맞춰 봐도 유년을 반추하기엔 역부족이다.

그런데 얼마 전 초등학교 동문 모임엘 갔더니 내가 저학년 때 2년 상급생이었다는 선배에게서 퍼즐 조각 하나를 구해 왔다.

애국조회 시간 교장 선생님이 질문을 하셨다. 우리나라에 지금 어떤 일이 일어났는지 아는 사람 손들어 봐요? 선배는 신문을 열심히 보는 아버지에게서 4·19 데모가 나고, 이승만 대통령이 물러난 다음 윤보선 대통령이 다스리는 나라 이야기를 할 수 있어 자신 있게 손을 들었다. 전교생 중 단 2명이 손을 들었는데, 하필 꼬맹이를 시켰다.

"대통령이 물러 나셨어요."

겨우 그 한 마디를 했는데, 전교생에게 박수를 치라고 하며 칭찬을 해주어 어찌나 얄밉고, 그 많은 지식을 자랑할 수 없는 게 안타까웠는지 지금까지도 네가 밉다고 했다. 그런데 나에겐 지어서 이야기 하는 것처럼 전혀 생각이 나지 않는 그 이야기를 내 퍼즐 한 가운데에다 소중히 놓았다. 선배님께는 미안하다는 의미의 막걸리 한 대접을 올렸다.

그러자 인화지에다 약품을 넣자 살아 오르는 영상처럼 그 교정 조회대를 둘러싸고 추억이 솟아올랐다.

교감 선생님 성함이 이무영이란 남자 선생님이셨는데 교실에 들어오면 책상을 뒤로 물리라고 하곤 무용을 가르쳤다. 이름이 무영이라 무용을 잘한다고 하셨다. 얼치기인 나는 그 말도 사실로 믿었던 듯하다. 교감 선생님이 어느 날 조회 시간에 나를 번쩍 들어 조회 대 위에다 세우곤 내 무릎을 가리켰다. 며칠 전 넘어져 구멍이 나서 엄마가 기워준 스타킹을 신고 갔는데 이렇게 절약을 해야 한다나 어쩐다나 그 창피했던 게 지금도 얼굴이 화끈해질 만큼 생생히 살아올라, 퍼즐 하나를 또 찾아냈다.

시골에는 먹을 것이 풍부해서 그런지, 우리 집은 누가 오면 꼭 따뜻한 밥을 지어 한 상 먹여 보내야 손님 대접을 다한 것으로 알았던 엄마를 닮아, 아직도 누구에게나 뭔가를 먹이느라고 음식이 넘쳐나고, 내 몸의 살이 빠질 날이 없다.

요즘엔 퍼즐 조각을 찾는 재미에 부모님, 친척들, 동창들을 만나 내 어릴 때 이야기를 해달라고 조르면 기억 저편에 있던 것이 생각나기도 하고, 생뚱맞아 꾸며낸 이야기 같은 추억도 있다. 하지만 어느 것 하나 소중하지 않은 것이 없다. 매사에 느리고, 내숭이고, 눈치 없이 굴어 여러 사람을 곤란하게 한 일화가 주렁주렁한 내 유년이 그렇게 자랑스러울 수가 없다. 아! 눈치 이야기를 하니 또 한 퍼즐이 올라온다.

우리 윗집에 춘석이라는 한 살 위 언니 네가 살았다. 언니는 일도 잘하고 부지런하여 동네사람들의 칭찬을 달고 살아 그게 부러웠다.

"춘석이는 눈치가 빨라. 너는 뒷굼치도 못 따라 간다."

나도 칭찬이 받고 싶어 눈치 빠르게 행동하기 시작했다. 사람들과 눈이 마주치면 얼른 고개를 돌렸다. 하지만 아무도 나를 칭찬해주지는 않았다. 눈치가 빠르다는 뜻을 나중에야 센스 있다는 뜻으로 알고 얼마나 허탈했는지.

그 언니는 노래를 많이 알아 달밤이면 나를 우물가로 데려가 노래를 따라 부르게 했다. 그때 배운 '바위 고개', '산장의 여인', '센티멘탈 기타' 등의 노래는 지금도 다 부를 수 있다. 어릴 때 배운 게 얼마나 오래가는 지를 실감한다.

서울에 와서 30여 년을 살지만 여전히 시골뜨기임에 틀림없다. 그리고 이젠 자연 속에서 자연인으로 살았던 나의 유년은 어느 도시뜨기와도 바꿀 수 없는 소중한 나임을 확신하며 살고 있다.

나에게 서정성이, 낭만적인 여유와 푸근함이 묻어나는 원천이 고향 산골에 유년의 뜰을 갖고 있기 때문이라는 것을 안다.

인연

인생의 화두를 인과응보로 잡고 살아간다.

그러다보니 모든 만남이 인연에 의해 만나고 헤어진다고 믿게 되고, 웬만한 상황은 운명으로 받아들이게 된다. 전에는 모든 사람의 행복의 길이는 같은가에 대해 많은 생각을 했었는데 인연이었는지 지인을 만나 그 문제를 넘어섰다.

아버지가 많이 편찮으시다고 하여 친정에 갔더니, 그 아저씨가 와서 큰 소리로 얘기하고 계셔서 가슴이 덜컥 내려앉았다. 나의 마음을 이미 읽었는지 박 선생도 궁금한 것이 있으면 전부 물어보라고 큰 소리를 치신다. '저 허풍은 여전하군.' 선생인 나도 학생들에게 뭐든지 물어보라고 말하기가 부담스러운 법이다. 평생 남을 믿다가 수없이 당하기만 하는 여린 아버지를 지켜드리리라 마음먹었다.

그래서 여쭤본 것이 '왜 모든 사람에겐 행복의 길이가 같지 않은가?'였다. 어떤 사람은 모든 것을 갖고 호의호식 하면서 부귀영화를 누리며 장수하다 죽는가하면 정말 착하게 사는 데도 일생 빛 드는 꼴을 한 번도 못보고 고생고생을 하다 자식도 삶의 구렁텅이에서 헤매는 것을 많이 보아왔기 때문에 이 세상에 어떤 질서라는 것이 있

고, 열심히 노력하면 꿈을 이룰 수는 있는지 정말 궁금했던 질문을 펼쳐 보였다.

아저씨는 눈을 감고 한참을 있었다. 난 속으로 아무 거나 물어 보라더니, 의기양양한 얼굴로 항복해오기를 기다렸다. 이윽고 눈을 뜨더니 '누에의 한 살이를 아느냐?'고 물었다. '알에서 누에가 나오고 비단실로 누에고치를 지은 후 나방이 되는 과정 말씀이냐'고 했더니, 아저씨는 진지하게 말씀하기 시작했다.

징그럽게 생긴 누에는 자기가 나방이었던 것을 모르고, 알이었던 것을 모르는 것처럼, 우리는 현 생만을 보고 현실에 대해 불만을 늘어놓는 사람이 많은데 그것은 잘못된 것이라 했다. 누에의 한 살이를 통해 보듯 전생, 현생, 후생을 통틀어보면, 모든 사람에게 있어 행복의 길이는 같다는 것이다.

그 순간 답답했던 속이 환해졌다. 내 시야가 얼마나 좁았는지 못난 자신을 반성했다. 지금까지 삶을 전생, 후생과 연관 지어 볼 생각을 전혀 하지 못했다.

그러고 나니 희망이 생겼다.

인과응보라고 했는데, 이생에서 선업을 많이 쌓으면 후생은 내가 그토록 살고 싶었던 삶을 살 수도 있으리라는 생각과 악업을 쌓으면 그 벌을 세세생생 받을 것이라 생각하니 나의 삶이 많이 가지런해지는 느낌이었다. 그는 나의 변화를 이미 읽으셨는지, 러시아 대학에서 강연하던 얘기도 하고, 우리나라 대학생들에게 '아저씨, 아주머니'란 말의 유래를 아느냐고 물었더니 아무도 모르더라는 얘기를 하며 '국어 선생이니까 한번 말해 보라'고 하셨다. 난 전혀 아는 바가 없었다. 아까까지 코를 납작하게 해주겠다던 오만방자함은 사라지고 빨리 알려달라고 졸랐다.

아저씨는 '아기의 씨를 갖고 있어서 아저씨고, 아주머니는 아기 주머니를 가지고 있어서 아주머니라'고 하셨다. 국어의 어원을 따져보지는 않았지만 어휘만 분석해 보아도 맞는 얘기 같았다.

그 뒤로 난 선업을 쌓을 기회가 있으면 후생을 위해 기꺼이 투자를 한다. 길 가다 행인이 길을 물어오면 아는 한껏 친절하게 알려준다. 뿐만 아니라 다른 사람에게 물어서 모른다고 하면, 내가 알고 있을 땐 나서서 알려준다. 그러면 우리 식구들은 주책 같아 보인다고 질색을 한다. 얼마 전엔 이런 일도 있었다. 남성시장 버스정류장에서 차를 기다리고 있는데, 할머니 한 분이 '노량진 수산시장에 가려면 어떻게 가느냐?'고 물었다. 안내판을 보니 노량진역이 있어서 '이 차를 타면 될 것 같은데, 건너편에서 타시라'고 했다. 조금 있다 보니 그 할머니가 다시 건너와서 다른 사람에게 물어보았다. '이 차가 빙돌아가기 때문에 이쪽에서 타야 한다.'고 했다. 난 선업을 쌓은 게 아니라 연로한 할머니를 골탕을 먹였으니, 악업을 쌓은 꼴이었다. 그런데도 미욱한 나는 내가 누구를 돌봐주면 후생이 좋아지거나, 우리 자식들이 힘들 때 누가 나서서 도와줄 것이라는 이기적인 생각을 한다. 인생이 수학 공식은 아닌데…….

그런데, 정말 인과응보는 있다. 그런 마인드로 살다보니 내가 길을 모르면 누군가가 도와준다. 사흘 전, 성애병원에 문병 갈 일이 있어 인터넷에서 검색해보니, 대방역에서 도보로 5분만 가면 되었다. 엘리베이터를 타고 867호를 찾으니 8층이 아예 없어 물어보니, 광명 성애병원이 따로 있었다. 철산역까지는 간호사가 알려주었는데 소방서 옆이라는 것만 알지 어찌 찾아갈지 난감했는데, 탕 소리가 나서 뒤돌아보니 자판기에서 물을 빼고 있는 조카를 만나 편안히 다녀왔다. 왠지 내가 그동안 열심히 사람들을 도와주었더니 보상을 받은 느낌이었다. 모든 만남은 인연에 의해 이루어지고, 인과응보 하나만 붙들고 열심히 살아도 삶은 살만해지는 것임을 다시 한 번 느낀다.

요즘 이런 얘기도 들었다. '집안에 훌륭한 스님이 계시면 업장 소멸 후 윤회의 사슬을 끊고 성불하게 되고, 그 인연으로 그 집안사람들이 많은 복록을 누리게 된단다. 못된 사람이 이생에서 잘 사는 것은 집안 누구의 선업의 덕을 보는 것'이라고 했다.

앞으로는 받은 많은 것이 고마워서 세상에 보은한다는 따뜻한 마음을 갖고 베풀며 살아야겠다. 마음을 비우고 후생을 위해서가 아닌 마음에서 우러나오는 선업이 진짜일 게다.

한 동네에 나면 일억 겁, 친구는 삼억 겁, 부부는 구억 겁, 스승 부모는 십억 겁의 인연에 의해 만난다고 한다. 우리가 살면서 만나는 인연의 깊이가 정말 대단한가 보다. 이렇게 지면으로 만나는 인연도……

참전용사, 국립묘지에 잠들다

숙명이란 정녕 피해갈 수 없는 것인가?

이 세상에 나고 죽는 일이 뒤에서 날아오는 돌이라더니 사랑도 의술도 죽음을 막지 못했다. 누구에게나 어김없이 찾아오는 죽음을 목도했다. 참 여러 가지 길로 여러 모습으로 왔다. 우리 아이들이 어릴 때 시할머니가 고모네 집에서 3년 동안 몸져누워 모셔왔다. 기다리기라도 한 듯 1달 만에 주무시다 89세에 세상을 떠나셨다. 그리고 시어머님은 86세에 아침 먹고 자리에 누웠다 목이 막혀하더니 그대로 온 가족이 보는 앞에서 세상을 떠나셨다. 그래서 주위에서 임종을 편안하게 지키는 팔자인가 보다 하여 친정 부모님이 아파, 드나들며 어루만지고 그분들처럼 마음을 내려놓고 편안하기를 기도했다. 환갑을 지나고 보니 주위에서 많은 사람을 떠나보낸다. 슬프지만 자연스러운 일이다.

특히, 네 달째 중환자실에 계신 아버지가, 악화되어 온 몸이 마르고 피부색과 변이 검게 변했다는 말을 듣자 나는 조바심이 났다. 4월 16일에 새한국문학회 전반기문학상 시상식의 사회를 보기로 했는

데 바로 전날, 폐암이던 친구의 남편이 별세했다는 부고를 받았다. 11시에 모두 장례식장에 모이라고 하는데 앞이 캄캄했다. 중요한 일이 있어서 저녁에 혼자 가겠다고 했더니 이것보다 더 중요한 게 무엇이냐고 서운해들 한다. 한복을 준비해 놓았는데 수선스럽게 갈아입고 뭐할 기분이 나지 않아 간편하게 원피스를 입고 사회를 본 후, 고향으로 내려가려니 많이 늦었다. 여기까지 왔다 아픈 아버지를 안 보고 서울로 올 수 없어 동창에게 심경을 말하니 차를 가지고 고속버스에서 하차하는 나를 태우고 장례식장으로 달렸다.

장례식장 영정사진을 보니 너무 젊은 얼굴이다. 친구는 며칠 전 병원에서 보았던 절박한 때보다는 모든 것을 내려놓은 듯했다. '둘 다 퇴직하고 해외여행을 떠나려 찍은 여권사진이 영정사진이 되었다'며 '이제 혼자라도 마구 돌아다닐 거'라고 한다. 슬퍼만 하지 않겠다고.

조문을 하는데 11시에 나타나지 않은 또 한 친구가 있었다. 암으로 인해 몇 년째 투병 중인 그녀는 동정 받는 게 싫다며 아픈 얘기를 화제로 꺼내는 것조차 거부해, 주변 모두가 조심하고 있는데, 매일 저녁 찾아와 제일 친했던 친구네 장례식장을 지키고 있었다.

동창이 기다리는 게 미안해 30분 만에 조문을 마치고 차로 가니, 맛있는 거 먹고 친정에 데려다주겠다고 했다. 하루 종일 일한 사람에게 미안하면서도 그의 도움 없이는 아버지를 뵙지 못하고 서울로 돌아올 형편이었다.

친정집엔 파뿌리처럼 머리가 센 엄마가 하얗게 기다리고 있었다. 구병시식을 하지 않았다면 벌써 돌아가셨을 엄마가 기적적으로 찾은 하루하루를 소중하게 살아내고 있다. 아내 앞에서 남편을 보내기로 한 약속을 지키기 위해 밥 잘 먹고 잠 잘 자려고 노력한다고 의연해 보이려는 모습이 이 순간도 눈에 삼삼하다.

친정 부모는 젊었을 때부터 육형제가 계를 하여 여섯 집이 다정하게 오고가며 살았는데, 이제 아버지와 막내 두 분만 살아계신다. 그 중 셋째 집 아들을 동창회에서 만났는데, 아저씨가 6·25참전용사면 국립묘지로 모실 수 있다고 알아보라고 한 생각이 났다. 엄마께 혹시 참전용사 모임에서 그런 말 없었냐고 했더니 전혀 모른다고 하고, 그런 내용의 우편물을 받은 적도 없다고 했다. 아침과 점심을 해드리고 아버지 문병을 하고 서울로 가겠다고 나왔다. 시골이라 버스가 가끔 있는데 나가다 놓쳤는데 빈 택시가 와서 병원까지 빨리 왔다.

중환자실을 들어서니 네 달째 누워있다 보니 온 몸이 근질거리는지 파란장갑을 낀 손으로 다리를 긁고 계신 아버지. 오래도록 남아있을 장면이다. 식사를 할 수 없어 코에다 줄을 끼고 뉴 케어를 하루에 세 통을 잡숫는 것으로 생명을 연장하고 있는데, 손으로 근질거리는

지 코 줄을 빼서 장갑을 끼워놓았다. 며칠 전에 목욕을 시키려고 장갑을 뺏는데 코 줄을 건드려 빠지자 다시 넣으려고 했더니 재채기를 심하게 하여 끼우지도 못하고 수액을 맞았다. 동생이 갔더니 배고프다고 아버지가 보채서 슬프다고 썼다. 카톡방에 뜬 내용을 보고 모두 울었다. 온몸을 닦아드리고 주물렀더니 편안해 하셨다. 내가 누구냐니까 혜숙이라고 하신다. 오늘은 정신이 맑은 것 같아 궁금했던 것을 물어보았다.

"아버지 참전용사 모임에서 돌아가시면 국립묘지로 모신다는 얘기 못 들었어요?"

아버지는 고개를 흔들며 눈을 동그랗게 뜬다. 그런데 누가 내 옷을 잡아당겨 보니 옆 침대 할아버지다. 왜 그러시냐고 여쭤보았다.

"나도 6·25 참전용사인데 국립묘지로 가요. 국가보훈처로 알아봐요."

옆에 몇 달을 같이 누워 있으면서 아버지가 말씀을 잘못하셔서 전우인지도 몰랐다며 팔을 뻗는데 손이 닿지 않아 내가 양 손을 잡고 셋이서 울었다.

돌아오는 고속버스에서 국가보훈처를 검색하니 6·25 참전용사와 월남파병 용사를 이천이나 임실 호국원에 안장할 수 있다고 나온다. 집에 오자마자 전화를 걸어 상담원을 연결했다. 아버지 함자와 생년월일을 대라고 하는데 잘 모르겠어서 신미생 3월 6일 생이라고 하니 1932년 3월 6일 생 박성문 하사 호국원에 안장할 수 있다. 다만 서류접수는 사망 후 국가보훈처 홈페이지로 할 수 있다고 했다. 가족 카톡 방에 국립묘지로 모실 수 있다고 하니, 모두 영광스러워하며 어쩌면 6남매나 되면서 이 사실을 아무도 몰랐느냐고 했고, 엄마도 나중에 그곳에 합장할 수 있다고 하니 더 좋아하셨다.

그렇게 아버지를 뵌 게 마지막이었고, 2015년 4월 27일 제일 열심히 간호하던 동생과 삼촌이, 위독하다는 소식을 듣고 달려갔다. 전화를 바꾸래서 "아버지, 아버지" 부르자 알아듣는 것 같다더니 85세를 일기로 그대로 숨을 거두셨다. 모든 것을 내려 놓으셨는지 웃는 것처럼 편안하다. 국립묘지로 모신다는 말을 듣고 웃는 얼굴로 영면에 드셨다. 국가보훈처 홈페이지 안장 사이트에 서류를 작성하고, 병원에서 사망진단서를 떼고 명함판 사진을 준비하여 제일 높은 23구역 14번 둘째 줄 두 번째 칸에 한 봉지의 재로 되어 모셔졌다.

국립묘지에 안장하는 것을 알려준 조카는 풍수를 잘 보는데 그곳에서 앞이 확 트인 제일 높은 곳에 계시니 후손이 명예롭게 되는 좋은 자리라고 덕담을 해주어 후손들은 흐뭇해했고, 손자손녀까지 유골함에 새겨져서 질소를 채워 벌레 먹지 않게 보관하고 벽화가 그려진 대리석 그림이 뚜껑이 되어 닫았다가 언제고 열어볼 수 있게 해놓았다.

남동생이 제약회사 대표로 있으면서 덕을 많이 쌓았는지 문상객이 넘치고 화환이 벽을 만들어 마지막 길이 화려했다. 안산문인협회 부회장이 자기 아버지도 참전용사인데 국립묘지로 가는지 몰랐다고 땅을 친다.

이 시간 아버지가 그립다. 49제가 돌아가신 날로부터 일주일이 되는 날부터 시작되었는데 우린 매일 천수경, 반야심경, 아미타경을 읽으며 극락에 가시도록 기원하고 있다. 평생을 법 없이도 살 사람이라는 소리를 들으며 열심히 살아오신 아버지. 남에 집에 보낼 여식을 대학까지 보낸다고 손가락질을 받고 자식들에게 도움이 될까해 학교 운영위원장을 도맡아하는 등 교육열이 대단했던 아버지께서 좋은 곳에서 행복하시길 빈다. 아침 6시부터 불경을 외우며 극락왕생하든가 좋은 곳에 환생하라고 기도하고 있는데 카톡에 "이슬 보여 병원 출발"이란 글이 올라온다. 제왕 절개할 것이니 좋은 사주를 잡아보라고 하여 5월 18일로 예약을 해놓고 숙명인 출생을 인위적으로 해보려 준비한 네 번째 손자가 13일. 그렇게 태어났다.

상제의 몸이라 행여나 상문살이 끼일까 염려되어 사진으로 만나는 그에게서 나는 왠지 아버지의 모습을 찾고 있다. 이놈을 이래저래 많이 사랑하게 되지 않을까?

요즘 고 이병철 회장님이 질문했다는 24개의 질문을 여러 가지 생각을 하며 읽어본다. 분명 종교는 죽음의 아픔을 덜어준다. 요번 일요일 다섯 번째 제를 지내러 가는데 생전에 재워다 드리면 잘 잡숫던 한우불고기를 재워가야겠다. 맛있게 잡수시고 힘내서 저승길 가시라고.

끝까지 명예를 지켜라

병일은 할아버지의 부르는 소리를 듣고 자리에서 벌떡 일어났다.
"우리 텃밭에 가서 돌을 고르자. 한 삼태기에 1원씩 준다."
"할아버지 저도 갈게요."
할아버지 저택을 중심으로 10남매 중 여섯 집이 모여 사는 대가족이라 고만고만한 손자들이 용돈을 벌 수 있는 이 기회를 놓칠 리 없다. 처음에는 용감하게 시작한 이 일이 쪼그리고 오리걸음을 하며 한 시간이 지나자, 허리가 뒤틀리고 싫증이 났다.
"그만 해요."
"너 한 삼태기 채우지 못하면 지금까지 한 것 다 허사야."
"그래도 할 수 없어요. 천우가 놀자고 했어요."
명수는 주운 돌을 병일의 삼태기에 채우고 친구들이 떠드는 곳으로 뛰어 나간다. 이런 식으로 다 포기를 했는데도 병일은 끝까지 돌을 골랐다. 자기가 고른 것만 한 삼태기가 넘었고 포기할 때마다 사촌들이 채워준 것과 합치니 그게 한 삼태기가 넘었다. 할아버지는 2원을 병일의 손바닥에 올려놓아 주신다. 독립 운동가이셨던 할아버지

는 약속을 어기는 법이 없다.

무엇을 할까 궁리를 하는데 할아버지께서 집으로 들어가셔서 돌층계를 오르고 계셨다. 병일은 달려간다. 할아버지가 계단을 오르기는 너무나 힘든 일이라 등을 밀어드리면 좋아하시기 때문이다.

남대문 옆 의성정의 커다란 저택은 개화기 선구자 언더우드가 집을 준 것이기 때문에, 넓고 정원이 무척 아름다웠다. 하지만 서양식으로 설계되어 층계가 곳곳에서 할아버지를 괴롭혔다.

"병일아, 살살 밀어. 앞으로 넘어진다."

"네, 지금은 어떠세요."

"그건 너무 약해. 영 올라가 지지를 않는구나."

할아버지께서 층계를 올라가 윤이 반들반들 나는 대청의 소파에 좌정하셨다.

"내가 관립중학교(경기중학교의 전신)에 다닐 때 헐버트 선생님께 배웠는데, 그분은 늘 한번 시작하면 끝을 보라고 강조하셨지. 조선 말 어려운 나라의 백성으로 사는 우리에게 끝까지 조국을 지켜나가라고 가르쳤던 대단한 분이셨어. 너도 힘들지만 두 삼태기나 돌을 고른 것을 보면 분명 크게 될 인물이야."

"네. 저도 기뻐요. 할아버지가 시킨 일이니 끝까지 하고 싶었어요.

이렇게 상금도 받고요"

"그렇지. 한번 약속한 것은 꼭 지켜야 해. 헐버트 선생님이 강조한 또 한 가지가 있지. 사람에겐 명예가 가장 소중하다고."

할아버지의 칭찬에 고무되어 빨개진 얼굴로 다시 2원 생각이 났다. 이 거금으로 무엇을 할까? 병일은 늘 엄마에게 무엇인가를 선물하고 싶었다. 과거에 선생님까지 하셨다는데 지금 우리는 할아버지네 신세를 지는 형편이다.

아버지는 일본 와세다 대학에서 유학을 하고, 수풍댐을 건설하러 한반도의 북단 강계에서 일했다. 서울에 있으면 징병에 끌려갈 것 같은 다섯째, 여섯째 외삼촌을 이끌고 와, 댐 건설에 참여했고, 그때 강계에서 병일과 다섯째 외삼촌의 아들 오세용은 그곳에서 가졌다.

그러나 1945년에 이르자, 댐을 건설하는 자재가 제대로 공급이 되지 않고, 사무를 보는 집에도 배급이 원활이 이루어지지 않았다. 일본 감독관의 태도가 남다른 것을 눈치 챈 가족들이 일본이 언제 망하나 내기를 했는데, 목소리가 큰 아버지 때문에 일본 사람들 귀에 들어간 것을 알고, 살림살이를 몰래 싸서 서울로 돌아왔다.

지나고 보니, 그때 오지 못한 사람은 결국 일본이 망하고 기차도 다니지 않아 가재도구를 다 버리고 걸어서 오며 '선견지명이 있었던 우리 가족을 부러워했다. 병일은 서울에 와 8월 11일 세상에 나왔고, 나흘 후 해방을 맞았다. 이어 사촌도 태어나 둘을 해방 동이라 불렀다. 엄마 뱃속에서 강계의 영하 20~30도의 추위에 견디며 최북단 공기를 먹고 자라서 그런지 두 사촌은 다른 애들과 다른 강인한 기질이 남아 있다. 태교의 중요성을 증명하는 좋은 사례인 것 같다.

하지만, 서울에 돌아오니 해방의 기쁨도 잠시 혼란의 소용돌이에 빠졌다. 와세다 선배인 신익희 선생님이 대통령 후보로 나오고, 아버지는 용산지구 위원장을 맡아 정치판에서 동분서주했다. 야당 정치가의 생활은 집에도 말할 수 없는 고초를 겪게 했다. 집을 할아버지네 집 아래 빈 터에다 지었는데, 무허가 건물이니까 헐라고 못살게 굴고, 경제적으로도 궁핍했다.

그 와중에 신익희 대통령후보는 심장마비를 일으켜 돌아가시고, 아버지의 정치 생명도 끝이 났다. 그래도, 어릴 적 할아버지가 당부하신 명예를 지키라는 말과, 무슨 일이든 끝까지 하라는 교육이 병일의 가슴에 남아 어려운 가운데도 부단히 노력했다. 노동자를 위해 극동그룹의 노조위원장을 지내며 회사와 노동자가 윈윈 할 수 있는 전략을 짜 나름의 신념을 불태우며 사회 활동을 했고 복수노조를 허용하는 법안이 나왔을 때 여의도 광장에서 삭발을 하고 맞서 싸우다 뉴스에 얼굴 전체가 화면을 가득 메우곤 하는 바람에 사방의 전화를 받곤 했다. 직원들이 힘내라고 격려해주고 삭풍에 박박 민 대머리로 회사를 다니며 신념을 굽히지 않고 살 수 있었던 것은 어릴 때부터 받아온 교육 때문이었는지. 강계의 센 기질을 선천적으로 타고 났기 때문인지…….

지금 병일이도 그때 할아버지 정도의 나이가 되어 술이 취하니 아파트 계단을 올라가기도 힘들다. 나를 밀어 올리는 딸이 너무 세게 밀면 앞으로 고꾸라질 것 같고, 약하게 밀면 발이 허청거려 쓰러질 것 같다. 이 나이가 되어 보니 그때 할아버지께 병일은 얼마나 성의 없이 할아버지를 밀어드렸나를 실감한다.

평생을 나라 걱정만 하시던 외할아버지는 하늘에서 우리나라의 오늘을 어찌 보고 계실까? 우리 집안의 가장 큰 칭찬이 할아버지를 닮았다는 것이다. 병일이는 그 점에 있어선 다른 사촌과는 비할 바가 없이 가장 닮았다는 평을 들어 유달리 할아버지 사랑을 받았다. 다른 점이 있다면 할아버지는 두상이 다른 사람보다 옆으로 퍼져 럭비공 같았다고 한다. 그런데 이번에 외손자가 그 럭비공 머리를 하고 태어나 우리 집안의 가장 존경받는 할아버지를 닮은 인물이 드디어 나온 것 같으니 잘 키우자고 야단들이다.

병일이가 할아버지를 닮았다고 칭찬을 받은 일 중 가장 유명한 일화는 3살 때 일이다.

"저 녀석이 천재인가 봐."

모두들 칭찬을 아끼지 않자, 할아버지는 다섯 집의 각기 다른 신문을 넓은 대청에 죽 펼쳐 놓고 시험을 하셨다.

"병일아, 여기에서 너희 집 신문을 전부 찾아 와 보아."

3살짜리 병일은 대가족인 여섯 집 식구들이 빙 둘러보는 가운데 한 복판으로 불려 나왔다. 시선이 힘에 겨웠는지 여러 사람들을 빙 둘러 보며 아장아장 걸어가더니, 손이 부르르 떨며 용하게 자기 집 신문을 가져 왔다. 그러더니 나머지도 완벽하게 자기 것을 골라내었다.

글씨도 모르는 3살 박이가 어떻게 자기 집 신문을 고를 수 있느냐고 감탄하며 병일에게 물어 보셨다.

"너, 어떻게 글도 모르는 녀석이 너희 신문을 찾아올 수 있었니?"

"네, 아주 쉬워요. 우리 신문은 여기에 지도가 그려져 있으니까 그것만 고르면 되어요."

"그러면 오늘 신문은 어떻게 찾아내지?"

"네, 그것은 냄새를 맡아 보면 되어요. 냄새가 가장 많이 나는 것이 오늘 신문이니까요."

그 후부터 병일이는 신동이란 소리를 들었고, 할아버지께서는 병일이를 가까이 불러 맛있는 주전부리도 주며 귀여워해주시고 많은 이야기를 들려주셨다.

이렇게 50여 년을 더듬어 올라가다 보니 할아버지가 사무치게 그립다.

그리하여 가보로 내려오는 일기를 꺼내 본다. 1898년부터 기록된 이 일기는 한문과 영어가 많이 섞인 깨알 같은 글씨로 쓰여 있다. 3번이나 일본에게 압수당해, 꼼꼼히 철해 놓은 자료로 다시 정리해야 했던 민족의 아픈 역사가 오롯이 들어 있다. 원본은 독립기념관에 기증 전시되어 있고, 세 집이 사본을 나눠 갖고 있다.

　할아버지를 가르쳤고, 이 땅에 신문물을 정착시켰던 헐버트 선생님도, 오성근 할아버지도, 오임순 어머니도 이 세상을 떠나셨지만, 그 정신은 우리의 혈맥을 타고 후손으로 계속 흘러가며 시작한 일은 끝까지 명예를 지키며 살려고 노력하고 있다.

4부
세상읽기

과학기술시대, 왜 인문학에 관심을 가질까

　며칠 전 인문학 강의를 하는 사람들을 만났다. 자신들의 연구를 위해 물어보고 싶은 것이 있다고 했다. 도대체 무엇을 물어볼 것이냐고 하니까 인간의 본질에 대한 질문을 하면 솔직하게 답해 달라고 했다. 인생의 목적은 무엇이고, 죽음에 대해선 어떤 생각을 갖고 있는가? 너무 막연한 것 같아 나가기 싫다고 하니까 이 기회에 그런 문제에 대해 자신의 생각을 한번 정리해보는 것도 의미가 있지 않겠느냐는 감언이설에 넘어가 불편한 시간을 만났다.
　걱정이 되어 이것저것을 찾아보았다. 인문학과 과학기술의 합작품 스티브 잡스야말로 인간의 본질을 간파한 혁신의 노래를 부른 사람이다. 고려대 남성욱 교수의 주장이다. 잡스는 위스콘신 대학에 유학 온 시리아 23세 유학생과 동갑인 미국 백인 여학생 사이에 태어났지만 버림받고 가난한 엔지니어의 집에 입양되어 대학도 그만두었는데 시대의 영웅이 되었다. 엔지니어 가정과 출생의 비밀이라는 인문학과 첨단기술이 접목되었다.
　이것은 21세기 혁신의 키워드를 생산해낸 유전자다. 전 세계가 인터넷을 통한 글로벌 창조경제를 모색하는 이 때, 그의 독창성과 상상력 혁신의 아이콘은 세상의 모든 인간이 강력한 충성을 보이는 제품을 만들어 역사를 바꿔 놓았다.

자연세계와 과학적인 탐구는 애초에는 인문학의 일부였다가 르네상스 시대에 지적 관심의 대상이 되었고, 16~17세기 과학혁명 이후 갈릴레이, 뉴턴 등에 의해 과학의 전문화가 진행되며 인문학과 점점 유리되었다고 말한다.

오늘날 우리나라에서도 인문학에 점점 관심이 커지는 것이 과학과 경제만 부르짖는 것은 한계가 있다. 선진국으로 도약하기 위해선 인문학과 동반된 사고를 통해 사회가 발전해 가야한다고 말한다. 하버드대 겔리슨 교수는 "개인 정보를 어디까지 수집할 것인가는 지식영역보다 철학, 문학, 법 등과 밀접하다."고 말하는 것만 보아도 과학기술 시대에도 인문학은 꼭 필요하다.

사전을 찾아보았다. 인문학(人文學, 영어: humanities)은 인간과 인간의 근원문제, 인간의 사상과 문화에 관해 탐구하는 학문이다. 자연과학과 사회 과학이 경험적인 접근을 주로 사용하는 것과는 달리, 분석적이고 비판적이며 사변적인 방법을 폭넓게 사용한다. 학문의 범위는 고전학, 역사학, 언어학, 문예학, 음악사학, 공연예술학, 철학, 종교학, 미술사학 등을 포함하고 있다.

들여다볼수록 골치만 아파 묻는 대로 솔직하게 답하면 그 뿐이지 시험을 보는 것도 아닌데 하며 마음을 다스렸다. 무엇을 마시겠냐고 하는데 한 겨울인데도 냉커피를 주문한 것을 보면 무식이 들통날까 봐 조바심을 쳤던 게 분명하다.

나에게 그들은 일선에서 일하던 때와 지금 글을 쓰면서 지내는 요즈음 중 어느 때가 자신을 성장시킬 수 있었느냐고 물었다. 물론 생산자로 치열하게 살던 때라고 했다. 그때 어떤 점이 좋았느냐고 해서 일에서 보람을 찾을 수 있어서 힘은 들었지만 의미 있는 시간이었다고 하니까 그 직업은 어릴 때부터 하고 싶었던 일이었냐고 묻자 내 생각은 어린 시절로 날아갔다.

아버지가 국회의원 선거 벽보를 오려왔다. 박순천과 박혜숙 국회의원의 사진이었다. 지금처럼 커다란 벽보가 아니라 명함판 사진처럼 작은 것이었는데, 선거가 지난 후였는지 누렇게 바래 있었다. '이 두 분은 여자인데도 국회의원이 되었고, 같은 박가에다 너랑 이름도 똑같다'고 하시며 '너도 이런 사람이 되면 좋겠다'고 하였다. 그래서 초등학교 시절 장래희망을 적으라고 하면 국회의원을 적었다.

그러다 중학교에 가면서 내가 어느 정도인가 알게 되었는지 국어선생님이 되겠다고 하고는 시험공부를 하면 국어에 집중하여 낱말 뜻까지 외우느라고 다른 과목을 망치고는 했다. 그렇게 해서 국어선생으로 열정을 바쳤던 날이 나에게는 꿈을 실현한 날이었고, 특히 모교에서 교편을 잡았던 20대의 행복한 모습을 오롯이 전했다.

다음 질문은 지금의 글쓰기 공부가 자신을 좀 더 깊이 있게 만들지는 않았느냐고 물어왔다. 지금까지의 경험을 퍼즐을 맞추듯 정리해 가는 중이다. 그 대목에서 교수님이 부르짖는 200쪽 이상 매일 책을 읽고, 수업 시간마다 착실하게 글을 써서 따끔한 지적을 계속 받았으면 당연히 그렇게 되었겠지만 전 그렇게 성실한 사람이 못된다고 실토했다.

죽음에 대해선 어떤 생각을 가지고 있느냐고 물어오자 병석에 계시던 아버지를 생각하고 눈물이 났다. 아버지는 고모가 요양병원에서 목에다 구멍을 뚫어 죽을 넣어가며 7년을 살던 것을 보며 분노하였고, 우리는 저렇게 살고 싶지 않다며 각서를 써 놓으셨다.

"저는 아름답게 삶을 마감하고 싶은 사람으로 생명 연장을 위한 어떤 의료행위도 거부하며 다만 통증을 완화하기 위한 치료만을 허용합니다."

생년월일과 주민등록번호를 자필로 쓰고 도장을 두 분이 찍어놓았다. 그 각서를 병원에 제출하고, 4개월 간 사투를 벌이다 좋은 세상에 몸 바꿔 태어나셨을 거다. 이승의 삶이 아름다운 소풍으로 기억되길 바라며 '귀천'을 낭송한 이야기도 했다. 사람은 누구나 고통 없이 건강하게 살다 편히 떠나길 바란다. 평생 사이가 좋았던 두 분은 죽을 때 같이 가자고 했다는데, 아프기는 작년 8월부터 엄마가 조금씩 아프다 낫고, 아버지가 갑자기 쓰러져 영면하셨다. 이미 삶의 질이 떨어져버린 와병을 지켜보며, 자식들에게 효도할 기회를 주고 아내 앞에서 떠난 죽음 앞에 초연하긴 어렵지만 복 있는 노인이라고 칭송받으며 떠나 다행이었다고 말했다.

코를 심하게 골거나, 음식이 안 들어가고, 손톱 발톱이 까매지거나, 속을 비울 때 임종이 임박했다고 하는데 아버지는 피부 빛이 까매지는 것을 보고, 자식을 불렀는데, 둘이 도착했을 때 촛불이 꺼지듯 숨을 거두어 나는 임종을 지키지 못했다. 여러 가지 길로 찾아오는 죽음을, 이 세상에 온 이상 한번은 맞이해야 한다는 것만 알고 있다.

이번 기회를 통해 어쨌든 인간은 왜 사는가? 어떻게 살아야 잘 사는가? 어떻게 죽음을 준비해야 하는가에 대해 또 한 번 나를 향해 질문을 던져보았다. 정답이 있는 것도 아닌 이 질문들에 대해 그래도 가끔 물어가며 사는 것이 삶을 윤기 있게 사는 거라고 믿으면서…….

금의환향(錦衣還鄕)

　사람은 누구나 성공하고 싶어 한다. '성공'이란 말을 생각하면 제일 먼저 떠오르는 것은 '옛 이야기 속 장원급제한 주인공이 삼현육각을 울리며 머리엔 어사화를 꽂고 말안장에 높이 앉아 칭송을 들으며 고향으로 돌아오는 모습'이다. 그곳에 자기 얼굴을 대입시켜 보고 금의환향할 날을 꿈꾸며 절차탁마(切磋琢磨)한다. 지난 휴일 고향의 수변공원에선 이런 모습이 실제로 재현되었다.
　코흘리개 소년은 강을 따라 이 앞에 놓인 도로를 속옷 바람으로 울며 따라 갔습니다. 지금은 돌아가셨지만, 국수집을 하는 부모님은 가난한 현실 속에 부부 싸움하는 날이 많았습니다. 그날 밤도 다투다 화가 난 어머니께서 친정으로 간다고 나서자 울며불며 이 길을 따라 갔었는데 숱한 길을 돌아 이 자리에 서고 보니 감개무량합니다.
　총동문회 단합대회 겸 육군OO사령관으로 취임한 동문을 축하하는 향연이 진달래, 벚꽃이 만발한 강변에서 치러졌다. 별 3개가 뜨자 그를 호위하는 여단장, 참모들 20여 명이 따라다녔고, 우린 신나서 기념 촬영을 하고 악수를 했다. 지역의 유지와 기관장도 휴일을 반납하

고 다 쫓아 왔다. 진행을 맡은 사무총장은 병장 제대한 몸이다. 그들에게 연단에 오르고, 축사하고, 내려가도 좋다고 명령하며 자신의 지시에 따라 무대를 오르내리는 장군, 장교에게 민망했던지 죠크를 던진다. 모교를 빛낸 패를 전달하자 장내는 박수와 웃음소리가 강 건너 바위벽에 부딪혔다가 메아리쳤다.

　노래자랑 시간이 되자, 심사위원인 나에게 악수를 청했다.
　"동문으로서 계급장 떼고 노래 부르겠습니다."
　장군은 모자를 벗어 내 앞에 놓고, 별 셋을 수놓은 군복을 벗더니 연단에 올라가, '누이'를 부르자 앙코르 요청을 받았고, '장충단 공원'을 부른 뒤 내려와 아는 것은 이 두 곡뿐이 없다고 너스레를 떤다. 호돌이 복과 군복을 입고 온갖 재롱을 부리는 군인 아저씨 둘이 무대 위에서 함께 춤을 추며 장군이 가는 곳을 따라 붙었다. 아마 그들은 춤을 추며 장군을 경호하는 것이리라.

　우리 고향은 산들이 겹겹이 에워싸여 4선 국회의원에, 별이 지지 않는 땅으로 장성이 계속 나오고 성공한 사업가도 많다. 인재가 많이 난다고 정평이 나 있다. 촌놈들이 잘 나면 얼마나 대단할 것이냐고 하겠지만, 2반을 뽑는 그 중학교를 입학하려면 10시까지 밤공부를 하고 1/3은 재수생일 만큼 6개 초등학교의 입시 경쟁은 치열했었다.
　오늘을 이끈 동창회장의 경력도 장군 못지않게 화려하다. 그는 내가 1학년 때 전교학생회장이었으며 무엇에나 일등이었다. 변호사 30여 명을 거느린 로펌 대표인 그가 바쁜 틈을 내어 이렇게 큰 잔치를 벌인 것이다.
　단합대회가 막을 내릴 즈음 사회자가 회장님이 동문회를 위해 수고해준 사람 중 한 사람을 골라 이 구두를 주라고 했다. 모두들 긴장해 있는데, 모교 교사이었으며, 오늘도 심사 보느라고 수고한 사람에게 주겠다고 하지 않는가! 동문을 위해 한 것이 없어, 부끄러운 마음으로 상품을 받아들고 내려오는데 나온 자리로 당당히 걸어갈 수가 없다. 제자들이 그런 나를 둘러싸고 축하해준다. 얼굴이 붉어지며 생각은 그들의 선생이었던 날로 치달아 간다.

객지에서 고등학교, 대학교를 졸업하고 나자, 나의 소망은 엄마 밥을 먹으며 사는 것이었다. 다른 곳으로 선생 발령을 받아 또 객지 생활을 하다 시집을 가고 싶지 않아 기원했다. 다행히 모교로 발령을 받고 첫 출근 하는 날, 엄마는 나를 끌어안고 눈물을 흘렸다. 모교의 교정에서 부임 인사를 하는 기분도 묘했다. 그들과 학교생활을 하는 5년 동안 이 학교엔 3명의 동생이 들어왔고 임원을 했다. 아버지는 학부형 자격으로 오셨다가 부회장이 되고 우리 가족을 학교에선 트로이카 집안이라고 불렀다. 엄마는 내가 부임 인사 하는 것을 들으려고 학교 근처 밭에 나가 김을 매며 내 목소리를 들었던 얘기를 몇 번이고 하셨다.

그때가 나에겐 작은 금의환향이었을까? 훌륭한 모습으로 단상에 선 동문들을 보니 흐뭇함도 있고, 쓸쓸한 현주소와 비교하며 자신을 돌아보게 된다.

모든 사람의 꿈인 금의환향(錦衣還鄕)을 우린 얼마만큼 이루며 살고 있을까? 그리고 외형적으로 성공한 것만이 진정한 금의환향일까? 겉보기는 소박해도 고향에 조금이라도 쓸모 있고 사회의 일익을 담당하는 삶을 살았다면 그것도 나름의 성공한 삶은 아닐까?

나는 내 나이가 좋다

새해가 밝았다. 떡국 한 그릇 먹고 나니 택배가 배달되었다. 반송도 환불도 안 된다는 나이 한 살, 기꺼이 먹어주었다. 젊음과 청춘이 찬양받는 세상. 탄력 잃은 인생은 가속이 붙어 빨리도 흘러가고 있다. 20대는 20km 가고, 60대는 60km로 간다.

사르트르와 계약 결혼을 하고 '초대받은 여인'으로 유명한 시몬느 드 보부아르도 '노년은 생물학적 현상이기 이전에 사회적 현상'이라고 일갈했다. 여성학자 박혜란은 『나이 듦에 대하여』란 저서에서 그냥 주어지는 대로 나이를 먹지 말고 어떻게 나이를 먹을지 생각하고 내 나이 값은 내 마음대로 매기면 그뿐이라고 했다.

새해가 되면 희망찬 무엇이 산뜻하게 솟아올라야 하지 않을까 생각하고 있는데 한 신문사에서 인터뷰 요청을 받았다. '나는 내 나이가 좋다.'란 제목으로 인터뷰가 있는데 60대를 대표해서 얘기를 해달라는 것이었다. 우선 내가 60대라는데 당황부터 했다. 그리고 나는 내 나이가 좋은가 심사숙고해 보았다. 숨 가쁘게 생활전선에서 뛰던 내가 퇴직을 하고, 전업주부로 돌아온 지금의 나는 어디에 서 있는가?

 젊은 시절, 빛이 나는 탱글탱글한 모습으로 공부하고 사랑하며, 아름다운 인생의 황금기를 사는 젊은이들이야말로 이 세상의 주인공이라고 생각했다. 그런데 내가 40, 50대가 되고 보니, 중년이 한참 물이 올라 사회에서나 가정에서 능력과 지위가 최상에서 일할 수 있는 힘찬 세대라는 것을 깨달았다. 그런 생각이 60대로 이어지면서 이 세상의 삶은 경험한 만큼 보인다는 것을 깨닫는다. 비로소 혜안이 생긴다고나 할까?

 30대를 대변하는 안경사는 나이를 먹을수록 영혼과 사람과의 관계가 깊어질 것 같아서 기대된다고 말했다. 20대가 혈기에 넘쳤었다면 더 다듬어진 성숙한 느낌이라고 했다. 20대엔 나만 알았다면 지금은 타인도 돌아볼 줄 알게 됐고, 사회생활하면서, 사람들과의 관계 속에서 인격적으로 더 다듬어져 괜찮은 사람이 되는 거란다. 그런데 결혼 출산 등 세상은 나이에 맞춰 뭘 하라고 하여 부담스럽다. 자기는 나이에 얽매이지 않고 자유롭게 살고 싶단다.

 40대를 대변하는 언론인은 예전 같으면 할머니가 되었을 나이이지만 요즘 같은 100세 시대에는 절반도 살지 않은 청년이다. 그래서 변화가 많고 다이내믹한 시대가 부담스럽지만 안정감과 기대감, 젊음과 원숙함이 적절히 조화된 시기라고 말했다. 세상을 보는 눈과 귀가 더 열린 자기 나이가 좋다고 하면서 막막했던 것이 열리기 시작하니 50대 60대에 대한 두려움도 사라졌다고 했다.

 50대를 대변하는 사회건강 연구원은 '자기 나이가 좋은 사람은 잘 살고 있는 사람'이라며 40대 후반부터 제 나이가 진짜 좋았다고 자

신 있게 말했다. 체력이 예전 같지 않지만, 집착과 욕심을 부리며 중요한 성과를 내야한다는 욕심이 30대 후반부터 40대를 지배했다면 지금은 내가 소중하게 여기는 일을 하고 싶고, 외부적인 기준보다 내 적인 기준으로 내가 즐겁고 소중하게 여기는 일에 집중하며 살고 싶다고 했다. 전에는 함께 일하는 사람이 따라와 주지 않아 서운하고 화가 났는데 그것 또한 욕심이었다. 내가 부족한 만큼 다른 사람도 그럴 수 있다는 생각으로 바뀌며 관계나 일이 편안해졌다고 말했다.

60대를 대변해서 나는 이렇게 말했다. 퇴직 전 직장에서 나이가 제일 많은 편이라 고령인 게 싫어서 사표를 낼까 고민했었지만 요즘처럼 노년이 긴 시절에 일할 수 있을 때까지 일을 해보자. 그 후부터 놀아도 실컷 놀 수 있다. 직장을 그만두면 더 이상 생산을 하지 않고 소비만 하면서 늙어갈 거라고 생각했다. 그런데 퇴직 후에 시간을 계획적으로 사용하다 보니 또 다른 생산적인 삶이 있었다.

　매주 동창들과 둘레 길을 걸으며 운동한다. 이야기도 많이 하고 맛집도 찾아다니는 즐거움이 있다. 글쓰기 교실에서 글도 쓰며 머릿속에 복잡했던 생각들을 하나하나 정리하고, 지난 세월 잊었던 기억을 찾아내어 퍼즐을 맞춰가는 재미도 있다. 그리고 1365자원봉사센터에도 가입해 문인협회를 통해 봉사활동을 하고, 활동 후 나오는 점수는 나중에 본인이 봉사를 받아야 할 때가 온다면 쓸 수 있게 적립을 해둔다. 그리고 육아문제로 힘든 요즘 손자 손녀를 봐주는 일도 분명 생산적인 일이라고 했다.

　퇴직 후 적응하며 사는 것이 남자들과는 어떻게 다르냐고 물어서 대체로 여성들은 남성들에 비해 세상과 환경이 변하는 것에 쉽게 대처하는 편이다. 남자들이 사회에선 왕성하게 활동을 하다 퇴직을 하면 의기소침해지고 갈 곳이 여자들에 비해 적다. 사회를 건강하게 하는 차원에서 더 많은 프로그램이 개발되어야한다고 말했다.

　더 이상 세월에 등 떠밀려 살지 않는 능동적 주체적인 나의 나이에 대해 사랑하고 긍정하며 자존감을 넓히는 좋은 계기가 되기를 바란다.

전염병

메르스로 온 세상이 시끄럽더니 70일 만에 종식을 선언했다. 중동에서 몇 년 전부터 있어왔던 병으로 4만 명이 앓고 있고 40%의 치사율에 이른다는 통계 때문에 두려웠으나 초기 대응이 미진했다. 전염이 심해 같은 병실에 있었던 사람들이 2차 3차에 걸쳐 확진판정을 받아 환자가 186명이고 36명이 사망한 사건이었다.

불안한 마음은 근거 없는 유언비어에도 쉽게 현혹되고 예방책이 나돌면 밑져야 본전인 것은 무조건 해보자고 한다. 스마트 폰 시대 한 가지 이야기가 나오면 여기저기로 퍼 날라 삽시간에 번져 확인되지 않은 사실에도 조심하고 보자는 심리 때문에 손해를 보는 기관이 한두 군데가 아니다.

그래서 뉴스에서도 유언비어로 손해를 보는 병원을 보여주며 환자와 접촉한 사람들은 격리되어 있으니 안심하라고 보도한다. 오해와 진실이란 코너를 만들어 전문가가 사실을 직접 설명해주어 유언비어를 막기 위해 안간힘을 쓰는 것을 9시 뉴스에서 보았다. 가뜩이나 경기도 안 좋은데 내수 위축으로 불똥이 튀고 있고, 예약한 해외여행객들이 대거 취소되고, 병원들 의료진의 애로사항이 한두 가지가 아니었다.

전염병 중 장티푸스란 열병에 걸려 마을이 초토화되었던 것도 불과 몇 십 년 전이다. 나중에 알고 보니 모든 것을 끓여만 먹으면 안전한 것인데 그것을 몰라 떼죽음을 할 수밖에 없었던 과거를 보면 안타깝다. 엄마도 장티푸스를 앓았는데 땀을 내야한다고 뜨거운 방에 이불을 덮어놓고 못나가게 했다. 갈증이 나는데 물을 안줘 기운은 없는데 밖에 도랑물 흐르는 소리가 들려 기어가 그 물을 먹으니 걸어올 힘이 나서 이불을 덮고 누웠더니 땀을 흘리고 나았다는 이야기를 여러 번 했다.

하긴 노무현 정부 때는 사스가 퍼져 주변국들은 비상이었는데 총리가 지휘하며 초기대응을 잘한 덕분에 큰 피해 없이 마무리가 되었고, 한국 사람들이 사스에 강한 것이 인삼과 발효식품을 먹어서라고 알려지면서 수출이 잘되던 때도 있었다.

신종플루도 초기엔 무척 두려워했는데 이젠 감기의 한 종류라고 생각하고 발병하면 약이 있으므로 두려워하지 않는다. 그 병이 유행하던 때 호주 여행을 계획한 상태라 출발했다. 남편이 저녁식사 후 잠자리에 들으려하는데 열이 났다. 혹시 신종플루일까봐 걱정을 하며 해열제를 먹이고 노심초사했는데, 다음날 아침 완쾌된 것을 보고 얼마나 기뻤던지. 메르스도 면역력이 있으면 감기 앓듯 본인이 느끼지 못하는 사이에 지나가기도 한다. 지병이 있는 고령자들이 많이 희생되어 면역력이 어느 때보다 강조된다.

손을 깨끗이 씻고, 스트레스를 덜 받고 피로하지 않게 살면 건강한 사람들은 예방이 된다고 한다. 폐렴으로 인한 치사율과 비슷한 7.3%

정도니까 지나치게 불안해하지 말라고 한다.

요즘 어린이 집은 수족구병과 구내염 등이 유행하고 메르스에 대한 공포 때문에 원생들이 등원이 줄고 있고 휴교령을 내린 학교도 발병지역을 중심으로 확산되고 있다.

3살짜리 손자도 입안이 헐어 병원에 갔더니 구내염으로 전염력이 강하다고 하여 집에서 쉬고 있는데 1살짜리 동생에게 옮길까봐 방을 따로 쓰고 있고, 데톨 세정제로 하루 종일 소독하고 있다.

사촌 누나와 놀았더니, 그곳 어린이집에서 옮겨왔는데 완치되고 1주일이 되어 놀면 괜찮겠지 했는데 덜컥 걸렸다. 평소 아주 잘 먹고 순한 편이었는데, 침을 흘리며 가장 좋아했던 치즈도 반 장 먹고 먹기 싫다고 도리질을 쳤다. 다시 병원에 갔더니 열은 잡혔는데 약을 시간 맞춰 더 먹이라고 하는데 약을 자기가 들고 잘 먹었는데, 계속 먹었더니 질렸는지 불어 뱉어서 다시 약을 입에 넣고 한 사람은 붙들고 약을 삼킬 때까지 약병을 빼지 않고 억지로 먹인다. 약은 넘어가지만 재채기를 해대며 소리를 지르는 것을 보며 이게 바로 물고문이구나 싶다.

입안이 헐어 걱정이라고 약사 친구에게 말하니 꿀이나 입안에 바르는 오라메디 연고가 먹어도 될 만큼 순하니 혀에다 직접 발라보라고 했다. 우린 여태 약을 바를 생각을 왜 안했는지 기가 막혔다. 면봉에 연고를 묻혀 바르니 놀기 시작을 하고 케이크를 달라고 하고 식혜도 마시겠다고 하여 감격스러웠다. 전문가 친구 덕을 톡톡히 보았다.

메르스도 전문가들이 늘 그래 왔던 것처럼 해법을 곧 찾을 것이다.

뒤숭숭한 이분위기가 하루 빨리 명쾌해지고 더 이상의 희생자 없이 잘 마무리되길 빈다.

백수(白壽)잔치

사람은 누구나 무병장수를 꿈꾼다. 아프지 말고 오래 살기를 소원하지만 쉬운 일은 아니다. 하지만 장수 시대 잘 관리하면 그것은 현실이 될 수 있는 일이다. 9988234, 99세까지 팔팔하게 살다 2~3일 많 앓다 죽고 싶은 소망을 담은 말도 있다.

지난 3월 28일 시아버지의 백수 잔치를 집에서 치렀다. 30여 년 동안 시아버님 생신엔 가장 좋아하는 민어회를 뜨고 매운탕을 끓였기 때문에 올해도 손님이 많이 오지만 음식점에 갈 수 없었다. 6~10Kg되는 커다란 생선이라야 맛이 있는데 횟집에서는 그렇게 큰 생선을 다루지 않아 무리다 싶지만 집에서 차리기로 한 것이다.

연세가 많아도 악상을 당하지 않은 복 많은 노인이었다. 자식들도 환갑 진갑 다 지나고 칠순을 넘은 자식들도 많아 직접 시장을 봐올 수 없었다. 전화로 맞춰놓고 막내 손자사위가 노량진 수산시장에서 큰 접시로 세 개를 뜨고 매운탕 거리도 가져와 맛있게 먹었다. 음식을 잘하지도 못하고 25명을 대접해야해서 동생네 내외에게 닭튀김을 해달라고 부탁했다. 제부가 음식 솜씨가 좋아 우리 아이들이 어릴 때부터 많이 얻어먹으며 자라 많이 해오라고 7마리를 주문을 해서 튀겨 왔다. 신선한 기름에 튀겼고, 1마리 당 카레가루 1티스푼, 감치미 1티스푼, 후추 소금 마늘을 넣어 토막 친 닭을 재운 후에 밀가루 튀김가루를 반반 섞어 튀기는 것인데 내가 하면 그렇게 맛있지는 않았다. 몇 접시를 비우고 나머지는 싸가지고 갔다. 연세 잡순 분들이 많아 소고기는 불고기로 했고, 돼지갈비도 해놓았지만 잘 잡숫지 않았다.

　요즘은 건강을 우선시하여 20년 된 발사믹 식초와 올리브 100%를 부린 야채샐러드가 더욱 인기가 있었다. 올리브유는 기름기가 낄 것 같은데 피를 맑게 하는데 가능하면 열을 가하지 않고 먹어야 영양소 파괴가 적다고 하여 접시에 오이를 둥글게 깔고 소스를 얹자 모두 맛있다고 먹었다.

　식사 후 케이크를 자르고 다과를 먹을 시간이었다. 장충동에 오래 사셨던 시아버지는 태극당 케이크를 좋아해 전날 맞추고 큰 손주사위가 찾아왔다.

　촛불을 굵은 것 아홉 개 작은 곳 9개를 꽂으니 횃불처럼 타올랐다. 그렇게 촛불이 많이 켜진 케이크를 처음 보았다. 노래하는 동안 촛불을 끄겠다고 4살짜리 손녀가 훅 불어 2번이나 불을 붙여 돌아가며 축하해 주고 촛불을 껐다. 손자는 번번이 누나한테 촛불 부는 것을 놓쳐 화가 나서 누나 입을 막아놓고 불을 끄게 하니 기분이 좋아졌다.

　올해 99세가 되니까 백수잔치는 100세에 하는 것인지 알았는데 백수(白壽)는 일백 백(百)을 뜻하는 것이 아니라 100에서 일(一)을 뺀 수라고 하고, 머리가 하얗게 세었다는 뜻도 되는 백수에 하는 것이라 했다.

　두산백과 사전을 찾아보니 나이 99세를 일컫는 말. 나이의 별칭으로 흔히 쓰는 일본식 조어(造語) 가운데 대표적인 경우의 하나이다. 구태여 따지자면 99세, 즉 아흔아홉 살을 뜻한다. 여기서 '백(白)'은 '일백 백(百)'에서 '한 일(一)'을 뺀 것으로, 100-1=99가 되기 때문에 백수(白壽)는 100세에서 한 살이 모자라는 99세라는 것이다.

　그러나 예전에는 99세는 고사하고 70세까지만 살아도 아주 오래 산 것으로 여겼다. 따라서 99살까지 사는 경우는 거의 없었기 때문에 별다른 호칭도 존재하지 않았다. 그러던 것이 글깨나 쓴다는 사람들이 좀 더 문학적인 표현을 찾는답시고 99세에도 이립(而立: 30세)·불혹(不惑: 40세)·지천명(知天命: 50세) 등과 같은 별칭이 있을 것이라 생각하여 우리말과는 전혀 관련이 없는 일본식 조어(造語)를 그대로 들여와 사용하였는데, 그것이 바로 '백수'이다.

　나이와 관련 있는 이와 같은 일본식 조어에는 백수 외에도 미수(美壽: 66세)·희수(喜壽: 77세)·미수(米壽: 88세) 등이 있다.

　그동안 잊혀졌다가 대통령께서 매년 세계 노인의 날인 10월 2일 100세 되시는 노인에게 장수건강 기념으로 이 청려장 지팡이를 하사하고 있다. 그동안 잊혀가던 유래가 다시 재현된 것이다. 내년을 잘 넘기시고 청려장 지팡이를 받기를 소망한다.

　장수 노인이 계시니 엄청난 장수식품을 먹는지 알고 오래 사는 법을 물어오는 이들이 많았다. 친정 부모님도 살아계셔서 오래 살기를 바라는 마음에 시아버지 사는 방식을 권하고 있다.

항상 움직이고 운동을 하는 편이고 피곤하면 바로 주무셔서 피로를 풀었다 식사하는 것이 피곤하여 반주 막걸리 반병을 곁들인 식사가 끝나면 바로 주무셨다. 그 연세에도 하루에 막걸리 2~3병을 드시는데 식사를 잘 못해도 곡주와 발효식품이라 건강에 도움이 되는 듯하다. 피곤한 것이 몸에 해롭다며 집안 행사날도 점심 식사가 끝나면 며느리인 나를 쉬게 하였다. 무리는 금물이라고.

그리고 늘 신문을 보고 뉴스를 들으며 머리를 쉬지 않고 연구를 했다. 음식은 소량을 드시고 좋은 물을 드셨다. 우리 집은 강원도 해발 940m에서 물을 길어다놓고 먹는데 우리 몸이 70% 이상이 물이라서 그런지 건강 피부 등에 좋은 영향을 주는 듯하다. 그리고 하고 싶은 이야기를 다해 스트레스를 받지 않는 편이라 본인은 좋겠지만 주변 사람들은 힘들어 한다. 치아가 부실해 물렁한 것을 주로 드시고 식탁에 가위 음식 간을 맞추어 먹을 양념통이 늘 준비되어 당신 입맛과 소화가 되도록 잘게 썰어 드신다. 건강을 유지하는 데는 치아가 정말 중요하다 정기적으로 스케일링을 하고 관리하면 죽을 때까지 자신의 치아를 가지고 갈 수 있다고 치과의사는 말한다.

건강하게 살기 위해 시아버지로부터 많은 것을 배웠지만 천성이 게을러 실천을 못하는 자신을 반성하지만 안 좋은 습관을 내몸을 힘들게 하기를 반복한다.

사라지는 언어들

소중한 언어들이 사라지고 있다. 세계의 6,500여 개의 언어 중 절반이 타민족에 의한 억압적인 언어정책과 유력언어의 문화적 경제적 흡인력으로 사라질 위기에 처했다. 유네스코(유엔교육과학문화기구)는 12월 21일 '세계 모어(母語)의 날(International Mother Language DAy)'을 맞아 세계 사멸위기 언어 지도 보고서를 발표, "하나의 언어가 사라지면 인간의 사고와 세계관을 인식하고 이해하는 도구를 영원히 잃어버리게 된다."고 경고했다.

이 글을 읽는 동안, 우리가 사용하던 순우리말이 사라져가고 있어 '새한국문학회'에서는 마중물, 문풍지, 두레박, 보습 등 표준어였던 말이 점차 쓰이지 않고 있는 말을 복원하여 특집으로 '한국문인'에 연재되고 있는 것이 떠오른다. 어릴 때 고향에서 사용하던 사투리가 교육을 받고, 대도시로 이사하면서 사용하지 않다가 동문회에 가서 들으면 웃음바이러스가 된다. 참 오랜만에 그 말 들어보았다고. 모두 좋아하는 것을 보면 언어가 사라지고 있는 것이 우리를 얼마나 쓸쓸하게 하는 것인지 실감할 수 있다. 그러면서 그 자리를 메우고 있는 외래어의 범람에 우린 얼마나 당황하며 해프닝을 벌이는지 얼마 전 경험한 사건을 보아도 알 수 있다.
　고향의 도청소재지에서 친지의 결혼식이 있어 고속버스를 타고 갔다. 인구가 80만으로 늘어난 그곳은 갈 적마다 신도시가 생겨난 듯 방향을 잡을 수도 없어 택시를 타고 청첩장을 내밀었다. 멀어보았자 얼마 나오겠느냐는 생각과 택시 기사면 금방 찾을 것이라는 심산이었다. 그런데 할아버지 기사가 고개를 갸웃거리며, 왜 결혼식장을 전부 꼬부랑말로 고쳐 놓아가지고 도대체 이름이 입력이 안 된다는 것이다. 약도를 보면 옛날 국제예식장이 있던 자리인데 전화 좀 걸어 확인해달란다. 서울에서라면 내비게이션을 검색해 찾아갈 텐데 손님은 왕이라는 기본 개념도 깡그리 무시하고, 전화를 걸어보라고 심부름까지 시키는 기사님이다. 그런데, 그 기사가 친정아버지를 보는 듯 상쾌하기까지 하여 전화를 걸었다. 전 국제예식장이라는 확인을 하자 그곳이라면 눈 감고도 찾아간다며 이야기를 시작했다.
　노인들이 자식들 집에 가려고 택시를 타 아파트 이름을 말하려 하면, 발음이 안 되어 엉뚱한 데를 가는 경우도 많고, 기사인 자기도 아파트 이름이 머릿속에 입력이 안 되어 평생 택시를 끌었는데, 이런 문제 때문에 운전대를 놓아야 하느냐고 신세 한탄을 했다.
　한 동안은 고유어로 아파트, 상가 이름을 짓고 있어, 사라져가는 순우리말도 복원되고 발음도 잘 되어 좋았는데, 럭셔리 한 것들은 혀를 꼬부려야 인정이 되는 풍토가 곳곳에서 생기더니 여러 사람을 힘들게 하면서도, 왕성하게 퍼져나가고 있는 것이 문제다.
　급속하게 세상을 하나로 묶어가는 세계화는, 한 나라에서 고유어 사투리들이 사라지고, 외래어가 범람한다. 언어는 점차 소멸되고 몇 개국의 언어만 남을 것이라는 보고가 현기증을 일으킨다. 영화관을 지나가다 간판을 읽어도 무슨 뜻인지 들어오지를 않는다. 상점 앞에 내걸린 간판을 보아도 어떻게 읽어야 할지 무엇을 판다고 하는 지, 감이 안 올 때가 많다. 이런 일이 우리나라에만 일어나는 것은 아니다.

  KBS의 다큐멘터리를 보고 인터넷을 검색해 보니, 언어 사멸 위기는 미국과 호주에서 가장 심각했다. 두 나라 모두 70년대까지 시행한 언어 차별정책이 2,30년 뒤 수백 가지 언어의 사멸위기를 초래하는 것으로 나타났다. 호주의 경우 1970년대까지 모어 사용을 금지, 수백 가지 원주민(애보리진) 언어가 사멸됐다. 원주민만이 아는 세계에 그들이 표현해놓은 말이 쓰이지 않자 사라진다. 미국에서도 유럽인의 이주 이전 아메리카 원주민들의 언어 수백 가지 가운데 150가지만이 살아남은 것으로 나타났다. 미국에서는 1980년대 이후 영어만 사용하는 보수주의적 분위기가 조성돼 모어들의 사멸을 촉진했다.

  아시아의 경우 러시아에서도 소수민족의 언어 소멸이 심각했다. 그 언어의 최후 생존자 할머니의 쓸쓸한 모습이 오래 가슴을 울렸다. 스칸디나비아와 러시아 북부에서 사용되는 사미어와 라플란드어 등을 사멸위기 언어로 분류됐다. 중국은 당국의 압력으로 소수민족 언어의 앞날이 불투명하다. 23개 현지어 중 절반이 중국어 때문에 사라지고 있는 대만의 문제도 심각하다. 아프리카에서는 1,400여 언어 중 550여 언어가 쇠퇴일로에 있고, 특히 250여개는 사멸 위기에 놓인 것으로 지적됐다. 가장 모국어를 사랑하는 국가인 프랑스의 경우도 14개

언어가 사라지고 있는 등 유럽에서는 50개 언어가 사멸위기에 처해 있는 것으로 드러났다.

반면 일본과 필리핀, 인도네시아, 파푸아뉴기니 등 태평양지역은 2천여 언어가 사용 되는 등 언어 다양성이 풍부한 것으로 분석됐다. 세계에서 모어가 잘 보존되고 있는 곳은 파푸아뉴기니로 무려 820개의 언어가 살아있다. 인도에서는 정부의 두 언어 또는 다언어 정책이 현지어 생존에 도움이 되고 있으며 일본의 아이누어는 언어 되살리기 운동을 벌였다. 홋카이도에 사는 아이누족은 80년대 말 모어를 쓰는 사람이 8명밖에 안됐으나 아이누족 박물관을 개설하고 모어를 아이들에게 가르치도록 독려한 결과 지금은 수백 명으로 불어났다고 밝혔다.

사어(死語)가 살아난 경우도 있다. 영국의 코니쉬의 경우 1777년 사멸했으나 최근 복원돼 지금은 1,000명이 제2의 언어로 사용하고 있다. 토착 언어는 그 언어의 사용자가 다른 곳으로 이주해 새로운 사회에서 직업을 얻거나 일을 하기 위해 유력 언어를 습득하도록 강요할 때 또는 토착 언어가 더 공격적이고 경제적으로 강력한 문화와 충돌할 때 사멸된다.

오늘날 언어가 사라져간다는 것은 거기에 딸린 고유문화가 사라진다는 것을 깨달아, 우리 교과서에서도 사투리가 갖는 같은 지역민끼리 느끼는 친근감과 정서의 공유를 일깨우며 그 말이 보존되어야 할 필요성을 가르치고 있다. 사투리를 쓰는 것이 못 배운 부끄러운 사람들의 행위가 아니라 상황에 맞는 다채로운 언어 사용을 하는 것으로 인정해야 한다. 공적인 자리가 아니면 사투리 사용을 늘려 나가는 것이 소중한 언어 자산을 붙들게 되는 것이라 생각된다. 문학 작품에서도 이러한 노력이 이루어져 이 시대의 정신유산이 후세에 물려지기를 바란다. 표준 국어대사전 기준 50만이 넘는 우리 언어를 지키는 문화국민의 길이라고 너무 늦기 전에 많은 사람이 동참해 주었으면 좋겠다.

얼마 전 친구들과 점심 식사를 하러가다 '물텀벙'이란 식당 간판을 보고, 이 집에선 무엇을 파는 지 의아해하자 씩씩한 친구가 '물텀벙'이 무어냐고 물었다. 자기네 고장에선 아귀를 물텀벙이라 부르는데, 오랜 단골이 많은 집이라고. 그 마음에 끌려 물텀벙 매운탕을 먹었는데, 맛도 깊이가 있어 우리 모두를 즐겁게 했다.

언어는 생성, 성장, 소멸의 과정을 거친다지만, 우리 민족도 지역마다 사용하고 있는 사투리를 사라지기 전에 붙들려는 적극적인 운동을 벌이기를 소망해본다. 제주도 토박이 국어 선생이 '아래아'를 발음해 내는 것이 듣기 좋고 훌륭해 보였던 것도 그래서일 게다. 어른들이 생존해 있는 동안 그분들이 쓰던 언어와 구전 민요들을 우리 세대가 끄집어내 세상에 내놓아야 하지 않을까?

백두산에 피는 복수초를 보고 우린 '얼음생이꽃'이라고 불렀다는 엄마의 말씀이 귀에 쟁쟁하다.

성북동 왕할아버지

조금 전 부고를 받았다.
"엄마, 시할아버님 조금 전 운명하셨어요. 내일 오세요."
그분이 돌아가셨다는 말을 듣자 여러 가지가 생각난다. 어저께 병문안을 4식구가 갔다가 우리 집에 들렀다. 혼수상태라서 알아보지도 못한다고 손자사위 내외와 증손녀가 눈이 빨갛고 눈두덩이 통통 부어 들어왔다. 95세인데 작년 전립선암이 발견되었지만, 손을 쓸 수도 없어 통증을 다스리는 식으로 입원해 계시다 홀연히 떠나셨다.
옛날 같으면 노환으로 돌아가셨다고 하실 연세지만 발달된 현대의학은 병명을 달고 자연사가 아닌 아파서 돌아가신 것으로 만든다. 더구나 연속극에 자주 등장하는 성북동 부자 할아버지이고 보니, 병원으로 모실 수밖에 없었고, 객사를 하게 된 것이다.
내가 아는 분 중에 제일 유복한 집안이어서, 딸로부터 전해 듣는 할아버지 이야기는 대부분 신기했다. 막내딸이 대학교 1학년 때 군대에서 복학해온 사위를 만나고 7년을 사귀다 26살뿐이 안됐는데, 시 할머님이 편찮으셨다. 인사를 간 딸을 보고 참 조신하게 생겼다고 손을 잡아주었다.

　조부모와 오랫동안 살고 있다는 것을 알고 그러면 더 볼 것도 없다면서 빨리 데려오라고 성화를 해서 어린 나이에 결혼을 했다. 사실 우리 집안과 차이가 많이 나서 연속극에 나오듯이 딸에게 상처를 주면 우리가 얼마나 괴로울까 걱정했는데, 대대로 품위 있게 내려오는 부자들은 그런 짓을 하지 않는다는 것을 알았다. 오히려 사과를 해오는 것이 아닌가?

　"내 소망은 칠남매에서 난 손자손녀들이 결혼할 때마다 집 한 채씩을 사주는 것인데, 이것밖에 준비를 못해 미안하다."

　5년 전, 일억 칠천의 거금을 주시면서 이렇게 말씀하셨다. 조문을 가서 조의금을 넣으려하니, 고인의 유지라고 사양을 했다. 당신의 생이 얼마 안 남은 줄 알고, 장례비용을 따로 마련해 놓았다. 2달 전 우린 그 댁으로부터 조의금을 받았는데, 영 민망하다. 하긴 모두 그 집안만은 못하니 편하게 생각하기로 했다. 바쁜 조문객은 인편이나 계좌번호를 받아 보내기도 하는데, 봉투를 받지 않으니 직접 와서 인사를 해야 해서, 앉을 자리를 찾기 힘들 정도였다. 손님 많이 오길 바라는 마음 씀씀이로도 보였다.

　시할머니는 어찌나 절약을 하며 사셨는지 그 앞에서 딸이 사과를 깎고 있자 시어머님이 얼른 오라고 눈짓을 하였다. 과일 깎다 두껍게 깎는다고 여럿이 혼났다고 같이 얇게 깎아서 접시에 담아 들려 보냈다. 그 뒤로 얼마 있다 시할머니는 돌아가셨다.

　며느리가 야단 맞을까봐 배려하는 시어머니의 마음 씀씀이만 보아도 인품을 짐작하게 한다. 결혼할 때, 그 집의 격에 맞게 하느라고 고급 호텔에서 했을 때의 일이다. 같이 근무했던 선배 한 분을 초대하고 보니 혼자 쓸쓸히 식사하지는 않나 걱정을 하면서 인사를 하고 다녔다. 직원이 신혼부부 양쪽부모를 모시고 둥근 테이블마다 가서 인사드리겠습니다. 외치면서 신랑 석 쪽 인사를 일일이 하는데 그녀는 시어머니 여고 동창들 테이블에 끼어 있었다. 혼자 식사하기 나쁘지 않느냐고 하니, 옆에서 우리 다 동창이라고 어쩌면 저렇게 점잖고, 있어도 내색 안하면서 베풀며 사는 가문에 딸을 시집보내느냐고 덕담이 쏟아졌다. 성장을 한 여고동창 테이블은 4개, 40여 명이 참석한 것을 보고, 내 동창은 몇 테이블이나 왔나 신경이 쓰였다.

　신부 측으로 건너가 인사하다보니 3테이블 정도는 되었다. 청첩장을 주며 오라고하면 밥값이 비싸다는데 가는 게 오히려 폐되는 것이 아니냐 해서 부족할 것 예상하고 준비했으니 마음 놓고 편하게 오라고 했다.

　대한민국은 좁아서 몇 다리 건너면 다 친척이라더니, 시누이 남편은 명문고교 선후배로 시아버지와 연결이 되었고, 남편 회사 관리를 맡았던 적도 있어 세상을 똑바로 살아야지 이렇게 다 드러나게 되는 것을 알았다.

　결혼식이 끝나고 정산을 하러오라고 해서 우린 큰딸 때처럼 부조 봉투를 취합하여 내고, 나머지는 통장에서 인출해낼 준비를 해가지고 갔다. 성북동에선 카드로 결재하면서 우리 손님이 더 많이 온 것 같으니, 더 내겠다고 하여 괜찮다고 반씩 나눠 내자고 우겨서 보냈다.

　호텔예식은 카드로 결재하나 싶어 우리 쪽 카드를 내미니, 한도가 부족해 결재가 안 되었다. 할 수 없이 우리 식대로 부조 봉투의 돈을 세고, 현금을 인출하여 결재하다 보니 시간이 걸렸다. 폐백을 받고나 오도록 우리 식구들이 기다리니까, 왜 여태 안 갔느냐고 부조 봉투째 어깨에 둘러메고 유유히 떠나갔다.

그분은 증손녀 돌잔치를 하는데 시아버님이 모셔왔다. 그때만 해도 식사를 잘하여 며느리 손자며느리들이 할아버지 좋아하시는 음식을 한 접시씩 가져와 인사하고 시중들고 갔다. 명절에도 이런 풍습이 있는데 막내딸은 잘 몰라 빈손으로 봉투만 준비해 갔다가 바보 며느리가 되었다더니, 어른을 모시는 모습이 아름다웠다.

시할아버지 돌아가시기 전 소공동 빌딩을 딸네 증여하려고 수속을 밟았다. 액수가 커서 세금 때문에 고민이 많았는데 공동명의로 했더니 반 더되게 준다고 했다. 그 후 10년은 더 사셔야 상속세를 안내는데, 요즘은 증여보다는 상속을 받는 게 감액해주는 부분이 많아 유리하다고 한다. 만석 지기는 만 가지 걱정이라더니, 있는 사람들도 편안하지만은 않은 것 같다.

'100세 시대의 4대 리스크'를 보면, 돈 없이 오래 살 때(無錢長壽), 아프며 오래 살 때(有病長壽), 일 없이 오래 살 때(無業長壽), 혼자되어 오래 살 때(獨居長壽) 그것은 축복이 아니라 재앙이라고 말한다. 의식주(衣食住)는 인간생활의 3대요소로 모두 돈이 있어야 해결할 수 있다. 인간 행복의 필수요소지만, 비굴하거나 교만을 부리면 안 된다. 하루아침에 생긴 돈을 평생 간직하는 사람이 있는가 하면, 평생에 걸쳐 모은 돈을 하루아침에 잃는 사람도 있다. 돈은 눈이 밝고 냉정하고 단호하다. 욕망을 다스리지 못할 때, 무모한 한탕주의에 빠질 때 그들 앞에는 빈손의 후회와 아무것도 살 수 없는 눈물뿐이다. 가진 것을 안전하게 유지하며 노후를 가꿀 때 대접 받으며 평화롭게 살 수 있다.

　평생을 여유를 갖고, 존경을 받으며 산 어른의 장례식에 빠지지 않게 옷은 무엇을 입고 갈까 고민하며 가서 많은 것을 배우고 왔다. 내가 세상을 떠날 때를 생각해 본다. 수필집을 여유 있게 만들었다 나를 추억할 수 있게 한 권씩 드리는 것은 어떨까?

어린 신부

사람은 인연에 의해 만난다. 인생을 살아오면서 운명에 따라 만나고 헤어짐을 보며 '어쩜 이럴 수가 있을까?' 싶은 적이 여러 번 있다. 특히 결혼하는 과정을 보면 만날 수밖에 없는 인연은 어떻게 해도 만나 부부로 살아가게 되는가 보다.

막내딸을 시집보냈다. 그것도 26살, 요즘의 세태로는 이른 결혼이었지만 시댁의 독촉에 못 이겨 결혼식을 서둘렀다. 근친까지 다녀가고 나니 집은 텅 빈 것 같고, 철부지 아이가 잘 살까 걱정하는 마음 가득한 가운데, 허허로운 마음, 추억의 뜰에 안기어 달래본다.

우리 막내는 날 때부터 생명력이 강한 운명을 타고 났다. 하나 낳아 잘 기르자고 하던 가족계획 시대에 셋째를 갖게 되어 방황은 이루 말할 수 없었다. 셋째까지 아이를 낳는 것은 매국노 원시인 이런 대접을 받는 시대였다. 망설이는 우리를 바로 잡아주신 것은 시아버님이었다. 손이 귀한 집에 많으면 좋지 양육비 걱정은 말고 생기는 대로 다 낳으라는 엄명이 있어 세상의 빛을 보게 되었고 약속대로 대학 학자금을 대주셨다. 이목구비가 어찌나 영롱한지 모두가 사랑을 쏟아 부으며 자랐다. 어릴 때부터 예쁘다 소리를 많이 들어서 그런지 그 애가 세상을 나누는 기준은 '예쁜가, 예쁘지 않은가'로 세상을 보고 겉멋이 잔뜩 들어 자랐다.

그러더니, '수렁에서 건진 내 딸'이라고 할 만큼 굴곡이 많은 학창시절을 보냈다. 강남으로 이사를 와서 어찌 적응할지 걱정이 많던 초등학교 4학년짜리가 반장에 당선되어 왔을 때 정말 놀랐다. 그 애가 반장이 되어서 그런지 변호사 딸이 같이 학교에 다니자고 제의해 왔다. 나는 '집안도 좋은 애가 친구하자'고 하여 다행이라고 생각했는데, 막내의 얼굴이 밝지 않았다.

걸어서 15분이면 갈 수 있는 방일초등학교를 다녔는데, 기사가 친구와 우리 애를 싣고 등하교를 하는 모양이었다. 우리가 줄 수 없는 것을 누리나보다 했는데, 모든 것을 누군가 챙겨주는 것이 버릇이 된 나약한 친구 애가 교묘하게 기사가 없는 곳에서 자기 짐을 들어달라고 부탁을 하는 껄끄러운 상황이 생기자 단호하게 그 차를 타지 않고 다른 친구를 사귀었다.

그런데 이번에는 정반대로 예쁘고 활달한 애들과 어울려 멋 내며 놀러 다니기에 바빴다. 방배동 주택에서 살던 어느 날, 2층이 막내 방이었는데 거실에서 텔레비전을 보다 보니, 줄이 지하에 걸쳐 있었다. 저것이 무엇인가 의아하여 남편과 내다보고 있자니 배낭이 매달려 지하로 내려갔다. '조금 있자, 학원 다녀오겠습니다.' 힘차게 인사를 하고 거실을 통과한 그가 한참이 있어도 움직이는 소리가 들리지 않았다. 배낭의 실체가 궁금해진 우리는 창문을 열고 내다보고 있었다.

지하실에서 단정한 청바지를 벗고, 통이 넓어 거리를 쓸고 다녀 금지시킨 통바지를 갈아 입었는지 살금살금 대문으로 걸어가는 것을 불러 세웠다.

화들짝 놀라던 그때의 표정을 떠올리는 것만으로도 텅 빈 집안에 앉아 있는 텅 빈 나의 마음에 웃음이 절로 나온다.

이렇게 멋 부리고 노는 것을 좋아하다보니, 성적이 말도 못하게 내려가 내 기억으론 66점을 맞은 기억이 난다. 온가족이 '앤 누굴 닮아 저모양이냐'고 야단쳐 보았지만 반항심만 커졌다. 중3이 되자 모두 진학에 신경을 쓰는데 노는 데 빠져 있는 것을 보다 못한 초등학교 단짝 친구가 타일렀다.

"너, 그러다 너만 여상 간다."

막내는 그때 세상이 노랗던 기분을 곧잘 얘기했다. 다행히 동덕여고에 입학을 했고, 3학년이 되었다. 글쓰기를 통해 대학을 가보려고 윤동주 백일장에 예선이 통과되어 본선은 연대에서 합숙하며 치른다 하여 대치동의 유명한 학원에 보낸 적이 있었다. 한탕주의에 대해 열심히 설명하는 선생님께 기운차게 손을 들었다.

"선생님! 환탕주의가 뭐예요!"

장내는 웃음바다가 되었고, 기가 막힌 선생님이 파이팅! 하며 주먹을 쥐어 보이는 것으로 대답을 대신했다고 집에 와서도 나에게 진짜

환탕주의가 무어냐고 묻던 딸의 모습도 눈에 잡힐 듯 보인다.
 보다 못한 시어머니는 아무래도 자신이 이름을 잘못 지어주어서 그런 가보라고 이름 짓는 책을 펴 놓고 궁리에 궁리를 하셨다. 그러더니 나를 불러 막내의 '희'자가 계집 희(姬)자인데 복 희(禧)자로 바꿔 도장을 파고 그 도장을 찍어 통장을 만들어 주라고 하셨다. 그 뒤부터 복이 쏟아졌고 만사형통이었다.
 심지어 막내는 그 복희 자를 호적까지 당당히 바꾸게 되었다. '내 이름은 김삼순' 드라마로 이름 때문에 고민이 많은 사람들의 애로가 이슈가 되어, 재판을 받지 않고도 간략하게 호적이 바꾸는 제도가 일시적으로 공표되어 행운을 누렸고, 그 뒤로 이름을 바꿔서 그랬는지 우연인지 막내의 인생은 일사천리로 풀려나갔다.
 그 뒤론 열심히 공부를 하여 대학을 갔다. 그때 모두가 합심하여 자기를 건져주지 않았다면 어땠을까 몸서리가 쳐진다고, 가정환경이 좋으면 까부는 애들도 사랑으로 감싸주면 언젠가 돌아온다고 말하곤 했다.
 막내는 대학에서도 외모를 가꾸는 것은 여전했다. 아빠의 평을 빌면 책을 보는 횟수보다 거울을 보는 횟수가 더 많다고 놀렸다. 7살에 초등학교에 입학해 가장 어리고 상큼한 레몬 같은 그녀 앞에 키다리 과 선배가 나타났다. 군대를 제대하고 복학하였다. 멋진 집에 데리고 가서 차를 마신 것이 인연의 시작이었다. 그리고 그들의 데이트는 시작되었다.
 까만 차를 갖고 있었던 남자 친구가 매일 태워가고 태워 오며 데이트를 하는데도 훼방꾼이 많았다. 우리 막내는 덜 떨어진 것 같은 백치미가 매력이라고 한다. 학교에 가면 교수가 좋아하고, 병원에 가면 의사가 좋아하고 갖가지 일들이 끊임없이 일어나는 데도 막내를 꿋꿋이 지키던 신랑은 빠른 결혼만이 안심할 수 있는 방법이라고 생각했는지 25살부터 결혼하자고 졸라 6년을 사귀다 결혼에 이르렀다. 대회 심사를 하러 젊은 교수들과 어울려 얘기하다 우리 딸은 26살에 결혼했다고 말하니, 동시에 두 사람이 "사고쳤지요!" 오해할 만큼 이른 결혼이었다.

그것도 둘 다 셋째 막내끼리 만났다. 그 집도 셋째아이가 생기고 우리처럼 고민을 많이 하다 낳은 것까지 같았다. 인연이 아니라면 도저히 만날 수 없는 사람들이 우연이 모여 아름다운 보금자리를 꾸민 것을 보며 시린 옆구리를 달래는 요즈음이다. 사돈을 맺고 보니 바깥사돈이 남편 회사에 임원으로 온 분으로 양쪽에 봉투를 내야하는 사람이 많았고, 내 직장동료로 초청했는데 사돈의 여고동창이기도 하는 등 인연의 끈이 두 집안을 흐뭇하게 이어주고 있다. 운명적으로 만난 아름다운 한 쌍이 리츠칼튼호텔에서 우아한 결혼식을 올리고 서초동에 신혼살림을 차렸다.

그러나 애교덩어리가 떠난 빈자리가 어찌나 큰지 입술이 터지고 매일 잠을 자도 계속 피곤하나 행복하다.

외조부 오성근 어른, 역사스페셜에 소개되다

'어른들 말씀을 잘 들으면 자다가도 떡이 생긴다.'고 한다. 요즘 이 말이 진리임을 실감한다. 어른이 시키는 일이 짜증스럽고 귀찮아질 때가 있는데, 왜 이런 일을 시키나 원망스럽기까지 하다. 세대 차이가 나서, 요즘 세상 돌아가는 것을 몰라서 이런 말도 안 되는 일을 시킨다고 툴툴거린다. 그런데, 세월이 흘러 그 말씀이 곰삭을 때 즈음이면 생각이 짧았던 것을 확인하며 연륜에서 나오는 지혜에 고개 숙여지기를 반복한다.

6월 7일, 우리 집은 북새통이었다. 평범하게 사는 우리를 KBS가, 그것도 '역사스페셜' 팀에서 5명이 와서 3시간이나 촬영을 했다. 얼마 전 '헐버트 문화재단'에서 소개를 받았다면서 전화가 왔었다. 6월 30일 밤 10시부터 KBS1에서 '헐버트 편'이 방영되는데, 수제자이면서 독립운동가인 오성근 외할아버지에 대해 취재를 할 수 있느냐는 것이었다. 따님은 돌아가셨고, 사위와 손자들만 있다고 했더니, 독립기념관에 전시 중인 일기를 보니, 헐버트 선생님의 오른팔이었던데 자료나 들려줄 이야기, 사진을 찾아달라고 했다.

그 순간 어머님이 돌아가시기 직전 주셨던 초고가 생각났다. '구한말 선각자 오성근'이란 전기문을 따님이 일기를 보며 요약을 했고, 그것을 다듬어 손자며느리에게 주었다. 그 글을 써서 한국문인협회 안산지부가 발행하는 2008년 <안산문학>에 실은 적이 있다. 2005년엔 '요꼬하마의 하얀 손수건'이란 제목으로 오성근 전기소설을 싣기도 했다. 최초 한영사전을 만들어 인쇄하러 일본에 갔다 관동대지진을 만난 이야기였다. 그 후 출판기념회에 참석한 500여 명 앞에서 연극으로 공연했었다는 이야기를 전했더니 그 파일을 보내달라고 해서 이 메일로 보냈다.

그리고 나서야 그 글을 펼쳐보았다. 헐버트 선생에 대해 아는 것이 있느냐고 할 땐 앞이 캄캄했는데, 순서대로 정리되어 있었다. 마치 어머님이 오늘을 위해 컨닝 페이퍼를 마련해 준 셈이었다. 더욱 기막

한 것은 본인이 직접 쓴 글인데 어쩌면 몇 군데 말고는 생각이 나지 않았다. 내 기억력이 얼마나 형편없는지를 확인했고, 우리가 글을 써야하는 이유와 가치도 요번 일을 통해 확실히 알았다.

처음 외할아버님의 일기를 보자기에서 풀어 보여주었던 때가 떠오른다. 대학노트 크기의 일기가 5권으로 30Cm 두께로 쌓여있다. 일기를 펴보니 한문과 영어가 가득했고, 한글이 제일 적어 읽기 힘든 글이 깨알같이 박혀있다.

눈물이 글썽해진 어머님은 일제강점기시대에 이 일기를 세 번이나 압수당해 보조메모를 보고 다시 쓴 평생의 기록이라고 하신다. 내가 죽으면 이 글을 누가 읽을 수 있겠느냐며 사방에서 기증하라고 하는데 독립기념관으로 보내겠다고 선언하셨다. 그러면서 누구나 알기 쉽게 초고를 작성했으니, 네가 전기문을 발표해보라고 하셨다.

순간, 이 딱딱한 전기문을 누가 읽을 것인지 답답하여 내 얼굴은 빨개지고, 땀이 흘렀다. 모든 것을 다 안다는 눈빛으로 나를 바라보던 어머님은 그래도 이게 나중에는 귀히 쓰일 거라고 하여 세상 밖으로 전기문이 나왔다. 그해 어머님은 12월에 출판된 글을 읽어보시고, 눈물을 흘리며 고마워하더니 1달여 지난 겨울날 운명하셨다. 돌아가시면 조상신이 되어 가족을 돌본다더니, 당신이 소망하셨던 일이 하나하나 이루어졌다. 급기야 오성근 아버지의 업적을 세상에 알리고 싶어 하더니 공영 방송에 소개되기에 이른 것이었다.

"왜 이렇게 늦게 오셨어요. 어머님 계실 때 오셨으면 많은 이야기를 정확하게 전할 수 있었을 텐데요."

"이렇게 훌륭하신데, 오성근 선생님을 방송국에 제보를 해주지 그

랬습니까?"

담당 PD와 촬영감독 등이 오후 내내 인터뷰를 하고 사진기자는 자료를 찍었다. 사위와 손자도 할아버지와 15년 이상을 언더우드가 하사한 남대문 앞 의성정 저택에서 살던 시대로 돌아갔다. 연도나 외국인들 독립투사들 이름이 헷갈리면 어머님이 써주신 초고를 보며 대답을 했다.

고종은 1883년 미국공사에게 개화기를 열어갈 교사 3명을 초빙한다. 1886년 헐버트, 길모아, 벙커 등 3인을 초청해 9월말부터 정동에 설립된 육영공원에서 수업을 시작했다. 1885년 미국 북장로 교회에서는 25세의 언더우드를 파견했다.

오성근은 1880년 4대 독자의 장남으로 태어나, 8살까지 한학을 배우다 관립공동소학교를 6개월에 마치고, 그해 가을 민영환 선생이 세운 흥화학교에 입학했다. 일반 선비 중에 자질을 갖춘 자를 뽑아 서방 여러 나라와 교제할 수 있는 어학을 수업하는데 뽑힌 것이다. 신학문에 심취한 그는 방과 후 친구들과 영어 복습을 하느라고 큰 소리로 외울라치면 아버님이 들여다보시며 이렇게 말씀하셨다.

"공부한다면서 글 읽는 소리는 안 나고, 웬 개구리가 개골거리는 소리만 나느냐?"

쓴 소리를 하시며 한학을 하지 않는 장남을 못내 못마땅해 하였다.

그 당시 서양인에게 영어 회화와 문법 등을 습득하여 능통하게 영어회화를 할 수 있었다니 얼마나 열심히 공부했는지 짐작할 수 있다. 1900년 결국 세계연계(世界年契) 최우등 상을 수상하였다. 덕분에 세계 일주 후 미국을 유학할 수 있는 특전이 주어졌다. 그러나 부친의 반대는 극심했다. 집안의 종손이 제사는 안 지내고 어디를 가느냐고 하여 포기해야 했다.

그리하여 헐버트 선생에게서 체계적으로 영어, 정치, 수학, 지리, 화학, 역사 등의 신학문을 배워 뛰어난 제자로 인정받는다. 이 학교가 경기고의 전신으로 현장 속에 뛰어드느라 졸업장을 받지 못한 오성근에게 후에 명예학위를 수여한다. 막내딸 오임순이 경기 교정에서 졸업장을 받아 지금까지도 할아버지 사진과 함께 벽에 붙여놓고 그 정신을 기리고 있다.

1902년 헐버트 선생은 조선관람(코리아 리뷰) 발행일로 바쁘므로 오성근으로 하여금 그 일을 돕게 하고, 7월 미공사관에서 영어를 제일 잘하는 학생을 뽑아달라고 하여 출근을 했고, 간간히 국방부에 들어가 어전 통역도 했다. 또, '대한역사' 22권을 국문으로 번역 편수했다. 미국 헐버트 선생이 오성근에게 위탁하여 조선 고금의 도서를 수집하거나 빌려서 등사할 때 교열을 보고 우리나라의 고서 등을 번역하여 영국의 대영 박물관에 보냈다.

그러한 가운데, 불안하던 정세는 결국 러·일 전쟁 발발로 이어졌다. 선전 포고 후 일본 병사들은 만주로 향했고, 이러한 국제정세를 알리기 위해 헐버트, 베셀, 고목(제일은행장)이 영어일보(데일리-부리턴)를 간행했다. 우리나라에서는 신채호, 오성근, 양기탁, 황의성, 홍기주, 심의철 등이 주요 사원으로 활동했다.

그리고 헐버트 선생은 원경민 씨와 합자하여 '공진태영업'이란 무역을 하였다. 중국 상해로 건너가 민영환, 헐버트의 소개로, 민영익을 방문하여 황태자 전하의 유학을 의논했고, 윤치호 선생에게 알렌의 편지를 전했다.

1905년 언더우드 저택에서 동문수학했던 김규식 박사의 일을 인계받아 언더우드의 비서로 있으며 연세대의 전신인 연희전문을 세우는 일을 도맡았다. 청년회와 문학회 회원으로 활동하며, 흥화학교 교수로 나갔다. 그 후 대한매일신보는 영국인 베셀이 주간을 맡고 양기택, 오성근, 황희성이 기자로 활동했다.

1905년 헐버트 선생은 급히 미국으로 귀국하게 되어 오성근과 윤태무는 부산까지 보호하여 배에 태워드렸다. 일본이 러일전쟁에서 대승하게 되어 한국의 을사조약을 체결하려고 윽박지르자, 시국에 대해 밀지를 봉하여 만국에 호소하기 위해 헐버트 선생을 미국에 파견하기 위한 길이었다.

그러나 을사조약은 체결되었고, 충정공 민영환이 자결한 후 자택 사당에서 혈죽(血竹)이 마루를 뚫고 올라왔다. 그가 자결했을 때 내뿜던 피를 닦은 옷을 사당 마루 밑에 넣어두었는데 거기에서 그의 나이를 상징하듯 45잎의 대나무가 3가지로 자랐던 것이다. 이에 감격한 헐버트 선생은 관립중학교 학생들을 인솔해 민영환 선생의 집에 견학을 갔다. 오성근 선생도 그때 혈죽을 보며 결심한 바가 컸다.

'민영환 선생의 민족애가 저 대나무로 피워 올라와 우리를 채찍질하는 것 같다.'

그날의 충격은 후에 혈죽에 대한 증언을 오성근 선생이 하고 그 기사가 신문에 실린 것을 일기에 붙여놓았다. 헐버트 선생도 학교에 돌아와 작은 칠판에 마루 위에 올라온 혈죽을 그리고 수업 시간마다 그 그림을 가리키며 강조하셨다. 그 대나무 잎은 잘 말려 현재 고려

대 박물관에 민영환의 제복과 함께 전시되고 있다.

그의 업적을 증명이라도 하듯 2006년 헐버트 선생 추모회에서는 오성근의 업적을 기려 공로패를 수여하였다. 독립기념관에서 후손들을 지켜보고 있는 5권의 일기 속 많은 이야기를 다 여기에 옮길 수는 없지만, 누란지세(累卵之勢)의 조국을 위해 동분서주했음이 여실히 드러난다.

민영환, 헐버트, 오성근 선생님으로 이어진 혈죽 정신(血竹 精神)은 면면히 계승되었다. 역사스페셜 '헐버트 편'을 보며 우리는 생각한다. 그들이 물려준 정신적 유산을 어떻게 계승하여 혼용무도의 세상을 살아야 할지를 심사숙고한다.

청려장

요즘은 80대가 넘어 돌아가신 사람의 초상집에 가서 문상할 때 좀 더 사셨으면 좋았을 텐데 얼마나 슬프냐고 인사한다. 90이 넘어 돌아가셔도 슬픈 것은 마찬가지이다. 나라에서는 100세가 되면 청려장을 내린다. 현재 12,000여 분이 생존하는데, 장수한 것을 축하하며 지팡이 중에 최고라는 명아주지팡이를 동사무소를 통해 받는다고 103세에 시모님을 떠나보낸 시누이가 자랑을 한다.

나도 그 장례식장을 다녀와서 꿈이 생겼다. 99세인 시아버지, 83세인 친정어머니 두 분의 청려장을 받아 가보로 간직하겠다고. 이 꿈을 가진 후로 식사를 잘 못하는 시아버지를 좀 더 잡숫게 하려고 이것저것 해드리고, 어떻게 해야 몸에 힘이 생기나 연구를 해보며 봉양한다.

그런데, 겨울 들어 막걸리 잡숫는 양이 늘어나고 있었다. 하루에 두 병씩 드셔서 일곱 병을 사다 놓아도 3일 전에 떨어지곤 했다. 할 수 없이 아홉 병을 사다놓았다. 집 앞 슈퍼에서 주로 사오는데 만 원을 내면 100원만 거스르면 되니 간편했다. 큰 슈퍼는 주류는 배달이

안 되어 들고 와야 하니, 엄두를 낼 수 없이 무거웠다.

며느리가 약주 많이 잡숫는다고 잔소리할 수도 없어, 매일 아버지 봉양하러 오는 시누이에게 일렀지만 잘 잡숫는 것만 좋은지 배시시 웃고 만다. 그 방 청소며, 속옷 빨래, 목욕을 13년째 모시는 나에게 안 시킬 정도로 효녀다. 솔직히 난 친정아버지께 시누이만큼 못했다.

죽도 거의 안 드는데 막걸리는 술술 잘 넘어가는 게 그나마 곡기를 보충했다. 안주로 고기를 넣고 야채를 넣어 끓인 뚝배기 국물을 드셨다. 시아버지 전용 빨간 가위가 있는데, 모든 음식은 가위로 잘랐다. 소고기, 돼지고기, 닭고기를 바꿔가며 상위에 올리고 생선을 하루에 한 접시 정도 드신다. 그리고 시누이가 대어놓고 드린 명란젓이 씹지 않아도 넘어가고, 짭짤해서 입맛을 잃지 않는데 큰 역할을 했다.

그러다 갑자기 하루에 열 번은 식탁으로 나와 막걸리를 네 병씩 드셨다. 청려장의 꿈을 안고 있는 나에게 11월은 위기의 시간이었다. 취해서 지팡이를 짚고 방에 누우면 누구와 얘기하는 소리가 들린다. 며칠 전엔 가택침입죄로 저 둘을 고발한다고 고발장을 써놓았다.

"잘못했어요. 이제 좀 덜 마실게요."

끊임없이 허공에 대고 얘기하다 잠들고 일어나면 약주를 들었는데 저승 갈 힘을 비축하느라고 많이 드신 거라고 어른들이 얘기한다. 하지만, 약주 양은 줄지 않고 찌개도 하루에 열 번은 잡수셔서 가스에다 팔팔 끓여 넓은 접시에다 얹어드리면 맛있게 드셨지만, 취기를 못이기고 넘어지고 말았다. 콩 소리가 날 정도로 넘어져 부축해 방에 뉘었는데, 담이 결렸는지 앓는 소리를 했다. 뼈를 다쳤나싶어 걱정했는데 지팡이를 짚고 화장실을 걸어 오셨다.

병원에 가자고 하면 싫다고 사람 입원시켜놓고, 힘들게 한다고 질색을 하여 그렇게도 못하고, 할 수 없이 강력한 파스를 사다 붙이고 담 약을 분말을 해달라고 해서 물에다 타서 빨대로 마셨다.

그 후 며칠 동안 음료를 마시기만 했다. 커피를 마시고, 바나나와 사과를 갈은 주스나, 장복하던 뉴 케어가 주된 식사였다. 요즘 중증 환자들이 식사를 못하면 뉴 케어로 연명한다고 하여 인터넷으로 주문하니 30개짜리 한 박스씩 와서 장복하던 캔을 따서 들며 며칠이

흘렀다.

그리고 새벽 2시 잠들었는데, 아침 6시 8분 알람소리에 깨었다. 깨자 걱정이 되어 방문을 열었다. 평소 주무시는 모습 그대로 팔을 벌리고 있는데, 너무 조용했다. 손을 만져보니 차가운데 발은 따뜻했다. 눈에 불빛을 비춰도 반응이 없고, 심장도 맥박도 뛰지 않았다.

시할머니 때와 같았다. 시어머니는 식사하고 누웠다 그대로 가고, 병원에서 죽는 것은 객사라고 집에서 돌아가기를 소원하더니 세 분 다 그렇게 떠났다. 나는 시어른들을 주무시다 보내는 팔자가 있나 보다. 시어머니 때 119를 불렀더니, 사망한 경우엔 태울 수 없다고 강남성모병원 장례식장을 연결하여 직원이 왔었다.

장례식장으로 전화하니, 초겨울 어른들이 얼마나 많이 돌아가셨는지 자리가 없다고 하여 당황했다. 전화 받고 달려온 큰사위가 중앙대병원으로 알아보니 직원을 보냈다. 준비해놓은 새 속옷으로 갈아입히고 나니, 장례식장에서 와서 보고 5시경으로 사망시간을 추정했다. 조금 더 일찍 일어났어도 임종을 지키는 건데 불효를 저질렀다. 그런데 아버님 사위가 새벽꿈을 꾸었는데 남녀가 나란히 누워있었다고 5시에서 6시 사이에 돌아가셨을 거라고 했다. 합장해서 어머님 옆에 모시는 것을 선몽한 듯 했다. 손자사위가 앞에서 들고 직원이 뒤에서 들고 내려갔다.

집에서 돌아가면 시체검안서를 의사가 나와서 끊는데, 99세이니 노환으로 쉽게 끊어주었다. 3분 다 어려움 없이 통과했는데, 나이가 적으면 사인이 불분명하니 부검을 하는 경우까지 있다고 한다.

아버님은 본능으로 내가 집에서 죽으면 손자사위가 나를 들고 내려갈 것을 예상했는지, 사람이 죽으면 세 배로 무거워진다고 해서 각오했는데, 힘들었단다. 어머님은 아버지가 복 많은 분이니 떠나실 때 저희에게 복 좀 나눠주고 가라고 말씀드리라 하셨다.

아버님은 강직하면서도 근면하여, 많은 것을 이루며 한 평생을 모범되게 살았다. 와세다를 나와 수풍댐 건설에 참여했고, 신익희 대통령 후보 밑에서 정치를 하느라고 가족들을 힘들게 하였다. 타협할 줄을 몰라 직장에 오래있지를 못해 어머님이 고생을 하셨다. 검소하게 99세까지 살다 며칠 아프더니 주무시다 돌아가셔서 누구나 소망하는 9988234를 이루셨다. 청려장을 받아보겠다는 내 꿈은 이루어주질 않고 떠나셨다. 나는 덤까지 살아 경주 김가네서 최고령이었으니 장례 때는 울지 말고 재미있게 지내라고 했는데, 모두 자식들 칭찬하고, 편안하게 모셨다.

시장에 자연산 굴이 나왔다. 한 근 달라고 하다 아버님이 안 계신 게 실감이 나며 울며 돌아온다. 이제 엄마라도 청려장을 받으셔야지. 게장이 잡숫고 싶다는데 얼른 사들고 가야겠다.

평생 쓰게 치아를 챙겨라

사람은 누구나 복을 누리기를 소원한다. 수(壽)·부(富)·강녕(康寧)·유호덕(攸好德)·고종명(考終命) 그 중에도 치아의 건강은 오복(五福) 중 강녕의 하나라고 한다. 전에는 이 말이 수긍이 가지 않았다. 누구나 갖고 있는 이가 무슨 오복에 들까? 활짝 웃을 때 드러나는 쌀밥 같은 아름다운 잇속을 두고 하는 말일까?

그런데 지천명(知天命)의 나이가 되고 보니, 치아의 건강 없인 어떤 섭생도 제대로 이루어지지 않아 체력을 유지할 수 없음을 실감한다.

요즘 사람들 대부분이 이러저러한 이유로 치과 신세를 지는데, 거기에도 레벨이라는 것이 있다. 얼마 전 모임에 갔더니, 한 친구가 남편 이에 임플란트 박는데 차 한 대 값이 들었다고 했다. 그렇게나 많이 드나? 차 한 대 값이라면 이삼 천은 들었단 말인가? 자기 기준대로 그 얘기를 소화했었다. 그러나 세상은 자기 잣대만큼만 보이나 보다. 다른 얘기 끝에 '임플란트를 하는데 5,500씩 들면 치아보험이라도 들어야 하느냐'고 해서 '아하, 차 한 대 값이라는 게 차 나름이

다.'라는 것을 알았다. '맞아 그 집 차는 BMW였지!'

 그래도 잇몸에 임플란트를 박을 수 있는 재력과 건강을 가질 수 있는 사람들은 행복한 고민을 하는 셈이다. 좀 더 나이가 들었거나 잇몸이 건강하지 못하면 틀니를 해야 하는 형편이다. 나이 든 사람들은 풍치가 많아 한 번 이가 흔들리면 다른 이들도 잇몸의 영향을 받는다. 그때엔 스케일링도 제대로 할 수 없고, 치간 칫솔을 달고 살면서 섭생에 비상이 걸린다.

 남편이 이가 흔들려서 치과에 갔더니, 왜 이렇게 이를 못 닦느냐고 호통이 이만저만이 아니었다. 이를 제대로 닦고 정기검진을 1년에 한 번씩은 오셔야지 이미 풍치로 잇몸 다 망가져서 오면 의사인 내가 해줄 수 있는 것이 별로 없다고. 그러면서 모형을 갖다 놓고 치아

위를 닦은 다음 위와 아래를 구분해 안쪽 바깥쪽을 특히 '이와 잇몸 사이를 진동을 세 번 주고 칫솔 옆으로 밀어올리라'고 시범을 보인다. '앞니는 세로로 닦아 이물질이 남아 있지 않게 하고, 세게 닦아 잇몸을 마멸시키면 안 된다'고 했다. '치간 칫솔을 꼭 써서 이물질이 남아 있지 않게 닦고, 치약이 남아서 위로 넘어가지 않게 세 번 이상을 물로 헹구라'는 명령을 받았다.

처음엔 '유치원생도 아니고 이 잘못 닦았다고 야단치는 치과엔 다시 안 오겠다'고 괘씸하게 생각했었다. 하지만 흔들리는 이로 인해 식사를 못하니 부지런히 쫓아 다니며 부분 틀니의 숫자를 키워가는 수밖에 없다. 어제도 두 대를 뽑고 틀니를 맡겨놓고 와 찾을 때까지 죽만 먹으며 집 밖을 나갈 수도 없었다.

치아가 불편해 보니 '오복(五福) 중에 이 건강이 제일'이라며 '먹는 일이 고역이라'고 했더니, '넌 복에 겨운 소리 하지 말라'며, 99세 된 그의 아버지가 말씀하신다.

"내가 불편한데도 치과 왜 안 가는 줄 알아? 글쎄 틀니 걸은 이가 빠져서 오랜만에 치과엘 갔더니, '할아버지, 아직도 살아 계셨네요? 저희는 오랫동안 안 오셔서 돌아가신 줄 알았어요.' 이러지 않겠니?"

살아 있어도 산목숨 대접을 못 받아. 그 말씀을 하시며 눈물이 핑 도는 것이 아닌가! 노인의 그 말씀엔 온 가족이 목에 걸리는 사연이 숨어 있었다. 치아를 소금과 죽염으로 닦으며 건강을 잘 지켰는데, 연세를 이길 수는 없었는지 여든 둘에 틀니를 하게 되셨다. 치과에선 당시 '220만 원짜리와 80만 원짜리 두 가지가 있는데, 어떤 걸로 하겠냐'고 물었다. '자식들은 좋은 것을 하라'고 하고, 본인은 '이제 몇 년 더 산다고 비싼 것을 하느냐'고 싼 것을 우기셨다. 그러면서도 노인의 마음속엔 자식들이 백수는 문제없이 하실 테니 좋은 틀니를 맞추라고 우겨대길 바라지 않았을까? 자식들이 좋은 것을 그냥 맞춰 드렸어야 했는데, 그만한 현금이 갑자기 없었다. 80만 원짜리 틀니를 하시곤 남들은 야매에서도 하는데, 오래된 단골이라 잘 해줄 거라고 믿었다.

하지만 '싼 게 비지떡'이라는 말이 괜히 있는 것이 아니다. 비지떡 틀니가 잘 안 맞는다고 불편해하셨다. 다시 맞추라고 돈을 해드렸는데도, 아까운지 다른 데 쓰시고, 걸었던 치아마저 빠져 속상한데 그런 충격적인 이야기까지 들었다. 식사 때는 모든 것이 부드러워야 하고 아예 가위를 옆에 놓고 잘라서 식사를 하신다. 이 일을 겪은 후 주변 사람들에게 권한다.

장수시대인 요즘 칠순잔치를 할 것이 아니라 섭생을 잘 할 수 있도록 치아를 위한 대공사를 해드리라고. 노년을 식사 후 소화하는데 지장 없게 해드리는 것이 진정한 효도라고. 70세면 얼마나 더 산다며 대강 버티지는 않을 테니 말이다.

그래서 나도 환갑이 지나니 20여 년 전 9대를 해 넣은 곳 사이가 벌어져 이물질이 끼고 불편하였다. 눈치를 챈 큰 딸이 시아주버님이 치과 원장이라 알아보니 임플란트를 가족이니까 싸게 해주겠다고 하였다. 큰 사위가 회사에서 1년에 200만 원까지는 지원된다면서 결제를 해주어 난 몇 십만 원만 내고 임플란트 2대를 해 넣었다. 시가와 친가의 부모님들이 이 때문에 고생이 심해 물어보았다.

"이 이는 언제까지 쓸 수 있어요?"

"정기적으로 치료만 계속 받으면 돌아가실 때까지 이 이를 가져갈 수 있어요."

어두운 미래에 반짝 불이 켜지는 순간이었다. 정말 지시대로 열심히 치아관리를 해서 노년에 먹고 싶은 것 먹어가며 살고 싶었다. 남편도 틀니를 점검하더니 양쪽 4대의 임플란트를 심고 자석을 달아 틀니를 붙이면 지금보다 훨씬 편하다고 한다.

치아 이야기가 나오니 아이들의 젖니 갈던 이야기가 화제에 올랐다. 막내는 참을성이 많고 침착했는데, 치과에 가서도 우는 법이 없었다. 한 두 시간은 보통 기다리는데, 치료할 때 울고불고 하는 언니 오빠가 있으면 막내를 옆 의자에 앉히고 시범을 보인다. 꼬마가 비명 한번 안 지르고 치료하는 것이 좋은 처방전이었다. 막내의 담대함이 식구들의 칭송으로 이어지고, 그런 배짱이 오늘을 만들었다고 했다.

그랬더니 첫째의 이 뽑아 용돈 벌던 이야기가 이어진다. 세 아이를 키우던 엄마가 젖니를 갈 때마다 치과 다니기가 힘들었다. 하루는 큰 애가 송곳니를 뽑아들고 보여주었다. 어찌 된 것이냐고 물었더니, 치과에 가면 마취 주사 맞는 게 너무 아프고 싫어서 송곳니가 흔들리자 엄마에게 말 안하고 계속 흔들었더니, 저절로 빠졌다는 것이다. 엄마도 어렸을 때 집에서 실로 감아 이를 뺐는데도 치열이며 별 문제가 없었던 경험이 떠올랐다. 잘 했다며 치과에 가서 치르는 3,000원을 큰 애한테 주었다. 이 이후로는 누구 이가 흔들리면 서로 자기가 뽑겠다고 말아 놓고, 양보하기 싫어 흔들린단 말도 안하고 혼자 관리하다 본인이 치과 비를 챙기는 사태가 벌어졌던 이 뽑기! 이를 뽑는 것이 괴로운 것이 아니라 환호성을 지르며 이를 뽑아들고 기뻐

어쩔 줄 모르던 철부지들도 이젠 다 자랐다. 삼대가 사는 집안에 이로 인한 고민도 여러 가지이고, 치아 관리에 따른 레벨도 천차만별이지만 중요한 것은 기본이다.

식사 후 3분 이내에 3분 이상 이를 닦되, 이물질이 남지 않게 부드럽게 이와 잇몸 사이까지 말끔하게 닦아라. 잘 때까지 하루 4번을 닦아라. 3개월에 한 번씩은 정기검진을 하고, 치아에 무리 가는 음식은 먹지 말라고 치과의사는 일장연설을 한다. 인생의 종착역이 언제인지는 아무도 모르는데, 사는 날까지 치아 건강을 잘 챙기라고…….

치아 건강을 잃는 것은 모든 것을 잃는 것이다.

황금벽지

막내딸의 상견례 날이었다. 퇴직 후 용평에서 농사나 지으면서 소일하는 남편은 무쏘 스포츠 트럭을 끌고 상경했다. 약속 장소는 강남의 고급 일식집이었는데, 뭐든 지기 싫어하는 막내가 차 때문에 어떻게 하느냐고 안달이다.
"그 집은 차가 뭔데?"
"부모님은 BMW 아우디, 오빠는 폭스바겐."
"아빠, 오늘만 차 렌트하면 안 돼요? 제가 비용은 준비해놓았어요."
"필요 없어. 가까운 거리인데 버스 타고 가자. 중앙 차선으로 가면 막히지도 않고 좋더라."
배차 간격을 모르니 미리 나가는 게 편하다고 성질 급한 남편은 화장도 안 끝난 모녀를 몰아치며, 현관 앞에서 담배만 피웠다. 정신없이 옷을 입고, 우리 세 식구는 버스를 타러 일찍 나섰다.
사당동도 중앙 차선이 생긴 후 교통체증이 줄고, 지하 계단을 내려가는 불편이 없어진 이후로 버스 이용이 늘고 있다. 길을 건너 차를 타려면 지하도를 이용해 웬만한 볼일이면 지하철로 늘어가던 일들이 수월하게 서로 넘나든다.

서울의 버스는 도심이나 먼 거리를 다니는 간선 버스(파란색)와 작은 권역을 순환하며 간선이나 지하철과 연결하는 지선 버스(녹색)로 이원화되어있다.

또 서울과 수도권을 급행으로 연결하는 광역버스(빨간색), 도심과 부도심 내에서 짧은 구간을 순환하는 순환버스(노란색) 등 이렇게 네 가지 색, 네 가지 유형으로 나눠진다. 색 버스가 구분되어 알기 쉽고 산뜻하다. 전에는 언제 올지 모르는 차를 기다리느라 약속 시간을 늦기 일쑤였는데 안내방송까지 해주고 몇 분 후 도착을 알려주는 최첨단 시설 덕에 버스타기가 즐겁다. 또, 길 양쪽 정거장 마다 들르느라고 차선을 넘나드는 차로 인해 정체가 심각했는데, 중앙 버스 통로로 나가니 약속 시간보다 15분이나 일찍 올 수 있었다. 신랑감은 미리 와 기다리고 있고, 부모님은 아까 출발했는데, 아직 도착하지 못했다고 울상이다.

시부모님은 가까운 데도 10분을 넘겨 땀을 뻘뻘 흘리며 들어오셨다. 차가 어찌나 막히는지 골목을 빠져나오느라고 늦었다고 사과한다.

상견례는 사돈끼리 처음 만나는 자리라 껄끄럽기 쉬운데, 버스 타고 온 이야기로 자연스럽게 말문이 열렸다. 옛날 웬만한 거리면 걸어 다니던 시절이 좋았다며 화기애애한 분위기 속에서 인륜지대사(人倫之大事)를 의논했다.

일어나려고 하니, 직원이 차를 빼서 대기시켜 놓았다. 아우디와 폭

스바겐, 여기에 트럭이 서 있을 것을 상상하니, 안 가져온 것이 속 편했다. 사윗감이 우리는 태워다주고, 시부모는 뒤를 이어 출발했다.

결혼식 날, 신부와 나 딸들의 화장이 청담동 라 스칼라에 예약이 되어 있었다. 늦으면 큰일 나는 약속은 전 같으면 무조건 지하철을 이용했는데, 중앙차선이 생기고 버스를 타도 문제가 없다. 4318번을 타니 30여 분만에 도착하여 화장을 하고 머리를 했다.

식장은 12시, 6시 두 번의 예식이 있는데, 9개월 전에 예약을 했는데도 토요일 6시뿐이 자리가 없었다. 예식이 끝난 후 사진 찍기가 힘드니, 4시 반부터 가족사진을 찍자고 하여, 역시 버스를 이용해 제 시간에 도착했다. 버스 노선으로 오기 때문에 택시보다 밀릴 확률이 적어 선택했다.

그날 강남 토요일 저녁의 교통이 어찌나 혼잡한지 결혼식을 늦춰야 할 만큼 차의 진입이 어려웠다. 남편은 무쏘 스포츠를 끌고 용감하게 호텔 주차장에다 세워 놓았다. 가족들의 짐이 많아서 어쩔 수가 없었는데, 허영기가 있는 막내는 그 차 때문에 예민했다. 너희 시집 식구가 우리 차 볼 일이 없으니 신경 끄라고 하며 어른을 모시고 다녔다.

18년 동안 우리 식구들의 교통수단으로 인한 고통은 엄청 났다. 애들 중고등학교 다닐 때 퇴직을 한 남편은 자가용을 갖고, 강원도로 가 버렸기 때문이다. 나도 대중교통을 이용해 출퇴근을 하니, 어떤 때는 우리 학교 학생들에게 끼어 민망할 때도 많았다. 그리고 많이 걸어 다닐 수밖에 없었다. 아이들도 버스 통학으로 학교를 졸업했다. 그동안의 애환을 말로 다 표현할 수 없지만, 그래서 얻은 것이 단단한 하체이다. 우리 가족 모두는 황금벅지를 갖고 있다. 대중교통 이용은 우리 학교 학생들에게 은근한 나의 자랑거리가 되기도 한다.

어느 날은 어느 남학생이 동전이 모자라 야단맞고 있어서 그 돈을 넣어 주었다. 또는 심하게 욕을 하고 있는 우리 학교 학생을 째려보았더니, 인사를 해서 모든 사람이 나를 쳐다보는 것 같아 창피했다. 욕을 하지 말든지 인사를 하지 말든지 한 가지는 꼭 하라고 당부하기도 한다.

대중과 호흡하는 버스를 타고 다니면 이웃 사람과 거리가 가까워져, 따뜻한 마음 푸근한 마음이 절로 길러진다. 그리고 우리의 환경을 위해 일조를 하고 있다는 자부심도 생긴다.

내 주변에는 사회적 책임을 다하기 위해 노력하는 멋쟁이를 많이 알고 있다. 모교의 동창 회장이자 로펌 회장님은 분당에서 교대 근처 사무실까지 늘 대중교통을 이용해 출퇴근을 한다. 오 년 동안 그분과 동문회 일을 보지만, 차가 무엇인지 아무도 모른다. 그분과 나란히 버스를 타고 이동하는데, 자기는 BMW만 타고 다닌다고 하여 역시 속물이구나 생각했다. 내 표정을 보더니 폭소를 터뜨리면서 B는 버스, M은 메트로 지하철, W는 워킹 걷기란다. 그러면서도 동문회엔 이천만 원의 기부금을 내놓는다.

그리고 내 가장 유능한 친구는 중학교 교장인데, 운전면허도 없다. 30분 이하의 거리는 걸어 다니고, 출장을 갈 때도 버스노선을 검색해 대중교통을 이용한다. 우리 학교 교장선생님은 자가용 2부제를 실천하신다. 늦게 출근하다보면 버스에서 교장선생님을 만나기 때문에 짝수 날은 출근을 더 서두르는 해프닝이 벌어지기도 한다.

우리 큰 딸네도 일 년 만에 오천 만원을 저축해 두 배로 넓은 전셋집으로 이사를 했다. 어떻게 그게 가능했느냐고 했더니, 자가용을 굴리지 않으니까 돈이 절약이 많이 되고 걸어 다니며 시장까지 봐오니 일석이조의 생활비 절약이 된단다. 고소득 맞벌이 부부가 버스로 통근하는 것이 그들을 아름답게 한다.

대중교통을 이용할 때, 길을 모르면 인터넷이나 핸드폰이 안내가 잘 되어 있어서, 버스 노선과 최단 거리로 가는 것까지 알려주니, 편리하게 이용할 수 있다. 몇 년 사이에 획기적으로 진화한 우리의 대중교통 운영체제를 배우러 세계 각지에서 온다고 하지 않는가?

그런데도, 자가용이 사회적 지위를 결정한다. 온난화, 공해 등으로 인한 환경문제가 심각한데도, 이산화탄소를 뿜어대며 배기량 큰 차가 위협해오면 존경의 눈으로 바라보는 아이러니한 세상에 살고 있다. 커다랗고 비싼 외제차를 타고 으스대며 사는 사람과, 실속 있고 진솔하게 살아가는 사람들을 보며, 사는 방법도 참 다양하다는 생각을 한다. 물론, 자가용이 필요한 사람도 많고, 좋은 차가 안전하여 무리를 하여 타는 사람도 있다.

하지만, 기름도 안 나는 나라에서 에너지를 절약하고 환경도 지키는 대중교통과 친해져 실속 있고 하체가 튼실한 황금벅지 가족이 되는 것은 어떨까?

 <작품해설>

풍부한 감성과 깊은 사유(思惟), 오랜 문학적 숙성 과정을 거쳐 빚어낸 별빛 같은 수필 작품들

― 박혜숙 수필가의 작품세계

이철호(문학평론가·한국문인 발행인)

<작품해설>
풍부한 감성과 깊은 사유(思惟), 오랜 문학적 숙성 과정을 거쳐 빚어낸 별빛 같은 수필 작품들
― 박혜숙 수필가의 작품세계

이철호(문학평론가 · 한국문인 발행인)

　　뛰어난 문학적 재능과 풍부한 감성으로 빚어내는 수준 높은 수필 작품들을 많이 써왔으며 이로 인해 이름난 문학상까지 수상함으로써 수필 문단의 주목을 받아 온 수필가 박혜숙.
　　그의 작품들을 살펴보면, 우선 작품 곳곳에서 늘 맑고 청정하면서도 깊이 있는 사유(思惟)가 느껴지며 뛰어난 문학적 필치도 감지된다. 이와 함께 그는 우주만물과 세상의 온갖 사물들, 그리고 자신과 이웃의 삶이나 생활 행태 등을 작가다운 예리한 시선으로 끊임없이 살피며 인간 존재의 진정한 의미를 깨닫고 참된 삶의 진리를 터득하는 가운데 스스로를 성찰하고자 하는 모습을 자주 보여준다.
　　더욱이 그는 이 시대의 어둠과 혼탁 속에서도 이에 휩쓸리지 않고 마치 어두운 동굴 속을 비추어 주는 환한 등불처럼 늘 깨어 있는 작가로서 인간의 가식과 허욕에 대해서도 진지하게 생각해보고 있으며 이를 문학적으로 재조명하고 승화시켜 자신의 문학에 적극적으로 투영시키고 있다.

「가을 해바라기」는 작가가 어느 화장품 회사에 견학을 갔다가 얻어 온 꽃씨들을 자신의 집 화단에 심은 후 이들을 정성껏 키우며 관찰하면서 느끼고 깨달은 것들을 뛰어난 언어 구사력과 섬세한 필치를 통해 그려낸 수필 작품이다. 특히 작은 생명들에 대한 애정과 생명에 대한 경외심이 잘 묘사되어 있다.

이 작품에서 작가는 화장품 회사에 견학을 갔다가 얻어 온 봉숭아와 해바라기, 맨드라미 등의 꽃씨들만 화단에 심었는데, 뜻밖에도 자신이 꽃씨를 뿌리지도 않은 나팔꽃과 채송화도 함께 화단에서 자라고 있음을 발견하고는 놀라움을 금치 못한다. 그러면서 그 꽃들의 끈질기고도 강인한 생명력과 삶을 위한 치열한 투쟁에 감동하여 차마 그 꽃들을 뽑아내지 못한 채 유심히 지켜본다.

이와 함께 작가는 자신이 화장품 회사에서 얻어 와 심은 해바라기가 위로만 계속 자랄 뿐 꽃을 피우지 않는 것을 보면서 몹시 안타까워한다. 그러나 그의 이러한 마음을 알아차리기라도 한 듯 좀 더디기는 했지만 마침내 노랗고 탐스러운 꽃들을 하나 둘 씩 피워내는 해바라기의 모습에서 서툰 솜씨로 글을 쓰는 자신의 모습을 투영해보고는 안도하는 마음도 갖는다.

사실 세상의 모든 꽃들, 특히 자연 속에서 스스로 자라는 꽃들은, 그 아름다운 꽃들을 피울 때까지 오랜 시간에 걸쳐 생존을 위한 치열한 삶의 투쟁을 벌이며 자란다. 어느 꽃 하나라도 결코 그냥 피어난 꽃이란 없는 것이다.

땅 속이나 바위 틈 사이로 비집고 들어가며 뿌리를 뻗고, 이를 가로막는 돌이나 바위 같은 온갖 장애물들과 싸우는 꽃나무들도 있으며 모진 바람과 추위, 혹은 눈이나 비바람과도 싸우며 끊임없이 인내하고 버티며 자라는 꽃나무들도 있다. 이들은 모두 죽지 않고 살아남기 위해 기필코 살아남아 아름다운 꽃 한 송이를 피우기 위해 그토록 치열하게 투쟁하며 살아온 것이다.

그야말로 모든 꽃나무들은 자신의 순간순간의 힘을 다 모아 온갖 시련들을 이겨내고 마침내 승리의 꽃들을 피워낸 것인데, 이러한 꽃들의 모습을 자신의 화단에서 발견한 작가는 그 벅찬 감동을 이 수필 작품에 담아 꽃들에게 뜨거운 박수를 보낸다.

「새해에 뜨는 새 태양」은 병신년 새해를 맞이하여 동해의 일출(日出)을 보며 소망도 빌기 위해 「소월 문학회」 문우(文友)들과 함께 찾았던 강릉 경포대(鏡浦臺) 해변에서의 일출 행사를 보고, 느끼고, 체득한 것들을 정제된 언어들로 차분히 그려낸 수필 작품이다.

특히 작가는 수평선을 박차고 힘차게 솟아오르는 새해의 첫 일출을 보면서 새 희망에 부풀어 가슴이 요동치고, 자신도 모르게 활기와 새로운 삶의 의욕이 넘쳐났음을 이야기하며 누구에게나 똑같이 비춰 주며 생기와 희망을 가득 불어넣어 주는 태양에 대한 고마움도 표시한다.

사실 태양은 어느 누구도 차별하지 않고 똑같이 비춘다. 어느 누구도 결코 외면하지 않는 것이 바로 태양인 것이다.

아프리카 속담에 「태양은 어느 마을도 그냥 비켜 가지 않는다.」

는 말이 있는데, 이 말 역시 태양은 어느 누구도 차별하지 않고 공평하게 빛을 비추어 준다는 뜻이다.

　작가는 이 작품에서 이 행사를 주관한 주최 측에서 미리 준비한 오색 풍선 백 개에 문우들 각자의 소망이나 소원을 적어 넣고 수소를 가득 채워 넣은 후 바닷가에서 하늘 높이 날려 보내는 이벤트에 참석했을 때 느꼈던 감동과 설레는 마음도 가식 없이 보여주고 있는데, 이것이 글을 읽는 모든 이들에게 큰 공감을 선사한다.

　「천렵(川獵)」에서 작가는 죽마고우(竹馬故友)인 초등학교 동창 30여명과 더불어 관광버스를 타고 모처럼 찾아간 고향 인근의 강가에서 모두들 즐겁게 어울려 천렵도 하고, 천렵하여 잡은 물고기들로 만든 음식도 서로 나누며 하루를 유쾌하게 보냈던 이야기를 재미있게 들려주고 있다. 아울러 이 때 있었던 여러 가지 에피소드와 옛 친구들의 끈끈한 우정, 소박하면서도 아름다운 그들의 마음 등도 이야기해준다.

　천렵은 우리 민족이 아주 오랜 옛날부터 즐겨온 놀이이자 일종의 친목 모임이라고 할 수 있겠는데, 우리 민족의 세시풍속(歲時風俗)이 잘 묘사되어 있는 「농가월령가(農家月令歌)」 4월령을 보면 천렵을 할 때의 풍경이 다음과 같이 그려져 있다.

　　앞내에 물이 주니 천렵을 하여 보세
　　해 길고 잔풍(殘風)하니 오늘 놀이 잘되겠다
　　벽계수 백사장을 굽이굽이 찾아가니

수단화 늦은 꽃은 봄빛이 남았구나
　　수기(數器)를 둘러치고 은린옥척(銀鱗玉尺) 후려내어
　　반석에 노구 걸고 솟구쳐 끓여내니
　　팔진미 오후청(五候鯖)인들 이 맛과 바꿀소냐.

　따가운 햇볕이 내리쬐는 강가나 개울가에서 가까운 사람들이 한데 어울려 천렵을 하고, 이 때 잡은 물고기들을 커다란 돌 위에 걸어 놓은 큼지막한 솥에 넣은 다음 고추장을 비롯해서 파와 마늘, 풋고추, 애호박 따위의 양념들을 듬뿍 넣고 끓인 즉석 매운탕을 먹으며 하루를 즐기는 모습이 눈에 훤히 보이는 것 같은 노래다.
　사람들이 강가나 냇가에 둘러앉아 땀을 뻘뻘 흘려 가며 먹는 이 음식의 맛도 기가 막히지만 흥취와 멋까지 더해져 더욱 좋은 모습인데, 이 수필 작품에서도 이러한 천렵 풍경이 멋지게 그려져 있다.

　「보랏빛 향기」에서 작가는 보라색을 무척 좋아하는 자신이 가난했던 어린 시절의 미술 시간에 그림을 그리면서 보랏빛 크레용이 없어 자기가 입고 있던 보랏빛 치마를 그릴 수 없었던 안타까운 사연을 소개한다. 그러다가 서울에서 직장에 다니는 언니가 사서 보내 주었다는 서른여섯 가지의 다양한 색깔의 크레파스를 쓰는 친구에게 사탕 두 개를 주고 보랏빛 크레파스를 겨우 얻어 썼던 가슴 아픈 이야기도 들려준다.
　이와 함께 이른 봄이 되면 고귀하고도 우아하게 탐스러운 꽃망울들을 활짝 터뜨리는 보랏빛의 자목련(紫木蓮)과 그런 꽃그늘 밑에 누워 「목련꽃 그늘 아래서 베르테르의 편지를 읽노라」를 흥얼거리던 처녀 시절의 추억, 그리고 해마다 5월이 되면 보랏빛 향기를 뿜어내는 라일락에 대한 진한 애정도 숨김없이 털어놓는다.

 이토록 보랏빛을 좋아하며 늘 생활 속에서 보랏빛과 더불어 호흡하며 살아가는 작가의 보랏빛에 대한 지극한 사랑이 너무도 잘 드러나 보이는 수필작품이라 하겠다.

 「유년의 퍼즐」은 어린 시절을 시골에서 보낼 수 있었던 것에 대한 감사의 마음과 함께 오랜 세월이 흘렀어도 지워지지 않고 가슴 속에 깊이 각인되어 있는 어린 시절의 순박하고도 아름다웠던 추억들을 다시금 떠올리며 쓴 수필 작품이다.

 이 작품에서 작가는 「나에게 서정성이, 낭만적인 여유와 푸근함이 묻어나는 원천은 고향 산골에 유년의 뜰을 갖고 있기 때문이다」라고 말하고 있는데, 사실 그의 수필 작품 전반에서 서정적 정취와 낭만적인 여유와 푸근함, 순수함과 소박함 등이 넘쳐나는 것도 작가의 이러한 「유년의 뜰」에서 비롯된 것으로 보인다.

 저 유명한 프랑스의 소설가 생텍쥐페리가 쓴 『어린 왕자』를 보면, 이 작품 속에 나오는 어린 왕자가 절망의 땅 사막에서 별을 바라보며 꿈과 희망의 끈을 놓지 않는 모습을 보인다. 별을 바라보며 아프고 슬픈 마음을 달래고, 밤하늘에 반짝이는 별빛에서 자신이 살던 별을 떠올리며 꿈과 희망의 빛을 발견하는 것이다.

 그런데 별은 어둠 속에서의 빛이며 꿈과 희망, 가능성 같은 것들을 상징한다. 또한 밤의 그 칠흑 같은 어둠 속에서도 여전히 빛을 잃지 않고 오히려 어둠이 깊을수록 더욱 밝게 빛나는 별이란 존재는, 상징적으로 우리들의 삶 속에서 나타나는 어둠과 절망에서도 빛이 되어 주는 한 줄기 꿈과 희망을 뜻한다.

눈에 보이지 않는 꿈과 희망을 눈앞에 보이는 구체적 형상으로 보여 주는 것이 곧 별이기도 하다. 그래서 동서고금(東西古今)을 막론하고 많은 사람들이 밤하늘의 별을 바라보며 꿈과 희망을 품고 용기를 내어 살아왔다. 「꽃을 바라보는 사람은 꽃을 닮듯이, 별을 바라보는 사람은 별을 닮는다」는 말도 있다.

그런데 수필가 박혜숙은 하늘 높이 떠서 총총히 빛나고 있는 별들을 바라보며 스스로 꿈과 희망을 잃지 않는 삶을 살고 있을 뿐만 아니라, 그의 이러한 삶이 반영된 희망찬 수필 작품들을 통해서 독자들에게도 꿈과 희망의 빛을 선사한다. 그래서 그가 오랜 문학적 숙성 과정을 거쳐 애써 빚어낸 수필 작품들은 어쩌면 밤하늘에 빛나는 별과도 같다는 생각마저 든다. ☆

박혜숙 수필집
보랏빛 향기

초판인쇄일 2016년 2월 24일
초판발행일 2016년 3월 02일

지은이 : 박혜숙
펴낸곳 : 도서출판 문학공원
펴낸이 : 김순진
편집장 : 전하라
디자인 : 김초롱
등 록 : 2004년 3월 9일 제6-706호
주 소 : (우편번호 03382)서울 은평구 통일로 633
　　　　녹번오피스텔 501호 스토리문학사
전 화 : 02-2234-1666
팩 스 : 02-2236-1666
홈페이지 : http://cafe.daum.net/yob51
이메일 : 4615562@hanmail.net

박혜숙 ⓒ 2016
* 책값은 뒤표지에 있습니다.
* 저자와의 협의에 의해 인지는 생략합니다.